Immanuel Kant

A religião nos limites da simples razão

Immanuel Kant

A religião nos limites da simples razão

TEXTO INTEGRAL

Tradução
Ciro Mioranza

Lafonte

Título original: *Die Religion Innerhalb der Grenzen*
Copyright da tradução © Editora Lafonte Ltda., 2020

Direção Editorial *Sandro Aloísio*
Tradução *Ciro Mioranza*
Revisão *Nídia Licia Ghilardi*
Diagramação *Marcelo Sousa | deze7 Design*
Imagem de Capa Ilustração Vladystock, Shutterstock.com
Produção Gráfica *Giliard Andrade*

Dados Internacionais de Catalogação na Publicação (CIP)
(Câmara Brasileira do Livro, SP, Brasil)

Kant, Immanuel, 1724-1804
A religião nos limites da simples razão / Immanuel Kant ; tradução Ciro Mioranza. -- São Paulo : Lafonte, 2017.

Título original: Die Religion Innerhalb der Grenzen.
"Texto integral"
ISBN: 978-85-8186-246-0

1. Bem e mal 2. Filosofia alemã 3. Kant, Immanuel, 1724-1804 4. Religião - Filosofia I. Título.

17-08233 CDD-193

Índices para catálogo sistemático:

1. Kant : Obras filosóficas 193

Editora Lafonte

Av. Profª Ida Kolb, 551, Casa Verde, CEP 02518-000,
São Paulo-SP, Brasil - Tel.: (+55) 11 3855-2100,
Atendimento ao leitor (+55) 11 3855- 2216 / 11 – 3855 - 2213 – *atendimento@editoralafonte.com.br*
Venda de livros avulsos (+55) 11 3855- 2216 – *vendas@editoralafonte.com.br*
Venda de livros no atacado (+55) 11 3855-2275 – *atacado@escala.com.br*

Índice

Apresentação

A religião nos limites da simples razão é uma tentativa de Kant de enquadrar o sistema religioso dentro do pensamento puramente racional. O título da obra poderia, portanto, ser traduzido como *A razão dentro dos limites da simples razão*. Pareceria semanticamente mais pertinente, transmitindo à primeira vista com maior transparência o sentido do título original. De qualquer forma, nos limites da estrutura da língua portuguesa é perfeitamente compreensível e não faz grande diferença.

Para o leitor desavisado, cumpre ressaltar que esta obra trata da religião sob as luzes da razão, descartando a revelação divina por meio de livros sagrados, fato que fundamenta sobretudo as religiões monoteístas, ou por outros eventuais meios, como manifestações concretas da divindade, por meio de aparições na vida real ou iluminações extra-sensoriais, delimitadas unicamente ao espírito. Em outras palavras, Kant quer demonstrar que a simples razão também chega ao fenômeno religioso, embora por outras vias, utilizando precipuamente o raciocínio lógico.

O autor parte de dois princípios fundamentais, que sempre afetaram profundamente o homem em si e a humanidade, desde os primórdios de sua existência, ou seja, o princípio bom e o princípio mau, reeditando a luta sem trégua entre o bem e o mal que está na origem de todas as religiões do mundo, em todos os tempos, não importando se essas religiões pregassem o monoteísmo ou o politeísmo.

Segundo Kant, a disposição original na natureza humana é para o bem, mas subsiste um forte pendor, também natural, para o mal. Para esclarecer suas posições, o autor desta obra não deixa de analisar os sistemas religiosos que surgiram no decorrer da história, concentrando-se sobretudo numa análise da igreja cristã. Além de fazer diversas distinções, pouco usuais para o crente ou freqüentador de uma igreja cristã, podem causar estranheza as colocações favoráveis ao cristianismo que o autor expressa reiteradas vezes, embora não deixe de criticar acerbamente seus ministros, os sacerdotes, particularmente com relação ao culto. Deve-se ter presente, contudo, que Kant desenvolve raciocínios filosóficos sobre a religião e não se interessa em criticar ou condenar essa ou aquela comunidade eclesial em particular ou algum sistema religioso específico. Seu objetivo principal é colocar sob análise a religião à luz da razão e qualquer sistema religioso sob o enfoque da mesma razão, procurando salientar o que a desrespeita ou o que não condiz com um posicionamento racional.

Finalmente, convém ter bem presente que o livro trata de filosofia da religião e não, da religião em si ou de algum sistema religioso em particular ou ainda de alguma igreja específica.

O tradutor

PREFÁCIO DA PRIMEIRA EDIÇÃO (1793)

A moral que é baseada no conceito do homem, enquanto ser livre que por isso mesmo se obriga, por sua razão, a leis incondicionais, não tem necessidade nem da idéia de um ser diferente, superior ao homem para conhecer seu dever, nem de outro móvel a não ser a lei pela qual o observa. Como mínimo, é por própria culpa do homem se nele se encontra semelhante necessidade que não pode ser remediada por qualquer outra coisa, pois o que não tem sua fonte nele próprio e em sua liberdade não poderia compensar sua deficiência moral. No que se refere, portanto, a ela (tanto objetivamente quanto ao querer, como subjetivamente quanto ao poder), a moral não tem necessidade alguma da religião, mas basta-se a si mesma, graças à razão pura prática. Com efeito, uma vez que suas leis obrigam em virtude da simples forma de legalidade universal das máximas, que devem ser tomadas em conformidade com ela, como condição suprema (ela própria incondicional) de todos os fins, ela não tem de uma maneira geral necessidade alguma de um motivo material que determine o livre-arbítrio[1], ou seja, de um fim, nem em que consiste o dever, nem

[1] Aqueles, aos quais não parece ser suficiente o simples princípio formal de determinação (aquela da conformidade com a lei) como princípio de determinação no conceito do dever, confessam, no entanto, que não pode ser encontrado no amor de si que só tem em vista o bem-estar particular. Mas então só restam dois princípios de determinação: um, racional, a perfeição própria, e o outro, empírico, a felicidade dos outros. Se, portanto, pelo primeiro, já não entendem a perfeição moral que só pode ser uma (ou seja, uma vontade que obedece sem condições à lei) – e sua explicação seria, nesse caso, um círculo vicioso – deveriam designar com isso a perfeição natural do

para ser impelido a cumpri-lo, mas ela pode e deve, quando se trata de dever, fazer abstração de todos os fins. Assim, por exemplo, para saber se, em justiça, devo dar um testemunho verídico ou se devo (ou se posso) agir lealmente quando alguém reclama o bem de outrem que me foi confiado, não tenho que procurar uma finalidade que poderia me propor realizar, ao fazer minha declaração. De fato, pouco importa a natureza dessa finalidade. Melhor, aquele que, quando sua deposição legal lhe é reclamada legalmente, julga necessário ainda indagar-se sobre um fim, já é, por esse fato, um miserável.

Mas, embora a moral, para seu uso, não tenha necessidade da representação de um fim que deveria preceder a determinação da vontade, pode ocorrer que tenha uma relação necessária com um fim desse gênero, não como a um fundamento, mas como às conseqüências necessárias das máximas adotadas em conformidade com as leis. Com efeito, sem relação de finalidade, nenhuma determinação voluntária pode se produzir no homem, pois não pode estar desprovida de um efeito qualquer, cuja representação deve poder ser admitida, senão como princípio de determinação do arbítrio e fim antecedente na intenção, pelo menos como conseqüência de sua determinação pela lei, em vista de um fim (*finis in consequentiam veniens*). Sem este, um livre-arbítrio que não acrescenta pelo pensamento à ação que tem em vista algum objeto objetiva ou subjetivamente determinado (que tem ou deveria ter) e sabendo sem dúvida *como*, mas não *em que sentido*, deve agir, não poderia se satisfazer de modo algum.

Desse modo, para agir bem não há necessidade em moral de um objetivo; a lei que compreende de uma maneira geral a condição formal do uso da liberdade lhe basta. Da moral, porém, um fim se deduz, pois é impossível que a razão seja indiferente à resposta dessa pergunta: *Que pode resultar desse agir bem, que é o nosso*, e para que poderíamos, mesmo se isso não dependesse inteiramente de nosso poder, dirigir nossa atividade, como se fosse para uma finalidade, para que se evidenciasse pelo menos concordância com ela? Não se trataria cer-

---

homem enquanto é suscetível de elevação e há muitas espécies dela (por exemplo, aptidão às artes e às ciências, gosto, agilidade do corpo, etc.). Tudo isso, no entanto, só vale condicionalmente, ou seja, somente na condição que o uso que se faz dela não contradiga a lei moral; essa perfeição, portanto, tendo-se tornado fim, não pode ser o princípio dos conceitos do dever. O mesmo ocorre com o fim que tem por objetivo a felicidade de outros homens. Com efeito, uma ação deve ser primeiramente avaliada em si, segundo a lei moral, antes de fazê-la servir para a felicidade dos outros, pois a melhoria dos outros só é um dever condicionalmente e não pode ser utilizado como princípio supremo de máximas morais.

tamente senão da idéia de um objeto que compreende, reunidos nele, a condição formal de todos os fins tais como devemos tê-los (o dever) e ao mesmo tempo todo o condicionado correspondente a todos esses fins que são os nossos (a felicidade conforme à observância do dever), isto é, a idéia de um soberano bem no mundo, cuja possibilidade nos obriga a admitir um ser supremo, moral, santíssimo e todo-poderoso, podendo só ele unir os dois elementos que comporta. Entretanto, essa idéia (considerada de modo prático) não é vazia, porque provê à nossa necessidade natural de conceber para nossa atividade, tomada em seu conjunto, algum fim último que pode ser justificado pela razão. Se assim fosse, haveria um obstáculo para a determinação moral; ora, o que é essencial aqui é que essa idéia se deduz da moral e não é seu fundamento. Propor esse fim supõe de imediato princípios morais. Não pode ser indiferente para a moral, portanto, conceber ou não a idéia de um fim último de todas as coisas (seu acordo com esse não aumenta, na verdade, o número de seus deveres, mas lhes proporciona, contudo, um ponto particular de convergência em que todos os fins passam a unir-se). De fato, é somente desse modo que a ligação da finalidade por liberdade com a finalidade da natureza, da qual não podemos de forma alguma nos dispensar, pode tornar-se uma realidade praticamente objetiva.

Suponha-se um homem que respeita a lei moral, ao qual surge a idéia (dificilmente evitável) de procurar que mundo poderia realmente criar, guiado pela razão prática, se tivesse o poder de fazê-lo e se incluísse ele mesmo como membro. Ele o escolheria certamente, não só como precisamente o comporta a idéia moral do bem soberano, se a escolha fosse deixada a ele, mas gostaria além disso que existisse um mundo de uma maneira geral em que a lei moral exigisse que o maior bem, possível para nós, fosse realizado, mesmo se, em conformidade com essa idéia, se visse em perigo de perder, ele mesmo, boa parte de sua felicidade. Com efeito, é possível que não possa satisfazer ao que essa última exige e que a razão interfira como condição. A partir desse momento, se sentiria coagido pela razão a reconhecer como seu também esse julgamento produzido de uma forma totalmente imparcial, de algum modo por um estranho. Com isso o homem prova que necessita de origem moral para conceber para além de seus deveres um fim último que seria como que seu resultado.

A moral conduz, portanto, infalivelmente à religião, ampliando-se desse modo até a idéia de um legislador moral todo-poderoso, exterior ao homem[2], na vontade do qual reside um fim último (da criação do mundo), o que pode e deve ser igualmente o fim último do homem.

[2] A proposição "há um Deus, portanto, há no mundo um soberano bem" (como artigo de fé), se deve derivar unicamente da moral, é uma proposição sintética a priori que, admitida somente de um ponto de vista prático, ultrapassa o conceito de dever encerrado na moral (e que não supõe nenhuma matéria do arbítrio, mas somente as leis formais deste) e não pode ser deduzida analiticamente. Ora, como uma proposição a priori desse tipo é possível? O acordo com a simples idéia de um legislador moral de todos os homens é, na verdade, idêntico em geral com o conceito moral de dever e, sob esse aspecto, a proposição que ordena esse acordo é analítica.Entretanto, admitir a existência de tal objeto diz mais que admitir sua possibilidade. A respeito da chave apropriada para dar a solução da questão, como acredito compreendê-la, não posso dar aqui senão uma indicação, sem entrar em detalhes. O fim é sempre o objeto de uma apropriação, ou seja, de um desejo imediato de possuir uma coisa por meio de uma ação; de igual modo a lei (que ordena de maneira prática) é objeto de respeito. Um fim objetivo (isto é, aquele que devemos ter) é aquele que nos é dado como tal pelo simples razão. O fim que encerra a condição indispensável e, ao mesmo tempo, suficiente de todos os outros, é o fim último. A felicidade pessoal é o fim último subjetivo de seres racionais do universo (fim que cada um deles tem de fato de sua natureza que depende de objetos sensíveis e do qual seria absurdo dizer que cada um deve tê-lo) e todas as proposições práticas que têm por fundamento esse fim último são sintéticas e, ao mesmo tempo, empíricas. Entretanto, que cada um deva propor-se como fim último o maior bem possível no mundo, esse é um princípio prático sintético a priori e com certeza objetivamente prático, dado pela razão pura, porque é uma proposição que ultrapassa o conceito dos deveres no mundo e acrescenta uma conseqüência desses deveres (um efeito) que as leis morais não encerram e que, por conseguinte, não pode ser deduzido analiticamente. Com efeito, essas leis ordenam de maneira absoluta, não importando o que se siga. Além do mais, elas obrigam a fazer totalmente abstração do evento, quando se trata de uma ação particular, fazendo desse modo do dever o objeto de respeito supremo, sem nos propor e nos fixar um fim (e um fim último) que seria, de algum modo, a recomendação e constituiria o móvel para o cumprimento de nosso dever. Isso poderia ser suficiente para todos os homens, se se ativessem unicamente (como deveriam) ao que prescreve a razão pura. Teriam necessidade de conhecer que resultado de sua atividade moral seria produzido pelo curso do mundo? É o bastante para eles cumprir seu dever, mesmo quando tudo tivesse terminado para essa existência terrestre e que, além disso, felicidade e mérito nessa não concordassem nunca. Ora, é um dos limites inevitáveis do homem (e também talvez de todos os outros seres do universo) e de sua faculdade de razão prática inquietar-se com o resultado de todas as suas ações para nelas descobrir o que poderia servir-lhe de fim e demonstrar também a pureza de intenção, resultado que, na prática (nexu effectivo), está em último lugar, mas em primeiro na representação e na intenção (nexu finali). Nesse fim, embora proposta pela simples razão, o homem procura o que pode amar. A lei, portanto, só lhe incute respeito, embora ela não o reconheça como uma necessidade, entretanto se amplia, para sua satisfação, de forma a admitir o fim moral último da razão entre seus motivos determinantes. Isso quer dizer que a proposição "Faz de teu fim último o maior bem possível do mundo", é uma proposição sintética a priori, introduzida pela própria lei moral e pela qual, por assim dizer, a razão prática ultrapassa esta última, o que foi tornado possível pelo fato de a lei moral estar relacionada com a propriedade natural que o homem tem de conceber, além da lei para toda ação, necessariamente outro fim (propriedade que faz dele um objeto da experiência) e não é possível (como as proposições teóricas, que são também sintéticas a priori) senão encerrar o princípio a priori do conhecimento dos motivos de determinação do livre-arbítrio na experiência em geral, enquanto essa, que apresenta os efeitos da moralidade em seus fins, proporciona ao conceito de moralidade, como causalidade no mundo, uma realidade objetiva, ainda que simplesmente prática. Se, no entanto, a observância mais estrita das leis morais deve ser concebida como causa da produção do soberano bem (enquanto fim), é necessário admitir, porque o poder do homem não é suficiente para realizar no mundo a harmonia da felicidade com o mérito de ser feliz, um ser moral todo-poderoso como mestre do mundo, com os cuidados do qual isso se cumprirá, isto é, que a moral conduz infalivelmente à religião.

Se a moral reconhece na santidade da lei um objeto do maior respeito, representa, ao nível da religião na causa suprema, executora dessas leis, um objeto de *adoração* e manifesta-se em sua majestade. Tudo, no entanto, mesmo o que há de mais sublime, se ameniza nas mãos dos homens, se empregarem a idéia em seu uso. O que não pode ser verdadeiramente honrado, a não ser enquanto o respeito é livre, é obrigado a acomodar-se a formas, às quais somente leis de coerção podem conferir consideração, e o que se expõe espontaneamente à crítica pública de todos, deve submeter-se a uma crítica que dispõe de força, isto é, uma censura.

Entretanto, como o mandamento "Obedece à autoridade" é também moral e sua observância, como a de todos os outros deveres, pode ser relacionada à religião, compete a um tratado consagrado ao conceito determinado dessa dar ele mesmo um exemplo dessa obediência que, no entanto, não pode ser provada só e simplesmente pela atenção respeitosa da lei que traduz uma só ordenação do Estado, ficando cega para todas as outras, mas por um respeito geral a todas as ordenações em conjunto. Ora, o teólogo que censura os livros pode ter sido nomeado seja para se preocupar somente com a salvação das almas, seja também da salvação das ciências. O primeiro juiz é nomeado somente como eclesiástico, mas o segundo o é igualmente como sábio. A este último, como membro de uma instituição pública à qual (sob o nome de Universidade), são confiadas todas as ciências para cultivá-las e preservá-las de todo preconceito, incumbe restringir as pretensões do primeiro para que sua censura não cause nenhum dano no domínio das ciências. Se um e outro forem teólogos bíblicos, a censura superior caberá ao último, enquanto membro universitário da Faculdade encarregada de examinar essa teologia, pois, no que se refere ao primeiro objeto (a salvação das almas), ambos têm a mesma missão. No que se refere, porém, ao segundo (a salvação das ciências), o teólogo, enquanto sábio e universitário, deve desempenhar, além disso, uma função particular. Se essa regra for eliminada, chegar-se-á aonde já se chegou (por exemplo, aos tempos da Galiléia), ou seja, o teólogo bíblico, para humilhar o orgulho das ciências e poupar-se em seu estudo, arrisca incursões até mesmo no domínio da astronomia ou de outras ciências, por exemplo, a história antiga da terra. Desse modo, imitando esses povos, que não encontram em si próprios a força e o empenho suficiente para defender-se contra perigosos ataques, transformam em deserto tudo o que os cerca, ele põe um freio em todas as experiências do entendimento humano.

Entretanto, no campo das ciências, ontrapõe-se à teologia bíblica uma teologia filosófica que é o bem confiado a outra Faculdade. Essa teologia, se no entanto permanecer dentro dos limites da simples razão e utilizar, para confirmar e aplicar suas proposições, a história, as línguas, os livros de todos os povos, mesmo a Bíblia, mas somente em si, sem querer introduzir suas proposições na teologia bíblica, nem modificar os dogmas oficiais desta, o que é privilégio dos eclesiásticos, deve ter plena liberdade se desenvolver até onde sua ciência puder chegar. Caso for constatado que o filósofo realmente ultrapassou seus limites, invadindo o campo da teologia bíblica, o direito de censura não pode ser contestado ao teólogo (considerado somente como eclesiástico). Entretanto, se subsistir ainda alguma dúvida e se, por conseguinte, se coloca a questão de saber se a causa disso é um livro ou algum texto público do filósofo, a censura superior só pode recorrer ao teólogo bíblico enquanto membro de sua Faculdade, porque a ele foi igualmente confiado o segundo interesse da coisa pública que é de ter cuidado do florescimento das ciências e porque sua nomeação é tão legítima como a do primeiro.

A primeira censura compete certamente, nesse caso, a essa Faculdade e não à Faculdade de filosofia, porque somente ela conserva o privilégio de certas doutrinas, enquanto que a outra faz das suas um comércio aberto e livre. Disso decorre que somente a primeira pode se queixar, se for causado algum dano a seu direito exclusivo. Uma dúvida a respeito dessa violação é fácil de ser evitada, a despeito da proximidade das duas doutrinas em seu conjunto, e o temor que a teologia filosófica tem de não ultrapassar seus limites, contanto que se considere que essa desordem não decorre do fato que o filósofo toma alguns empréstimos da teologia bíblica para usar segundo seus fins (pois esta não haverá de contestar que contém muitas coisas que são comuns com as doutrinas da simples razão e, ainda, muitos detalhes que remontam à história, à filologia e à sua censura). Não haveria desordem, mesmo admitindo que emprega os empréstimos num sentido conforme à simples razão, embora fato pouco agradável a essa teologia. A desordem provém, contudo, do fato de o filósofo introduzir nela, querendo desse modo desviá-la para fins que sua instituição não permite.

Assim, não se pode dizer, por exemplo, que o professor de direito natural que recorre a empréstimos do código romano, para sua filosofia do direito, de expressões e fórmulas clássicas, se intrometa nele, mesmo se não as usar, como ocorre muitas vezes, exatamente no sentido que deveriam ter, segundo os comentadores desse direito. É suficiente que não permita que os juristas propriamente ditos e mesmo os tribunais as empreguem também nesse sentido. De fato, se não fosse autorizado a agir desse modo, poder-se-ia também inversamente acusar o teólogo bíblico e o jurista estatutário de atentar um número incalculável de vezes contra o domínio da filosofia, porque ambos, não podendo dispensar a razão, e se se tratar de ciência, de filosofia, se vêem obrigados a tomar numerosos empréstimos, na verdade no interesse particular dos dois. Se, contudo, se tratasse para o teólogo bíblico de, se possível, não entrar em colisão com a razão no que tange a religião, é fácil prever de que lado estaria a perda. Com efeito, uma religião que, sem hesitar, declara guerra à razão, não poderia sustentá-la contra ela por muito tempo. Ouso até mesmo propor isso: Não conviria, após a conclusão dos estudos acadêmicos de teologia bíblica, acrescentar sempre como conclusão uma lição especial sobre a pura doutrina filosófica da religião (doutrina que utiliza tudo, mesmo a Bíblia), seguindo um manual, como por exemplo este livro (ou outro, se nesse gênero não se possa encontrar um melhor), em vista de uma formação completa do candidato?

Com efeito, as ciências não se desenvolvem a não ser separando-se, uma vez que cada uma forma primeiramente um todo em si; somente a seguir se tentaria considerá-las em sua união. É lícito então ao teólogo bíblico estar de acordo com o filósofo ou julgar que deva refutá-lo contanto que o escute. Desse modo somente, de fato, pode estar armado de antemão contra todas as dificuldades que esse poderia lhe criar. Mas fazer mistério ou mesmo desacreditá-los como ímpios, esse é um expediente funesto e sem consistência. Por outro lado, misturar as duas coisas e não lançar na ocasião, com relação ao teólogo bíblico, senão olhares fugidios, acusa um defeito de solidez que faz com que, finalmente, ninguém sabia o que deve pensar da doutrina religiosa em conjunto.

Das quatro dissertações que se seguem, nas quais, para mostrar a relação da religião com a natureza humana afetada de boas como de más disposições, apresento a relação do bom e do mau princípio, como aquela de duas causas eficientes que existem por si e que influem no homem. A primeira já foi inserida na Revista mensal de Berlim, em abril de 1792. Entretanto, por causa da estreita ligação das matérias, não poderia ser descartada desta obra que oferece seu desenvolvimento inteiro, graças às outras três dissertações que ora foram acrescentadas.

Prefácio da segunda edição (1794)

Nesta edição, nada foi mudado, exceto os erros de impressão e alguns termos, pouco numerosos, que foram melhorados. As novas adições estão assinaladas por uma cruz (+) e colocadas sob o texto (*Essas adições foram incluídas nas notas – N. do T.*).

A respeito do título desta obra (pois foram manifestadas também dúvidas referentes à intenção que nele se ocultava), observo ainda que, como a *revelação* pode ao menos compreender em si também uma pura *religião da razão*, mas não esta, por sua vez, o elemento histórico da revelação, poderia considerar uma como uma esfera *mais ampla* da fé que encerra em si a outra como uma esfera *mais restrita* (não, por conseguinte, como dois círculos externos, um com relação ao outro, mas como círculos concêntricos). O filósofo deve ater-se ao exterior da segunda como puro teórico (em virtude de simples princípios *a priori*) e fazer, por conseguinte, abstração de toda experiência. Partindo disso, posso fazer uma segunda pesquisa, tomando como ponto de partida alguma revelação, vista como tal, e fazendo abstração da pura religião da razão (enquanto constitui um sistema existente em si), considerar a revelação, *enquanto sistema histórico*, como fragmentária somente, no que se refere a conceitos morais, e examinar se esse sistema não reconduz ao mesmo puro *sistema racional* da religião que seria, não sem dúvida do ponto de vista teórico (que compreende também o lado técnico e prático do método de ensino, enquanto *tecnologia*), mas também do ponto de vista moral e prático, autônomo e suficiente para uma religião propriamente dita, a qual, como conceito de razão *a priori* (permanecendo após eliminação de todo elemento empírico), não se apresenta senão sob essa relação.

Se isso tiver êxito, será permitido dizer que, entre a razão e a Escritura, pode haver não somente compatibilidade, mas também unidade, de modo que aquele que se conforma a uma (sob a direção dos conceitos morais) não deixará de concordar com a outra. Se não fosse assim, ter-se-ia seja duas religiões numa pessoa, o que é absurdo, seja uma *religião* e um *culto*, caso em que, porquanto este último não é (como a religião) fim em si, mas só tem algum valor enquanto meio, seria necessário muitas vezes misturá-los, a fim de reuni-los por pouco tempo. De fato, eles se separariam como o óleo da água, logo a seguir, deixando necessariamente flutuar o puro elemento moral (a religião da razão).

No primeiro prefácio observei que esse acordo ou a tentativa para chegar a ele é uma questão que compete de pleno direito ao sábio que estuda a religião do ponto de vista filosófico e que isso não é intrometer-se nos direitos exclusivos do teólogo bíblico. Encontrei essa afirmação enunciada em *Morale* do falecido Michaelis (1.ª parte, p. 5-11), homem muito versado nesses dois ramos, e exposta no decorrer de toda a sua obra, sem que a Faculdade superior tenha vislumbrado nela alguma coisa que pudesse causar dano a seus direitos.

Quanto às opiniões de homens honrados a respeito deste livro, seja que se declarem, seja que guardem o anonimato, como chegam com grande atraso em nossas regiões (assim ocorre, aliás, por tudo o que nos chega de fora em matéria de literatura), não pude apreciá-las como deveria, notadamente com relação às *Annotationes quaedam theologicae*, etc., do célebre Storr de Tübingen que examinou esta obra com sua perspicácia usual e também com um cuidado e num espírito de equidade, dignos da maior gratidão. Na verdade, pretendo responder, mas não me arrisco a prometê-lo, por causa dos incômodos que especialmente a velhice acarreta ao manejo das idéias abstratas. Quanto à resposta à apreciação publicada em *Últimas notícias críticas* de Greifswald, número 29, posso remetê-la tão prontamente como fez o crítico com relação a esta obra. De fato, segundo sua opinião, esta obra não é senão a resposta da pergunta que eu mesmo me fiz: "Como o sistema da dogmática da Igreja é possível, em seus conceitos e em suas proposições, segundo a razão pura (teórica e prática)?" Segundo ele, portanto, este ensaio " não se refere de forma alguma àqueles que não conhecem nem compreendem seu sistema (de Kant), nem desejam tampouco conhecê-lo, e esses, portanto, podem considerá-lo como inexistente". A isso respondo: "Para conhecer o conteúdo essencial desta obra, basta a moral comum, sem que se tenha de preocupar-se com a *Crítica da razão prática* e, menos ainda, *daquela da razão teórica*. Quando, por exemplo, a virtude, enquanto aptidão a atos conformes ao *dever* (segundo sua legalidade) é chamada *virtus phaenomenon*, mas enquanto *disposição* constante a esses atos por dever (por causa de sua moralidade) é chamada *virtus noumenon*, essas expressões só são empregadas para a escola. A própria coisa é compreendida na instrução para as crianças ou nos sermões mais populares, na verdade com palavras diferentes, tornando-se mais facilmente inteligível. Oxalá se pudesse somente falar em termos tão elogiosos dos mistérios da natureza divina contidos na doutrina da religião e introduzidos no catecismo como se fossem totalmente populares, mas que, mais tarde, devem, em primeiro lugar, ser transformados em conceitos morais, se quisermos que se tornem inteligíveis para todos!"

A Doutrina Filosófica da Religião

PRIMEIRA PARTE

A INERÊNCIA DO MAU PRINCÍPIO AO LADO DO BEM OU O MAL RADICAL NA NATUREZA HUMANA

Que o mundo é mau, essa é uma queixa tão antiga quanto a história e até mesmo mais antiga ainda que a poesia, bem mais, tão antiga quanto o mais antigo de todos os poemas, a religião dos padres. Para todos eles, contudo, o mundo começa pelo bem, pela idade de ouro, a vida no paraíso ou por uma vida mais feliz ainda, em comum com seres celestiais. Entretanto, fazem logo desaparecer essa felicidade como um sonho; e então ocorre a queda no mal (o mal moral, com o qual o físico sempre andou junto) que a fazem precipitar-se acelerando-a, para nosso pesar[1], de modo que agora (mas esse agora é tão antigo quanto a história) vivemos nos derradeiros tempos, porquanto o último dia e o fim do mundo estão próximos. Por isso em algumas regiões do Industão o juiz e o destruidor do universo Ruttren (chamado também Siba ou Siven) é honrado como o deus que detém atualmente o poder, depois que o conservador do mundo, fatigado de suas funções, recebidas do criador do universo Brahma, as havia já anulado havia séculos.

A opinião heróica oposta, que sem dúvida se difundiu somente entre os filósofos e em nossa época entre notadamente entre os pedagogos, é mais recente, mas bem menos difundida, ou seja, que o mundo progride

[1] Aetas parentum, pejor avis tulit. Nos nequiores, max daturos Progeniem vitiosorem (A época de nossos pais foi pior do que a de nossos avós e nos fez mais perversos a nós que logo suscitaremos a uma descendência mais perversa ainda - Quintus Horatius Flaccus - 65-8 a.C., poeta latino).

precisamente em sentido contrário, do mal para o melhor, sem parar (é verdade, que de um modo apenas sensível) e que pelo menos se encontra uma disposição a respeito na natureza humana. Certamente não tiraram essa opinião da experiência, se se tratar do bem ou do mal moral (e não da civilização), pois a história de todos os tempos se insurge poderosamente contra isso. Isso não passa provavelmente de uma hipótese benevolente dos moralistas desde Sêneca até Rousseau, para nos impelir a cultivar sem descanso o germe do bem que talvez se encontre em nós, se pelo menos se pudesse comprovar que há no homem, a esse respeito, uma disposição natural. Acrescente-se a isso que, a partir do momento em que se deva admitir o homem como fisicamente sadio por natureza (isto é, como nasce usualmente), não há razão para que não seja considerado de igual modo por sua natureza como sadio e bom em sua alma. A própria natureza, por conseguinte, nos ajudaria para desenvolver em nós essa disposição moral para o bem, como diz Sêneca: *Sanabilibus aegrotamus malis, nosque in rectum genitos, natura, si sanari velimus adjuvat.*

Entretanto, como pode muito bem ter ocorrido que houve engano ao tentar apoiar na experiência essas duas opiniões, a questão é de saber se uma solução média não seria pelo menos possível, de modo que o homem, sem sua espécie, não seja nem bom nem mau ou, de qualquer forma, um e outro ao mesmo tempo, bom de um lado e mau de outro? Todavia, costuma-se dizer que um homem é mau não porque realize ações que são más (contrárias à lei), mas porque estas são de tal natureza que se pode concluir que suas máximas são más. É verdade que se pode observar, de acordo com a experiência, atos que são contrários à lei e (ao menos na própria pessoa) o são de modo consciente, mas não se pode observar as máximas, nem sempre até mesmo na própria pessoa. Por conseguinte, não se pode estabelecer com segurança, segundo a experiência, que o autor dos atos é um mau homem, seria preciso pois concluir de várias ou mesmo de uma só má ação consciente, a priori de uma máxima má como fundamento; e dessa máxima a um princípio geral, inerente ao sujeito, de todas as máximas moralmente más, o qual seria uma máxima por sua vez, a fim de poder classificar um homem como mau.

Entretanto, a fim de que não se fique desde o início chocado com a expressão de natureza que, no caso em que (como usualmente) significasse o contrário do princípio dos atos realizados em virtude da liberdade e devesse estar em contradição direta com a classificação de bom ou mau moralmente, deve-se observar que aqui não se entende por natureza do homem senão o fundamento subjetivo do uso de sua liberdade de uma maneira geral (sob leis morais objetivas) que precede toda ação que recai sob os sentidos; pouco importa, por outro lado, onde se encontra. Esse fundamento subjetivo, todavia, deve ser sempre também ele próprio um ato de liberdade (pois, sem isso, o uso ou o abuso do arbítrio do homem, com relação à lei moral, não poderia ser-lhe imputado, nem o bem ou o mal poderia ser nele classificado de moral). Por conseguinte, o fundamento do mal não poderia ser encontrado num objeto que determinasse o arbítrio por inclinação, num pendor natural, mas somente numa regra que o arbítrio se forja a si próprio pelo uso de sua liberdade, ou seja, numa máxima. A respeito dessa, porém, não se deve ir mais longe e perguntar qual seria o fundamento subjetivo, em virtude do qual o homem o adota interiormente, em vez da máxima oposta. De fato, se finalmente esse fundamento não fosse mais uma máxima, mas um simples instinto natural, o uso da liberdade não poderia então referir-se inteiramente a uma determinação por causas naturais, o que está em contradição com ela. Portanto, quando dizemos que o homem é bom por natureza ou que é mau por natureza, isso significa somente que possui nele um princípio primeiro[2] (insondável para nós) que lhe permite admitir boas ou más máximas (isto é, contrárias à lei): é verdade, de uma forma geral enquanto homem, de modo que por isso ele exprime também o caráter de sua espécie.

Diremos, portanto, que um desses caracteres (que distinguem o homem de outros seres racionais possíveis) lhe é inato; mas nos resignaremos sempre também a pensar que a falta não é causada pela natureza, se for mau, nem o mérito, se for bom, mas que o homem é seu próprio autor. Ora, como o princípio primeiro da admissão de nossas máximas que ele próprio deve sempre encontrar-se no final no livre-arbítrio e não pode ser um fato que poderia ser dado pela experiência, o bem ou o mal no homem (enquanto princípio primeiro subjetivo da

[2] Que o fundamento primeiro subjetivo da admissão das máximas morais seja insondável, pode-se perceber isso antes de tudo pelo fato que essa admissão é livre e que o princípio (pelo qual por exemplo adotei uma má e não de preferência uma boa máxima) não deve ser procurado de maneira alguma num móvel que venha da natureza, mas sempre e ainda numa máxima; e como essa também deve ter seu fundamento e que fora da máxima não se deve e não se pode indicar nenhum princípio determinante do livre-arbítrio, acaba-se por ser remetido mais longe para trás até o infinito na série dos princípios determinantes subjetivos, sem poder chegar ao primeiro.

adoção dessa ou daquela máxima com relação à lei moral) se diz inato somente, mas no sentido que é posto como fundamento anteriormente a todo uso da liberdade conferido na experiência (desde a juventude, remontando até o nascimento) e que é representado como existente no homem desde seu nascimento, sem que esse nascimento seja sua causa.

Observação

O conflito das duas hipóteses estabelecidas repousa sobre uma proposição disjuntiva: O homem é (por natureza) bom moralmente ou mau moralmente. Vem à mente, no entanto, facilmente a qualquer um questionar se essa disjunção é exata e se não se poderia sustentar que o homem por natureza não é nenhuma dessas duas coisas. E por outro lado, que é essas duas coisas ao mesmo tempo, isto é, em parte bom e em parte mau. A experiência parece até mesmo confirmar essa concepção média entre os dois extremos. Entretanto, importa muito de uma forma geral à teoria dos costumes não conferir nenhum meio termo moral, seja no que diz respeito às ações (adiaphora), seja no que se relaciona aos caracteres humanos, na medida do possível. Ocorre que em semelhante ambigüidade, todas as máximas correm o risco de perder sua precisão e sua solidez. Geralmente chamamos aqueles que se apegam a essa forma severa de pensar de rigoristas (palavra que, para aquilo que pretendemos, encerra uma recriminação, mas que de fato é um elogio); quanto a seus antípodas, podem ser designados de latitudinários. Estes são latitudinários tanto da neutralidade e conviria chamá-los indiferentistas, quanto da coalizão e poderiam ser designados de sincretistas[3].

[3] Se o bem é = a, o que se opõe a ele contraditoriamente é o não-bem, resultando tanto a simples carência de um fundamento do bem = O, quanto de um fundamento positivo de seu contrário = -a. Neste último caso, o não-bem pode ser chamado também o mal positivo. (Com relação ao prazer e à dor, existe um meio termo desse gênero, pois se o prazer = a, e a condição em que nem um nem outro se encontram, a indiferença = O.) Ora, se a lei moral em nós não fosse um motivo agindo sobre o arbítrio, o bem moral (a harmonia do arbítrio com a lei) seria = a, o não-bem = O, embora esse fosse a simples conseqüência da carência de um motivo moral = a x O; mas ela subsiste em nós como um motivo = a; por conseguinte, a falta de acordo do arbítrio com ele (= O) não é possível senão como conseqüência de uma determinação realiter contrária do arbítrio, ou seja, de uma aversão a esse = - a, isto é, somente como conseqüência de um livre-arbítrio mau. Portanto, entre uma boa e uma má disposição de espírito (princípio interior das máximas), segundo a qual é preciso julgar também sobre a moralidade da ação, não há meio termo. Uma ação moralmente indiferente (adiaphoron moral) não passaria de um ato resultante de leis naturais, sem relação alguma, por conseguinte, com a lei moral como lei de liberdade,

A resposta à questão precedente, segundo o método de resolução rigorista[4], se funda na observação seguinte, importante para a moral, que a liberdade do arbítrio é de uma natureza toda peculiar que não pode ser determinada à ação por nenhum motivo, *a menos que o homem a tenha admitido em sua máxima* (que tenha estabelecido para si uma regra geral, segundo a qual quer comportar-se); é somente desse modo que um motivo, qualquer que seja, pode manter-se ao lado da absoluta espontaneidade do livre-arbítrio (da liberdade). Entretanto, a lei moral é por si mesma um motivo, de acordo com o juízo da razão; e quem faz dele sua máxima, é *moralmente* bom. Ora, se a lei não determina o arbítrio de uma pessoa a respeito de um ato que se relaciona com essa lei, é necessário que um motivo contrário influencie sobre seu livre-arbítrio; e como este, em virtude da hipótese, não pode ter lugar senão se o homem admitir esse motivo (um afastamento, portanto, da lei moral) em sua máxima (nesse caso, trata-se de um homem mau), sua intenção com relação à lei moral nunca é indiferente (jamais, nem um nem outro, ou seja, nem boa, nem má).

---

porquanto ela não é um fato (factum) e que, com relação a ela, não poderia existir ou ser necessária, nem ordem, nem interdição, nem mesmo uma permissão (autorização legal).

[4] O professor Schiller julga desfavoravelmente em sua dissertação redigida com mão de mestre sobre a graça e a dignidade na moral (Thalia, 1793, n.º 3) essa maneira de representar na moral a obrigação como se comportasse um estado de espírito de cartuxo. Entretanto, não posso, a partir do momento em que estamos de acordo sobre os princípios mais importantes, admitir um desacordo sobre este; se, contudo, pudermos chegar a entender-nos mutuamente. Reconheço de boa vontade que não posso associar nenhuma graça ao conceito do dever, precisamente por causa de sua dignidade. De fato, contém uma obrigação incondicional aquilo que está em contradição direta com a graça. A majestade da lei (semelhante àquela do Sinai) inspira o respeito (não o temor que rechaça, nem obviamente o encanto que convida à familiaridade) que excita a consideração do subordinado a respeito de seu mestre e, nesse caso, como esse mestre está em nós, o sentimento do sublime de nosso próprio destino que nos enleva mais que qualquer beleza. – A virtude, contudo, ou seja, a intenção, solidamente ancorada em cumprir exatamente seu dever é em suas conseqüências igualmente beneficente mais que tudo o que podem no mundo a natureza ou a arte e a magnífica imagem da humanidade, apresentada sob esta forma que é a sua, que tolera muito bem sem dúvida o cortejo das Graças, as quais, entretanto, se mantêm a uma distância respeitosa, uma vez que só se trata por ora de dever. Se, todavia, forem consideradas as conseqüências amáveis que a virtude poderia espargir no mundo, se fosse acolhida por toda parte, nesse caso a razão que dirige a moral envolve também em seu jogo a sensibilidade (por meio da imaginação). Foi somente depois de ter domado os monstros que Hércules se tornou Musageta, mas diante desses trabalhos as boas irmãs recuam com tremor. Essas companheiras de Vênus Urânia são cortesãs do séqüito de Vênus Dionéia, desde que se envolvem com a determinação do dever e querem fornecer os motivos disso. – E se perguntarmos agora: De que natureza é a disposição estética, por assim dizer o temperamento da virtude, corajoso e portanto alegre ou abatido pelo temor e desencorajado? Bem, uma resposta é apenas necessária. Esta última disposição da alma, própria de um escravo, jamais é encontrada sem um ódio oculto da lei e o coração alegre no cumprimento de seu dever (não se trata da suavidade em reconhecê-lo) é um sinal da autenticidade de uma intenção virtuosa, mesmo na piedade que consiste não nas mortificações que o pecador arrependido se inflige a si próprio (são demasiado equívocas, uma vez que não passam geralmente de uma recriminação interior por ter transgredido a regra de prudência), mas na firme resolução de melhor agir no futuro. Animada pelos bons resultados, pode fazer surgir uma alegre disposição da alma, sem a qual nunca se estará seguro de ter-se afeiçoado ao bem, ou seja, de tê-lo admitido em sua máxima.

De igual modo, o homem não pode ser, sob certos aspectos, moralmente bom e, sob outros, ao mesmo tempo mau, pois, se é bom numa coisa, é porque admitiu a lei moral em sua máxima; mas se, por outro lado, fosse mau também, como a lei moral da observância do dever é de uma maneira geral única e universal, a máxima que se relaciona a isso seria universal e também particular, o que é contraditório[5].

Possuir por natureza uma ou outra intenção enquanto disposição inata não significa aqui tampouco que essa não seja em absoluto adquirida pelo homem que a cultiva, isto é, que não seja o autor dela, mas somente que não é adquirida no tempo (que o homem é desde sua juventude um ou outro para sempre). A intenção, ou seja, o fundamento subjetivo primeiro da admissão das máximas, só pode ser única e se refere de uma maneira geral ao uso integral da liberdade. Ela própria, no entanto, deve ter sido admitida também pelo livre-arbítrio, pois, sem isso, não poderia ser imputada. Entretanto, o fundamento subjetivo, ou a causa dessa admissão, por sua vez não pode ser conhecido (embora seja inevitável procurá-lo, pois seria necessário ainda produzir efetivamente uma máxima em que tivesse sido admitida essa intenção e esta deveria ter novamente seu fundamento). Ora, como não podemos deduzir essa intenção, ou melhor, seu princípio supremo de algum ato primeiro do arbítrio realizado no tempo, nós o designamos como uma disposição do arbítrio que provém da natureza (quando, na realidade, tem seu fundamento na liberdade). Entretanto, que tenhamos o direito de entender por homem, do qual dizemos que é por natureza bom ou mau, não um indivíduo em particular (pois então um poderia ser considerado como bom por natureza e outro como mau), mas na realidade toda a espécie, é o que não poderá ser demonstrado senão mais tarde, quando a pesquisa antropológica tiver feito ver que as razões que nos autorizam a atribuir a um homem um dos dois caracteres como inato,

---

[5] Os antigos filósofos moralistas, que praticamente esgotaram tudo o que se pode dizer a respeito da virtude, não descuraram em levantar as duas questões anteriormente mencionadas. Formularam a primeira da maneira seguinte: A virtude pode ser ensinada? (isto é, o homem é por sua natureza indiferente ao vício e à virtude?). E a segunda: Existe mais de uma virtude? (pode ocorrer, por conseguinte, que o homem seja sob certos aspectos virtuoso e, sob outros, cheio de vícios?). A essas duas perguntas responderam negativamente com uma determinação rigorista e com razão, pois consideravam a virtude em si na idéia da razão (como o homem deve ser). Quando, porém, se quiser julgar moralmente esse ser moral, o homem, como fenômeno, ou seja, como a experiência nos leva a conhecê-lo, pode-se responder afirmativamente às duas perguntas precedentes, pois, nesse caso, não pesou na balança da razão pura (diante de um tribunal divino), mas segundo um critério empírico (por um juiz humano). De tudo isso se tratará ainda mais adiante.

forem tais que não haja lugar para excetuar um só Homem e que o que valer para ele valha para toda a espécie.

I – A disposição natural para o bem na natureza humana

Podemos, com relação a seu fim, enquadrá-la a justo título em três classes, como elementos do destino do homem:

1.ª A disposição do homem, enquanto ser *vivo*, *à animalidade*.

2.ª Sua disposição à *humanidade*, enquanto ser vivo e também *racional*.

3.ª Sua disposição à *personalidade*, enquanto ser racional e também apto à *responsabilidade*[6].

1. Pode-se colocar a disposição à animalidade no homem sob o título geral do amor de si físico e simplesmente mecânico, ou seja, de um amor de si que não exige razão. Ela é tripla. Refere-se, em primeiro lugar, à conservação de si mesmo; em segundo lugar, à propagação da espécie, pelo instinto sexual, e à conservação daquilo que a união dos sexos procria; em terceiro lugar, à associação com outros homens, configurando-se isso como o instinto de sociedade. Nessa disposição pode ser enxertada toda espécie de vícios (mas esses não provêm espontaneamente dessa como de uma raiz). Podem ser chamados vícios da *rusticidade* da natureza e são designados, quando se afastam totalmente da finalidade da natureza, de *vícios animalescos* da intemperança, da lascividade e da anarquia desenfreada (nas relações com outros homens).

[6] Pode-se considerar essa disposição como já contida no conceito da precedente, mas deve-se considerá-la como uma disposição particular. De fato, do fato que um ser tenha razão, não se segue em absoluto que essa contenha uma faculdade para determinar incondicionalmente o arbítrio pela simples representação da qualificação de suas máximas em vista de uma legislação universal e, por conseguinte, por ser prática em si; ao menos por quanto podemos dar-nos conta, poderia ocorrer que o ser mais racional do mundo tenha sempre, no entanto, necessidade de certos fatos motores que provenham dos objetos de inclinação para determinar seu livre-arbítrio e que utilize para essa finalidade a reflexão mais racional, tanto no que diz respeito à maior soma de motores como os meios para atingir a finalidade por eles determinada, sem mesmo pressentir a possibilidade de uma coisa tal como a lei moral, ordenando de uma forma absoluta e dando-se a conhecer ela mesma, na verdade como motivo supremo. Se essa lei não subsistisse em nós mesmos, não poderíamos produzir uma semelhante por nenhuma sutileza da razão, nem impô-la ao arbítrio por algum palavreado; e, contudo, é unicamente essa lei que nos torna conscientes da independência de nosso arbítrio quanto à determinação por todos os outros motivos (de nossa liberdade) e, ao mesmo tempo, da imputabilidade de todos os atos.

2. As disposições para a *humanidade* podem ser colocadas, na verdade, sob o título geral do amor de si físico, mas que *compare* (o que exige uma parte de razão). Com efeito, ninguém se acredita feliz ou infeliz, senão em comparação com outros. Desse amor de si provém a inclinação de *conferir-se um certo valor na opinião de outrem*; em princípio, sem dúvida, não se pretende senão a *igualdade*; não se confere a ninguém uma superioridade sobre si, uma vez que se teme constantemente que outros a ambicionem, de onde resulta, aos poucos, o desejo injusto de adquiri-la por si sobre os outros. Sobre isso, ou seja, sobre a *inveja* e a *rivalidade*, podem enxertar-se os maiores vícios de hostilidades secretas e patentes contra todos aqueles que consideramos como estranhos para nós. Esses sentimentos, na realidade, não provêm espontaneamente da natureza como de sua raiz, mas, tendo presente o temor que temos que outros tentem adquirir sobre nós uma superioridade que nos é odiosa, essas são as inclinações que têm por finalidade proporcionar-nos, por razões de segurança, a superioridade sobre outrem, enquanto medida de precaução, desde que a natureza não pensasse em empregar a idéia de semelhante emulação (que não exclui em si o amor recíproco) senão como princípio de cultura. Os vícios que são enxertados nessa disposição podem, portanto, ser designados também vícios da *cultura*; e no mais alto grau de sua malignidade (porquanto não seriam então senão a idéia de um máximo de mal que ultrapassa a humanidade), são chamados *vícios diabólicos*, por exemplo, *a inveja, a ingratidão, a alegria proveniente do mal de outrem*, etc.

3. A disposição à personalidade é a aptidão de sentir o respeito da lei moral, *enquanto motivo suficiente em si do arbítrio*. Essa aptidão do simples respeito da lei moral em nós seria o sentimento moral que, considerado em si mesmo, não constitui ainda uma finalidade da disposição natural, mas na medida somente em que é um motivo para o arbítrio. Ora, não sendo isso possível a não ser que o livre-arbítrio o admitisse em sua máxima, segue-se que a condição de um livre-arbítrio desse gênero é o bom caráter que, como em geral todo caráter do livre-arbítrio é uma coisa que não pode ser senão adquirida. Entretanto, para torná-lo possível, deve necessariamente haver em nossa natureza uma disposição na qual não pode ser enxertado absolutamente nada de mau. Não convém designar de *disposição* para a *personalidade* unicamente a idéia da lei moral com o respeito que não pode separar-se dela; é a própria personalidade (a idéia de humanidade considerada de uma

maneira de todo intelectual). Mas o fundamento subjetivo para admitir em nossas máximas esse respeito como motivo parece configurar-se como uma adição à personalidade e parece merecer, por essa razão, o designativo de disposição em benefício dessa.

Se considerarmos essas três disposições de acordo com as condições de sua possibilidade, veremos que a primeira não tem nenhuma razão por raiz, que a segunda, é verdade, tem por raiz a razão prática, subordinada inteiramente contudo a outros motivos, e que somente a terceira é unicamente por si mesma prática e tem sua raiz na razão que legisla de modo absoluto. Todas essas disposições no homem não são somente (de modo negativo) *boas* (elas não se opõem à lei moral), mas são também disposições *para o bem* (adiantam seu cumprimento). Elas são *originais*, enquanto fazem parte da possibilidade da natureza humana. O homem, na verdade, pode usar as duas primeiras *para visar seu fim*, mas não pode aniquilar nenhuma. Por disposições de um ser entendemos tanto as partes constitutivas que lhe são necessárias como as formas de suas ligações, requeridas para que seja um ser. Elas são *originais*, se fazem parte necessariamente da possibilidade desse ser, mas são *contingentes*, se o ser sem elas fosse também em si possível. Deve-se ainda observar que não se trata aqui de qualquer outra disposição senão daquelas que se relacionam imediatamente com a faculdade apetitiva e com o uso do livre-arbítrio.

II – Pendor para o mal na natureza humana

Por pendor (*propensio*) entendo o fundamento subjetivo da possibilidade de uma inclinação (desejo habitual, *concupiscentia*) enquanto contingente para a humanidade em geral[7]. Ele se distingue de uma disposição porque, podendo ser inato, na verdade, não deve ser representado como tal; ao contrário, pode ser considerado (quando

[7] Falando claramente, um pendor não é outra coisa senão a predisposição em desejar um prazer, mas produz a inclinação a este quando o indivíduo o experimentou. É assim que todas as pessoas rústicas têm um pendor por aquilo que embriaga porque, embora muitas delas não conheçam em absoluto a embriaguez e que, por conseguinte, não têm de maneira alguma o desejo daquilo que a produz, basta contudo levá-los a experimentá-lo um só vez para fazer surgir neles a cobiça quase que inextinguível. Entre o pendor e a inclinação que supõe o conhecimento do objeto do desejo encontra-se ainda o instinto, necessidade que se sente de fazer uma coisa ou e provar dela, quando não se tem ainda a idéia dessa coisa (esse é o instinto industrioso dos animais ou o instinto sexual). Ao falar de inclinação, existe ainda um grau da faculdade de apetência, que é a paixão (não a afeição que ressalta sentimento de prazer e de dor), ou seja, uma inclinação que exclui o domínio sobre si mesmo.

é bom) como *adquirido* ou (se for mau) como *contraído* por erro do próprio homem. Entretanto, não se trata aqui senão do pendor ao mal propriamente dito, ou seja, ao mal moral. Ora, como não é possível que, enquanto determinação do livre-arbítrio, e que, por outro lado, esse livre-arbítrio não pode ser julgado bom ou mau senão em virtude de suas máximas, deve consistir necessariamente no fundamento subjetivo da possibilidade de afastar-se das máximas da lei moral, e, se esse pendor pode ser admitido como pertencente em si de uma maneira geral ao homem (ou seja, ao caráter de sua espécie), deverá ser chamado de pendor *natural* do homem ao mal. Pode-se ainda acrescentar que a aptidão ou a inaptidão do arbítrio, proveniente do pendor natural, em admitir ou não em sua máxima a lei moral são designadas de *a boa ou a má vontade*.

Pode-se distinguir três graus diversos nesse pendor. Em primeiro lugar, de uma maneira geral a fraqueza do coração humano quando se trata de conformar-se às máximas adotadas ou a *fragilidade* da natureza humana. Em segundo lugar, o pendor a misturar motivos imorais a motivos morais (mesmo se isso ocorresse numa boa intenção ou em nome de máximas do bem), ou seja, a *impureza*. Em terceiro lugar, o pendor a adotar máximas más, ou seja, a *maldade* da natureza humana ou do *coração humano*.

Em primeiro lugar, a fragilidade (*fragilitas*) da natureza humana é expressa até mesmo na queixa de um apóstolo. Tenho realmente vontade, mas falta o cumprimento, isto é, acato o bem (a lei) na máxima de meu arbítrio, mas esse bem que objetivamente, na idéia (*in thesi*), constitui um motivo invencível é subjetivamente (*in hypothesi*), quando se trata de seguir a máxima, o motivo mais fraco (comparado à inclinação).

Em segundo lugar, a impureza (*impuritas, improbitas*) do coração humano consiste em que a máxima, segundo o objeto (cumprimento intencional da lei), é sem dúvida boa e talvez também bastante enérgica na execução, mas em contrapartida não é puramente moral, ou seja, porque não acatou em si mesma *unicamente* a lei como motivo *suficiente*, mas porque tem necessidade, além disso, na maior parte do tempo (e talvez sempre), de outros motivos ainda para determinar, por meio deles, o livre-arbítrio para fazer o que o dever requer. Em outros termos, ações conformes ao dever não são nesse caso realizadas puramente por dever.

Em terceiro lugar, a *maldade* (*vitiositas, pravitas*) ou, preferindo-se, a *corrupção* (*corruptio*) do coração humano, é o pendor do arbítrio para máximas que fazem passar os motivos resultantes da lei moral após outros (que não são morais). Pode ser chamada também a perversidade (*perversitas*) do coração humano porque inverte a ordem moral com relação aos motivos do verdadeiro *livre*-arbítrio e, embora desse modo ações boas segundo a lei (legais) possam sempre subsistir, a maneira de pensar contudo é, por essa razão, pervertida em sua raiz (no que concerne à intenção moral) e por esse motivo o homem é designado como mau.

Cumpre observar que aqui o pendor ao mal é estabelecido com referência ao homem, mesmo ao melhor (segundo os atos) e isso é necessário, se se quiser demonstrar a universalidade do pendor ao mal entre os homens ou, o que vem a ser a mesma coisa, que esse pendor é inerente à natureza humana.

Não há diferença entre um homem de bons costumes (*bene moratus*) e um homem moralmente bom (*moraliter bonus*) no que diz respeito à concordância das ações com a lei (não deve ao menos haver), salvo que num os atos não tenham sempre e talvez nunca a lei por motivo único e supremo, enquanto que no outro a tenham *sempre*. Do primeiro pode-se dizer que se conforma à lei segundo a *letra* (isto é, no que se relaciona à ação que a lei ordena), mas do outro, que a observa segundo o *espírito* (o espírito da lei moral consiste em que essa lei sozinha basta como motivo). *O que não é feito com essa fé é pecado* (segundo a ordem do pensamento). De fato, se outros motivos além da lei são necessários para determinar o arbítrio a ações conformes à lei (por exemplo, a ambição, o amor de si em geral, até mesmo um instinto benevolente, como a piedade), a concordância desses atos com a lei é puramente contingente, porquanto poderiam igualmente impelir à sua transgressão. Assim, a máxima, cuja bondade leva a apreciar todo o valor moral da pessoa, é por conseguinte contrário à lei, e o homem, mesmo que só realizasse boas ações, é no entanto mau.

A explicação que se segue é igualmente necessária para definir o conceito desse pendor. Todo pendor é físico, ou seja, resultante do arbítrio do homem como ser da natureza; ou é moral, isto é, resultante de seu arbítrio enquanto ele é um ser moral.

No primeiro sentido, não há pendor ao mal moral, pois esse deve resultar da liberdade. Um pendor físico (baseado em impulsos sensíveis) para um uso qualquer da liberdade, seja em vista do bem, seja em vista do mal, é uma contradição. Assim, um pendor ao mal não pode ser atribuído senão à faculdade moral do livre-arbítrio. Ora, nada é mau moralmente (isto é, imputável), a não ser o que é nossa *ação* própria. Pelo contrário, entende-se pelo conceito de um pendor, uma razão determinante subjetiva do livre-arbítrio, *precedendo toda ação* e que, por conseguinte, não é ainda um ato. Ora, no conceito de um simples pendor ao mal subsistiria, portanto, uma contradição, se essa expressão não pudesse ser tomada, de alguma maneira, em duas acepções diferentes, ambas conciliáveis contudo com o conceito de liberdade. Logo, o termo ato pode ser aplicado em geral tanto a esse uso da liberdade, pelo qual a máxima suprema (conforme ou contrária à lei) é acatada no livre-arbítrio, como também ao de executar, em conformidade com essa máxima, as próprias ações (segundo sua matéria, ou seja, no que concerne aos objetos do livre-arbítrio). Assim, o pendor ao mal é um ato no primeiro sentido da palavra (*peccatum originarium*) e, ao mesmo tempo, o princípio formal de todo ato contrário à lei, no segundo sentido da palavra, ato que, com referência à matéria, se opõe à lei e é chamado vício (*peccatum derivativum*); e a primeira falta permanece mesmo que a segunda (proveniente de motivos que não consistem na própria lei) fosse evitada por uma multidão de maneiras. A primeira é um ato inteligível, conhecido somente pela razão, sem qualquer condição de tempo; a segunda é sensível, empírica, realizada no tempo (*factum phaenomenon*). Ora, a primeira é chamada, sobretudo por comparação com a segunda, um simples pendor, inato também porque não pode ser extirpado (com efeito, para isso, a máxima suprema deveria ser aquela do bem, mas nesse próprio pendor é admitida como má). Entretanto, sobretudo porque não podemos explicar também por qual razão o mal em nós corrompeu precisamente a máxima suprema, embora seja nosso próprio ato, é que não podemos indicar a causa de uma propriedade fundamental que faz parte de nossa natureza.

Haveremos de encontrar naquilo que acaba de ser dito a razão pela qual procuramos, no início dessa seção, as três fontes do mal moral unicamente naquilo que, segundo leis de liberdade, afeta o princípio supremo em virtude do qual aceitamos ou seguimos nossas máximas e não naquilo que afeta a sensibilidade (enquanto receptividade).

III – O HOMEM É MAU POR NATUREZA

Vitiis nemo sine nascitur (Horácio, *Satirae*, I, 3).
(Ninguém nasce sem vícios)

A expressão "O homem é mau" não pode significar outra coisa, de acordo com o que precede, senão: Ele tem consciência da lei moral e, contudo, admitiu em sua máxima de afastar-se dela (nessa ocasião). É mau por natureza significa que isso se aplica a ele considerado em sua espécie; não é que uma qualidade desse gênero possa ser deduzida de seu conceito específico (aquele de um homem em geral, pois então ela seria necessária), mas, na medida em que o conhecemos por experiência, o homem não pode ser julgado de outra forma ou, por outro lado, podemos supor esse pendor como subjetivamente necessário em todo homem, mesmo no melhor. Ora, a partir do momento em que esse pendor deve ser ele próprio considerado necessariamente como mau moralmente e não, por conseguinte, como uma disposição natural, mas como uma coisa que pode ser imputada ao homem; que deve consistir necessariamente, por conseguinte, em máximas do arbítrio contrárias à lei e que é preciso considerar essas, por causa da liberdade, como contingentes em si, o que, por sua vez, não poderia concordar com a universalidade desse mal, se esse supremo fundamento subjetivo de todas as máximas não estivesse de alguma maneira ligado à humanidade e se não estivesse de alguma forma arraigado, poderíamos designar esse pendor como um pendor natural ao mal. E como é preciso que seja sempre culpado por seu próprio erro, um *mal* radical inato na natureza humana (que, no entanto, nós mesmos contraímos).

Ora, que um pendor perverso desse tipo deva estar arraigado no homem, isso é um fato do qual podemos nos poupar de apresentar uma prova formal, diante da multidão de exemplos vivos que a experiência das ações humanas nos apresenta. Se quisermos extraí-los desse estado em que muitos filósofos esperavam encontrar sobretudo a bondade natural da natureza humana, ou seja, o estado chamado *estado de natureza*, bastaria comparar a essa hipótese as cenas de crueldade não provocada que oferecem os dramas sangrentos de *Tofoa*, da *Nova Zelândia*, das *Ilhas dos Navegadores* e aqueles que não têm fim nos vastos desertos da América do noroeste (citados pelo capitão Hearne), dos quais ninguém tira sequer a menor vantagem[8] com essa hipótese e apresentaríamos então mais vícios de barbárie que o necessário para nos afastarmos dessa opinião. Entretanto, se formos da opinião que a natureza humana se revela melhor no estado de civilização (em que suas disposições podem desenvolver-se de uma maneira mais completa), seria necessário proferir uma longa e melancólica ladainha de acusações contra a humanidade. Queixar-nos-íamos da falsidade secreta, mesmo na amizade mais íntima, de modo que medir a própria confiança nas confidências recíprocas, mesmo naquilo que se relacionasse com os melhores amigos, contaria entre as máximas universais da prudência; queixar-nos-íamos do pendor em odiar aquele com o qual temos obrigações, coisa que o benfeitor sempre espera; de uma benevolência cordial que permite, no entanto, a ressalva que "há na desgraça de nossos melhores amigos alguma coisa que não nos desagrada em absoluto"; e de muitos outros vícios ocultos sob a aparência da virtude, sem falar daqueles que não se disfarçam de modo algum, porque já consideramos como homem de bem aquele que é um *homem mau da classe geral*; finalmente, seriam suficientes vícios da cultura e da civilização (entre todos, os mais ofensivos) para desviar os olhos da conduta dos homens, antes de contrair para si mesmo outro vício, ou seja, a misantropia. Entretanto, se não estivermos ainda satisfeitos, bastaria considerar o estado das relações exteriores das nações, bizarro composto dos dois estados precedentes, nos quais povos civilizados se encontram, uns frente a outros, na relação de estado de natureza bruto (organização guerreira permanente), tendo-se fixado de tal modo nessa posição que dela não conseguem jamais sair; podemos observar ainda que os princípios das grandes sociedades chamadas Estados[9]

---

[8] Foi assim que a guerra perpétua entre os índios de Atabasca e Costelas de Cão não tem outra finalidade senão a carnificina. Na opinião dos selvagens, a coragem na guerra é sua virtude suprema. Mesmo num Estado politizado, ela constitui um objeto de admiração e um motivo do respeito insigne exigido pela classe, da qual é o único mérito. O que não deixa de se basear em certa razão. De fato, o faz com que o homem possa possuir e tomar como fim alguma coisa que estima mais que a própria vida (a honra), renunciando com isso a todo interesse pessoal, prova alguma sublimidade de caráter. A satisfação, no entanto, com a qual os vencedores celebram suas façanhas (como cortar em pedaços, lutar com a espada sem tréguas, etc.) mostra que se conferem não é, em última análise, senão sua superioridade e a ruína que puderam causar, sem ter outra finalidade.

[9] Se observarmos a história desses Estados simplesmente como o fenômeno das disposições internas da humanidade que nos são em grande parte ocultas, podemos perceber certa marcha mecânica da natureza seguindo fins que não são seus fins (dos povos), mas fins da natureza. Todo Estado tende, sempre que existir outro a seu lado do qual pode esperar dominar, a ampliar seu território ao sujeitá-lo; tende, por conseguinte, à monarquia universal, ou seja, a uma constituição em que toda liberdade e

contradizem diretamente as alegações públicas que, no entanto, não é possível afastar-se delas e que nenhum filósofo pôde ainda colocá-las de acordo com a moral, sem entretanto poder, por outro lado (o que é grave), propor melhores que pudessem conciliar-se com a natureza humana, de modo que o *quiliasmo filosófico* que almeja um estado de paz perpétua, baseada numa sociedade das nações, ou seja, uma república mundial, é universalmente voltada à derisão, como um sonho vazio, bem como o *quiliasmo* teológico que espera a realização do melhoramento moral de todo o gênero humano.

Ora, o princípio desse mal não pode, em primeiro lugar, ser posto, como se costuma dizê-lo usualmente, na *sensibilidade* do homem e nas inclinações naturais que dela derivam. De fato, estas não têm mesmo relação direta com o mal (antes, conferem à intenção marcada em sua força a ocasião de provar o que ela é, intenção da virtude); assim, não devemos ser responsáveis de sua existência (não o podemos tampouco, porque, sendo inatas, não somos os autores delas), mas o somos do pendor ao mal que, como se refere à moralidade do sujeito e se encontra em decorrência nele, como num ser que age livremente, deve poder ser-lhe imputado como a um ser falível, apesar da raiz profunda desse pendor no arbítrio que faz com que se deva dizer que subsiste como na natureza do homem.

O princípio do mal não pode tampouco, em segundo lugar, ser procurado numa *depravação* da razão legisladora moral, pois precisaria então poder extirpar nela a autoridade da própria lei e negar a obrigação que dela deriva, o que é impossível. Conceber-se como um ser agindo livremente e desimpedido contudo da lei que lhe é conforme (a lei moral) levaria a conceber uma causa agindo fora de toda lei (pois a determinação que segue leis naturais não representa mais o fato da liberdade), o que é contraditório. Logo, para conferir um fundamento do mal moral no homem, a *sensibilidade* contém muito pouco, pois,

---

com ela (o que é decorrência dela) a virtude, a preferência e a ciência deveriam desaparecer. Isso monstro, contudo (no qual as leis perdem pouco a pouco sua força), depois de ter absorvido todos os seus vizinhos, se desagrega ele próprio finalmente, dividindo-se em decorrência de insurreições e discórdias em muitos Estados menores que, em lugar de tender a uma sociedade de Estados (isto é, uma república de povos livres e aliados), recomeçam tudo por seu turno, cada um deles, o mesmo jogo para que ao menos a guerra (esse flagelo do gênero humano) cesse, a qual, embora não seja tão incuravelmente nefasta como o túmulo da monarquia universal (ou ainda uma liga de nações que tem por finalidade não deixar desaparecer o despotismo em nenhum Estado), produz, contudo, como dizia um antigo, mais homens maus do que quantos possa eliminar.

excluindo os motivos que podem nascer da liberdade, ela torna o homem puramente *animal*; em contrapartida, porém, uma razão que libera da lei moral, de alguma forma maligna (uma vontade absolutamente má), contém ao contrário muito, porque com isso a oposição à lei moral seria elevada até mesmo ao grau de motivo (pois sem um motivo o arbítrio não pode ser determinado) e o sujeito se tornaria assim um ser *diabólico*. Nenhum desses dois casos se aplica ao homem.

Embora a existência desse pendor ao mal na natureza humana possa ser mostrado por provas de experiência tiradas da oposição efetivo do arbítrio humano à lei, no tempo, essas provas contudo não nos informam sobre o caráter verdadeiro desse pendor nem sobre o fundamento dessa oposição, mas, ao contrário, esse caráter, por referir-se a uma relação do livre-arbítrio (cujo conceito não tem nada de empírico) com a lei moral enquanto motivo (cujo conceito é assim mesmo puramente intelectual), deve ser reconhecido *a priori*, segundo o conceito do mal enquanto este é possível, em virtude das leis da liberdade (da obrigação e da imputabilidade). O que se segue é o desenvolvimento deste conceito.

O homem (mesmo o mais mau), quaisquer que sejam as máximas de que se trata, não renuncia à lei moral, por assim dizer à maneira de um rebelde (recusando a obediência). Ela se impõe, melhor, a ele de uma maneira irresistível, em virtude da disposição moral e, se nenhum outro motivo agir em sentido contrário, a acolheria também em sua máxima suprema, como razão suficiente de determinação de seu arbítrio, ou seja, que seria bom moralmente. Entretanto, depende também, em virtude de sua disposição natural igualmente inocente, dos móveis da sensibilidade e os acolhe igualmente em sua máxima (segundo o princípio subjetivo do amor de si próprio). Se, entretanto, os acolhesse, como *suficientes por si sós* à determinação de seu arbítrio, em sua máxima, sem referência à lei moral (que no entanto traz em si), seria moralmente mau. Ora, como os admite naturalmente com essa em sua máxima e como traria cada um desses motivos em si, se fosse único, suficiente para a determinação da vontade, seria ao mesmo tempo moralmente bom e mau, se a diferença das máximas não dependesse senão daquela dos motivos (da matéria das máximas), ou seja, se a lei ou o impulso sensível constituíssem uma delas, o que (segundo a introdução) seria contraditório. Por conseguinte, a diferença entre o homem bom e o homem mau deve necessariamente ser encontrada não na diferença dos motivos que admitem nas máximas (não na matéria dessas), mas em sua subordinação (sua forma). Toda a questão é de saber *de qual desses dois motivos o homem estabelece a condição do outro*. Em decorrência, o homem (mesmo o melhor) não se torna mau a não ser que inverta a ordem moral dos motivos quando os acatar em suas máximas. Para dizer a verdade, acata nestas a lei moral, bem como a lei do amor de si próprio. Entretanto, percebendo que uma não pode subsistir ao lado da outra, mas devendo ser subordinada à outra, como a sua condição superior, faz dos móveis do amor de si e de suas inclinações a condição da obediência à lei moral, quando na realidade seria antes esta última que deveria ser acatada como *condição suprema* da satisfação dos outros na máxima geral do livre-arbítrio, na qualidade de motivo único.

Apesar dessa inversão dos motivos em sua máxima contra a ordem moral, as ações podem no entanto apresentar-se em conformidade à lei tão bem como se elas derivassem de princípios autênticos. É quando a razão não se serve de uma maneira geral da unidade das máximas, própria à lei moral, a não ser para introduzir nos móveis da inclinação, sob o designativo de felicidade, uma unidade de máximas que não poderia de outra maneira lhes ser útil (como se se tomasse por princípio fundamental a veracidade unicamente para evitar a ansiedade de manter a concordância em nossas mentiras e nos enroscar em seus desvios tortuosos). Neste caso, é verdade que o caráter empírico é bom, mas o caráter inteligível permanece sempre mau.

Ora, se houver semelhante pendor na natureza humana, é que existe no homem um pendor natural ao mal. E esse próprio pendor, que deve finalmente ser procurado no livre-arbítrio e que é em decorrência imputável, é moralmente mau. Esse mal é *radical* porque corrompe o fundamente de todas as máximas e mais, enquanto pendor natural, não pode ser *extirpado* pelas forças humanas. De fato, isso não poderia ter lugar senão por meio de boas máximas, o que não pode ser produzido quando o fundamento subjetivo supremo de todas as máximas se pressupõe corrompido; não obstante, deve-se poder *dominá-lo*, porquanto se encontra no homem como ser que age livremente.

Em decorrência disso, a *malignidade* da natureza humana não deve, na verdade, ser chamada *maldade*, se esta palavra for tomada em sentido rigoroso, isto é, como intenção (*princípio subjetivo* das máximas) de admitir o mal *enquanto mal* como motivo em sua máxima (pois isso seria uma intenção diabólica), mas, antes, *perversão* do coração, o qual, segundo a conseqüência, é designado então igualmente de *má vontade*. Esta não incompatível com uma vontade em geral boa; provém da fragilidade da natureza humana, muito fraca para observar os princípios por ela adotados, fragilidade unida à impureza e que consiste a não separar, segundo uma regra moral, os motivos (mesmo de atos realizados com boa intenção) uns dos outros e, finalmente, como conseqüência, a considerar somente, tudo bem precisado, se elas são conformes à lei moral e não se elas derivam dela, isto é, a não considerar essa lei como motivo único. Se, portanto, disso não resultar sempre um ato contrário à lei e um pendor a tais atos, ou seja, o *vício*, a maneira de pensar no entanto, que consiste em interpretar a ausência do vício como uma conformidade da *intenção* à lei do dever (como *virtude*), deve ser chamada desde logo ela própria uma perversão radical do coração humano (porquanto não se considera de modo algum o motivo da máxima, mas somente a observância da lei segundo a letra).

Essa falta inata (*reatus*), assim designada porque se manifesta logo que o uso da liberdade se manifesta no homem, embora deva necessariamente ter surgido da liberdade e possa por conseguinte ser imputada, pode ser julgada em seus dois primeiros graus (a fragilidade e a impureza) como não intencional (*culpa*), mas no terceiro como falta intencional (*dolus*); tem como característica certa *malícia* do coração humano (*dolus malus*) que se engana a si mesmo sobre suas intenções boas ou más e que, contanto que os atos não tenham como conseqüência o mal, o que poderia ocorrer de acordo com suas máximas, não se preocupa com relação a suas intenções, acreditando-se antes como justificado diante da lei. Disso decorre a serenidade da consciência em muitos homens (que se julgam conscienciosos), contanto que em ações em que a lei não foi consultada, em que ao menos não foi preponderante, tenham felizmente evitado as conseqüências más; e mesmo não imaginam ter mérito em não se sentir culpados dessas deficiências, das quais vêem os outros aflitos sem mesmo procurar, se não fosse por acaso o mérito da oportunidade; e se, de acordo com o estado de espírito que pudessem descobrir em seu foro íntimo, se o quisessem, semelhantes atos viciados não tivessem podido ser realizados por eles no caso em que a impotência, o temperamento, a educação, as circunstâncias de tempo e de lugar que induzem em tentação (coisas, todas elas, que não poderiam ser-nos imputadas), não as tivessem afastado.

Essa desonestidade, que consiste em empenhar-se a enganar e que se opõe ao estabelecimento em nós de uma intenção de boa qualidade, se desenvolve externamente também em falsidade e engano para com outrem, coisa que, se não quisermos chamá-la maldade, merece pelo menos ser chamada baixeza; ela reside no mal radical da natureza humana que (ao falsificar o julgamento moral relativo à opinião que se deve ter de um homem e ao tornar a imputabilidade interna e externamente de todo incerta) constitui a mancha de nossa espécie que, desde que não a eliminamos, impede o germe do bem de se desenvolver como o faria sem dúvida alguma.

Um membro do parlamento inglês proferiu no calor dos debates esta afirmação: "Todo homem tem seu preço, pelo qual se entrega." Se isso for verdade (o que cada um pode decidir por si), se não existe em absoluto nenhuma virtude pela qual seria impossível encontrar um grau de tentação suscetível dominá-la totalmente; se, para que tanto o bom como o mau espírito nos alicie para seu lado, basta que alguém ofereça mais e pague mais prontamente que o outro, poder-se-ia inferir que estas palavras do apóstolo fossem verdadeiras para o homem de uma maneira geral: "Não há aqui nenhuma diferença, todos são igualmente pecadores; não há um só que faça o bem (segundo o espírito da lei), um só sequer"[10].

IV – A origem do mal na natureza humana

A origem (primeira) é a proveniência de um efeito de sua causa primeira, ou seja, daquela que não é por sua vez efeito de outra causa da mesma espécie. Pode ser considerada tanto como *origem racional*,

[10] A prova propriamente dita dessa sentença de condenação deferida pela razão, julgando moralmente, não se encontra nesta seção, mas na precedente. Esta seção contém somente a confirmação pela experiência, mas esta não pode jamais descobrir a raiz do mal na máxima suprema do livre-arbítrio em sua relação com a lei, pois se trata de uma ação inteligível que precede toda experiência. Com isso se pode ver, isto é pela unidade da máxima suprema, a lei à qual se refere, sendo uma, porque o simples julgamento intelectual proferido a respeito do homem deve necessariamente ter por fundamento o princípio da exclusão de um meio-termo entre o bem e o mal, quando o julgamento empírico relativo ao ato sensível (os fatos e gestos reais) pode ser baseado nesse princípio: existe entre esses extremos um meio-termo, de um lado um estado negativo de indiferença, que precede toda cultura, e de outro lado um estado positivo composto em que se é parcialmente bom e parcialmente mau. Mas isso não passa de um julgamento sobre a moralidade do homem no fenomenal e está subordinado ao primeiro no julgamento final.

como *origem temporal*; a primeira significação só leva em consideração a *existência* do efeito, mas a segunda, seu *cumprimento*, e então se relaciona, enquanto evento, à sua *causa no tempo*. Quando o efeito é relacionado a uma causa que está unida a ele segundo leis de liberdade, como é o caso no mal moral, a determinação do arbítrio para produzi-lo não é concebida como ligada a seu princípio de determinação no tempo, mas simplesmente na representação da razão e não se pode fazê-la derivar de algum estado *anterior*, o que, pelo contrário, deve ter lugar todas as vezes que a má ação, enquanto evento no mundo, está relacionada à sua causa natural. Há, portanto, contradição ao procurar a origem temporal das ações livres enquanto tais (como para efeitos naturais) e, por conseguinte, da constituição moral do homem, enquanto é considerada como contingente, porque ela exprime o fundamento do uso da liberdade que deve ser procurada unicamente em representações da razão (assim como o princípio determinante do livre-arbítrio em geral).

Qualquer que seja, por outro lado, a origem do mal moral no homem, a mais inadequada de todas as maneiras de representar sua difusão e sua propagação em todos os membros de nossa espécie e em todas as gerações consiste em representá-lo como se tivesse chegado a nós de nossos primeiros ancestrais por hereditariedade: *Genus et proavos et quae non fecimus ipsi, vix ea nostra puto*[11]. Deve-se observar, além disso, que ao procurarmos a origem do mal não levamos em consideração em primeiro lugar o pendor ao mal (como *peccatum in potentia*), mas levamos em consideração somente o mal efetivo de ações dadas, segundo sua possibilidade interna e o que, em vista de sua execução, deve encontrar-se no arbítrio.

---

[11] As três Faculdades, chamadas superiores (nas Universidades) explicariam essa hereditariedade cada uma a seu modo: seja como uma doença hereditária, seja como uma dívida hereditária, seja como um pecado hereditário. 1) A Faculdade de Medicina representaria o mal hereditário mais ou menos como o verme solitário, a respeito do qual alguns naturalistas acreditam realmente que, a partir do momento em que não se encontra num elemento externo a nós, nem (nesse mesmo gênero) em qualquer outro animal, teve necessariamente de estar presente já em nossos primeiros pais. 2) A Faculdade de Direito o consideraria como a conseqüência legítima da posse de uma herança que eles nos deixaram, mas que estaria onerada de uma pesada falta (pois nascer não é outra coisa senão adquirir o uso dos bens da terra, enquanto nos são indispensáveis a nossa existência como duração). Devemos, portanto, pagar (expiar) para sermos de qualquer forma finalmente privados da posse (pela morte). Como é legítimo pela lei! 3) A Faculdade de Teologia consideraria esse mal como a participação pessoal de nossos primeiros pais na queda de um rebelde reprovado, seja que nós mesmos tenhamos cooperado nisso (embora não tenhamos consciência disso atualmente), seja que, nascidos sob seu reino (aquele do príncipe deste mundo), provemos, hoje somente, os bens mais que o mandamento supremo do soberano celestial e não tenhamos bastante fidelidade para nos separarmos dele, devendo por isso partilhar de sua sorte no futuro.

Toda má ação, quando procuramos sua origem racional, deve ser considerada como se o homem tivesse chegado a isso diretamente do estado de inocência. De fato, qualquer que tenha sido sua conduta anterior e quaisquer que sejam também as causas naturais que agem sobre ele, que se encontrem nele ou fora dele, pouco importa, sua ação é no entanto livre e de forma alguma determinada por qualquer uma dessas causas; pode, portanto, e deve sempre ser julgada como um uso *original* de seu arbítrio. Não deveria tê-la realizado, quaisquer que tivessem sido as circunstâncias temporais e as conexões nas quais pudesse encontrar-se, pois, nenhuma causa do mundo faria com que cessasse de ser um ser que age livremente. É verdade que se diz com razão que se costuma imputar igualmente ao homem as conseqüências resultantes de suas ações passadas, realizadas livremente, mas contra a lei; entretanto, pretende-se dizer com isso simplesmente que se tem necessidade de recorrer a esse subterfúgio e verificar se essas conseqüências são livres ou não, porque já na ação reconhecida como livre que lhe era a causa, há uma razão suficiente para imputação. Entretanto, por mau que tenha sido um homem até o momento em que deve realizar imediatamente uma ação livre (o próprio mal sendo-lhe habitual e como que uma segunda natureza), seu dever consistiu não somente em ser melhor, mas é ainda seu dever tornar-se sempre melhor. É necessário, portanto, que possa e, se não o fizer, será, no momento da ação, tão suscetível de imputação e sujeito a ela que, se dotado da aptidão natural ao bem (que é inseparável da liberdade), teria passado do estado de inocência ao mal. Não podemos, portanto, nos indagar a respeito da origem temporal dessa ação, mas simplesmente a respeito de sua origem racional para determinar, e se possível, explicar segundo ela o pendor, isto é, o fundamento subjetivo universal que nos leva a admitir uma transgressão em nossa máxima, se houver um.

É com isso que concorda muito bem o gênero de representação de que faz uso a Escritura para descrever a origem do mal como um começo desse mal na espécie humana, representando-a com efeito como uma história, na qual aquele que, segundo a natureza da coisa (sem referir-se a uma determinação temporal), deve necessariamente ser concebido como vindo em primeiro lugar, aparece como tal no tempo. Segundo ela, o mal não tem como início um pendor no qual se basearia, porque em tal caso seu início não teria sua fonte na liberdade, mas antes o *pecado* (e por este termo entende-se a transgressão da lei moral enquanto *mandamento divino*). Quanto à condição do homem anteriormente a todo pendor ao mal, é chamada estado de *inocência*. A lei moral se apresenta em primeiro lugar como interdição como convém quando se trata do homem que não é um ser puro, mas um ser tentado por inclinações (1 Moisés, II, 16, 17). Ora, em lugar de se conformar a essa lei exatamente como motivo suficiente (o único motivo, incondicionalmente bom e não dando lugar a escrúpulos), o homem procurou outros motivos (III, 6) que não podem ser bons senão condicionalmente (na medida em que não ferem em absoluto a lei) e adotou como máxima, se ação for concebida como decorrente conscientemente da liberdade, de não se conformar à lei do dever por dever, mas em todos os casos, levando em conta outros interesses. Em decorrência, começou a colocar em dúvida a severidade do mandamento que exclui a influência de todo outro motivo, depois a fazer derivar por sofismas a obediência a esse mandamento ao grau da simples obediência condicionada (segundo o princípio do amor de si) de um meio[12], de onde resultou finalmente que admitiu em sua máxima de ação a preponderância dos impulsos sensíveis sobre o motivo da lei e comete o pecado (III, 6) *Mutato nomine de te fabula narratur* (Horácio, *Satirae*, I, 1). De acordo com o que precede é claro que fazemos outro tanto todos os dias e, por conseguinte, "em Adão, todos pecaram" (*1 Coríntios*, 15, 22) e pecam ainda, salvo que se suponha em nós um pendor já inato para a transgressão. Não se supõe esse pendor no primeiro homem, mas com relação ao tempo um período de inocência. É por isso que nele a transgressão é chamada *queda*, enquanto que em nós é representada como resultante da maldade já inata de nossa natureza. Esse pendor, entretanto, não significa outra coisa senão que, se quisermos tentar *explicar* o *começo do mal no tempo*, devemos necessariamente, para toda transgressão premeditada, procurar as causas numa época anterior de nossa vida até aquela em que o uso da razão não se havia ainda desenvolvido; por conseguinte, procurar a fonte do mal remontando a um pendor ao mal (como disposição natural fundamental), chamado

[12] Todo respeito demonstrado para com a lei moral, sem que se lhe confira em sua máxima, enquanto motivo suficiente por si, preponderância sobre todos os outros princípios de determinação do arbítrio, não passa de hipocrisia e o pendor que leva a isso é uma perfídia proveniente do interior, ou seja, um pendor que se ilude a si mesmo por mentiras na interpretação da lei moral em detrimento desta (III, 5); é por isso que também a Bíblia (em sua parte cristã) chama o fomentador do mal (que se encontra em nós mesmos) o mentiroso desde o começo (Epístola aos Romanos, II, 13, e Evangelho de João, VIII, 44), caracterizando assim o homem com relação ao que parece ser nele o fundamento capital do mal.

inato por essa razão. Ora, isso não é necessário nem factível no que diz respeito ao primeiro homem que é representado como dispondo plenamente do uso da razão, caso contrário, esse fundamento (o mau pendor) teria sido conferido ao homem na criação. Por esse motivo é que seu pecado é representado como decorrência imediata do estado de inocência. Entretanto, não temos de procurar a origem temporal de uma constituição moral que deve nos ser imputada, quão inevitável possa ser ela, se fizermos questão de explicar sua existência contingente (é por esse motivo e em conformidade com essa fraqueza, como a nossa, que a Escritura pôde representá-la desse modo).

Quanto à origem racional desse desacordo em nosso arbítrio, isto é, dessa maneira de recolher em suas máximas motivos subordinados colocando-os em primeiro plano, portanto, quanto à origem racional desse pendor ao mal, permanece para nós insondável porque deva ser-nos imputada e que, por conseguinte, esse fundamento supremo de todas as máximas exigiria por sua vez a admissão de uma máxima má. O mal não pôde provir senão do mal moral (não dos simples limites de nossa natureza) e, no entanto, nossa disposição primitiva é uma disposição para o bem (e ninguém mais senão o próprio homem pôde corrompê-la, se essa corrupção lhe deve ser imputada). Não existe para nós, portanto, razão compreensível para saber de onde o mal moral poderia desde o início ter vindo a nós. É esse caráter incompreensível junto com a determinação mais precisa da malignidade de nossa espécie que a Escritura exprime em seu relato histórico[13], colocando o mal no início, seguramente no começo do mundo, entretanto não ainda no homem, mas num *espírito*, de um destino sublime na origem. Assim, o começo *primeiro* de todo o mal é representado para nós como incompreensível de uma maneira geral (de fato, de onde provém o mal nesse espírito?), mas o homem,

[13] O que se diz aqui não deve ser considerado como um comentário da Escritura, o qual fica fora dos limites de competência da simples razão. Pode-se explicar a maneira pela qual se utiliza moralmente um relato histórico, sem contudo decidir se foi verdadeiramente esse o sentido que tinha em vista o escritor ou se é somente nós que nele o incluímos. É suficiente que esse sentido seja verdadeiro em si e até mesmo sem nenhuma prova histórica, mas que também seja o único, graças ao qual possamos extrair de uma passagem da Escritura alguma coisa que nos torne melhores, caso contrário não se trataria senão de um aumento estéril de nosso saber histórico. Não se deve, sem necessidade, discutir sobre uma coisa e sobre sua autoridade histórica se, qualquer que seja a maneira de compreendê-la, isso não contribuir em nada para melhorar, quando o que pode contribuir a esse fim é conhecido sem prova histórica e deve mesmo ser conhecido sem essa. O conhecimento histórico que não tem relação interior válida para todos com esse fim faz parte dos adiaphora que cada um pode apreciar como julgar útil para sua própria edificação.

tendo-se tornado como que a presa do mal, unicamente *por sedução*. Não é, portanto, corrompido *fundamentalmente* (mesmo segundo sua disposição primeira ao bem), mas capaz ainda de melhoramento por oposição a um *espírito* sedutor, ou seja, um ser do qual não se poderia atenuar a falta, levando em consideração a tentação da carne. Assim no homem que, apesar da corrupção de seu coração guarda ainda a boa vontade, permanece a esperança de um retorno ao bem, do qual se afastou.

Observação Geral

O restabelecimento em sua forçada disposição primitiva ao bem

O que o homem é ou deve tornar-se moralmente, bom ou mau, é preciso que o faça ou o tenha feito por ele próprio, um como o outro deve ser o efeito de seu livre-arbítrio. Sem isso não poderia ser-lhe imputado e não poderia, por conseguinte, ser bom nem mau *moralmente*. Quando se diz "foi criado bom", isso só pode significar que foi criado para o *bem* e que a *disposição* original do homem é boa. Entretanto, não se segue que seja já bom, mas, na medida em que admitir ou não em sua máxima os motivos compreendidos nessa disposição (coisa que deve ser inteiramente deixada a sua livre escolha), é ele mesmo que faz com que se torne bom ou mau. Supondo-se que, para tornar-se bom ou melhor uma cooperação sobrenatural seja também necessária, que essa consista somente na redução dos obstáculos que seja realmente um auxílio positivo, não obstante o homem deve doravante tornar-se digno de recebê-la e *aceitar* essa *assistência* (o que não é pouco), isto é, acolher em sua máxima o aumento positivo de forças, pelo qual somente se torna possível que o bem lhe seja imputado e que seja ele próprio reconhecido como homem de bem.

A possibilidade para um homem mau por natureza de tornar-se bom por si mesmo, aí está o que ultrapassa todos os nossos conceitos. Com efeito, como uma árvore má poderia produzir bons frutos? Entretanto, como, segundo a afirmação feita precedentemente, uma árvore boa na origem (de acordo com sua disposição) produziu maus frutos[14] e que a queda do bem no mal (se for muito bem observado que o mal

[14] A árvore, boa por disposição natural, não o é ainda de fato, pois se o fosse, não poderia evidentemente produzir maus frutos. É somente quando o homem acatou em sua máxima o motivo nele posto em vista da lei moral que é chamado um homem bom (a árvore é em absoluto uma árvore boa).

provém da liberdade) não é mais inteligível que o restabelecimento do mal sobre o bem, a possibilidade desse último caso não pode ser contestada. De fato, apesar dessa queda, o mandamento "que temos a *obrigação* de nos tornarmos melhores", ecoa em nossa alma com a maior força. É forçosamente preciso, por conseguinte, que devamos também podê-lo, mesmo se aquilo que pudermos fazer fosse em si insuficiente e que assim nos tornássemos simplesmente suscetíveis de receber um auxílio vindo de mais alto e para nós insondável. Então, na verdade, é preciso pressupor que um germe de bem que permaneceu em toda a sua pureza não pôde ser extirpado ou corrompido, o qual seguramente não pode ser o amor de si[15], pois esse, tomado como princípio de todas as nossas máximas, é precisamente a fonte de todo mal.

A restauração em nós da disposição primitiva para o bem não é,

---

[15] Palavras que podem receber dois sentidos totalmente diferentes, com muita freqüência, impedem por muito tempo ser convencido pelas razões mais claras. Como o amor em geral, o amor de si pode subdividir-se em amor de benevolência e amor de complacência (benevolentiae e complacentiae), e um e outro (como se entende de per si) devem ser razoáveis. Acatar o primeiro na própria máxima é natural (quem, de fato, não gostaria que tudo estivesse sempre bem para ele?). Entretanto, não é razoável que, enquanto de um lado, com relação à finalidade, se escolha somente do que é compatível com o maior e mais duradouro bem-estar, e que, de outro lado, se escolha meios mais convenientes para cada um desses elementos da felicidade. Aqui a razão faz simplesmente o papel de serva da inclinação natural, mas a máxima que é acatada com essa finalidade não tem relação com a moralidade. Entretanto, se for tomada como princípio incondicional do arbítrio, torna-se a fonte de um grande conflito a perder de vista com a moralidade. Ora, um amor razoável de complacência em si mesmo pode ser entendido nesse sentido que nos comprazemos nas máximas já citadas que têm por fim a satisfação da inclinação natural (na medida em que esse fim é atingido em conformidade com essas máximas) e se confunde então com o amor de benevolência para consigo; fica-se satisfeito consigo mesmo como um mercador que tem sucesso com suas especulações comerciais e que, considerando as máximas seguidas, se alegra com seu sábio discernimento. Somente a máxima do amor de si, enquanto complacência em si incondicional (não dependendo do ganho ou da perda, conseqüências da ação), seria o princípio interior de uma satisfação somente possível para nós sob a única condição de subordinar nossas máximas à lei moral. Nenhum homem, para o qual a moralidade não é indiferente, pode encontrar complacência em si e mesmo não provar um amargo desprazer para consigo mesmo quando tiver consciência de ter máximas que não estão de acordo com a lei moral nele subsistente. Poder-se-ia chamar esse amor o amor razoável de si que se opõe a que venham se misturar aos motivos do arbítrio outras causas de satisfação provenientes das conseqüências dos atos (sob o nome de uma felicidade que desse modo poderíamos nos proporcionar) isso indica um respeito incondicional pela lei e, a partir de então, por quanto se pretende com o emprego da expressão amor razoável de si, moral somente na condição indicada, tornar inutilmente mais difícil a clara compreensão do princípio, girando em círculo (de fato, não se pode amar-se a si próprio senão moralmente, enquanto se tem consciência da própria máxima que é a de fazer do respeito da lei o motivo supremo de seu arbítrio). A felicidade, em conformidade com nossa natureza, é para nós, seres dependentes dos objetos da sensibilidade, a primeira das coisas e o que desejamos sem condições. Essa mesma felicidade, em conformidade com nossa natureza (se quisermos realmente assim designar, de uma maneira geral, o que nos é inato), enquanto seres dotados de razão e de liberdade, não é (falta muito para isso) a primeira das coisas, nem um objeto incondicional de nossas máximas, mas esse objeto, ao contrário, consiste na dignidade de ser feliz, é o acordo de todas as nossas máximas com a lei moral. Ora, que esse acordo seja a condição objetiva graças à qual somente o desejo de felicidade possa conciliar-se com a razão legisladora, aí está toda a prescrição moral. E a maneira de pensar moral não é outra coisa senão a intenção de ansiar unicamente por essa condição.

portanto, a aquisição de um móvel para o bem, móvel perdido por nós, pois esse móvel, que consiste no respeito da lei moral, não pudemos jamais perdê-lo e, se isso tivesse sido possível, não poderíamos nunca mais adquiri-lo de novo. Não se trata, pois, senão de restaurar a *pureza* do móvel, enquanto fundamento último de todas as nossas máximas e, por isso mesmo, deve ser acatado no livre-arbítrio não somente unido a outros móveis ou talvez mesmo subordinado a eles (isto é, às inclinações) como condições, mas em toda a sua pureza, na qualidade de móvel, em si *suficiente*, de determinação desse livre-arbítrio. O bem original é a *santidade* das máximas no cumprimento do dever. Com isso, o homem que acrescenta essa pureza em sua máxima, embora não seja ainda santo por isso (pois da máxima à ação há ainda uma grande distância), está contudo no bom caminho para aproximar-se da santidade num progresso infinito. A firme resolução de cumprir seu dever, tornada aptidão, é designada também *virtude* que, segundo a legalidade, é considerada como seu caráter empírico (*virtus phaenomenon*). Sua máxima constante é de *agir em conformidade com a lei*. Quanto aos motivos de que o arbítrio tem necessidade para esse fim, pode-se tomá-los onde quer que seja. Por isso é que, nesse sentido, a virtude é adquirida *aos poucos* e alguns a designam como um longo hábito (da observância da lei). Graças a ela, o homem, modificando progressivamente sua conduta e afirmando suas máximas, chega do pendor ao vício a um pendor oposto. Para tanto não é necessário *transformar seu coração*, basta transformar seus *costumes*. O homem é virtuoso quando se sente firme nas máximas que levam a cumprir o dever, embora esse resultado não provenha do princípio supremo de todas as máximas, ou seja, do dever. Assim o intemperante retorna à moderação por amor de sua saúde, o mentiroso à verdade para recuperar sua honra, o injusto à probidade por amor da tranqüilidade ou do ganho, etc. todos se conformam assim ao princípio tão benquisto da felicidade. Ora, tornar-se um homem bom não só legalmente, mas também moralmente (agradável a Deus), isto é, virtuoso segundo o caráter inteligível (*virtus noumenon*), por conseguinte em homem que, quando tiver reconhecido uma coisa como inerente a seu dever, não tem necessidade de outro motivo senão dessa representação do próprio dever, é o que não poderia resultar de uma *reforma* sucessiva, enquanto permanecer impuro o fundamento das máximas, mas unicamente de uma revolução na intenção do homem (isto é, uma passagem dessa à máxima da santidade) e não pode tornar-se um homem novo senão por uma espécie de regeneração, de algum modo por uma nova criação (Evangelho de João, III, 5; cf. 1 Moisés, I, 2) e uma mudança em seu coração.

Entretanto, se o homem é pervertido no fundamento de suas máximas, como seria possível para ele efetuar essa revolução por suas próprias forças e tornar-se por si próprio um homem de bem? E no entanto o dever ordena a sê-lo, embora não nos ordene nada que não esteja em nosso poder. Não se pode chegar a uma conciliação a não ser que a revolução seja necessária pela maneira de pensar e a reforma gradual pela maneira de sentir (que lhe opõe obstáculos) e então a coisa deve ser possível ao homem. De fato, quando converteu o princípio supremo de suas máximas que o tornava um homem mau, graças a uma única resolução imutável (revestindo assim um homem novo), nessa medida é, pelo princípio e pela maneira de pensar, um sujeito receptivo ao bem, mas não se tornará um homem bom senão e pela progressão contínua, ou seja, ele pode esperar, em virtude de tal pureza do princípio, tomado por ele como suprema máxima de seu arbítrio e em virtude da solidez desse princípio, estar no bom caminho (ainda que estreito) de um *progresso* constante do mal para o melhor. Ora, para aquele cuja atenção penetra o fundo inteligível do coração (de todas as máximas do livre-arbítrio), para quem, por conseguinte, essa infinidade do progresso forma unidade, isto é, para Deus, isso tem realmente valor como ser verdadeiramente um homem bom (um homem que lhe é agradável) e, nesse sentido, essa mudança pode ser considerada como uma revolução. No julgamento dos homens, contudo, que não podem apreciar-se a si próprios e a força de suas máximas senão de acordo com o domínio que possuem sobre a sensibilidade no tempo, essa mudança não pode ser considerada senão como um esforço sempre persistente em vista do melhor, por conseguinte, como uma reforma gradual do pendor ao mal, enquanto maneira de pensar o inverso.

Segue-se que a formação moral do homem não deve começar pelo melhoramento dos costumes, mas pela transformação da maneira de pensar e pelo embasamento do caráter, ainda que geralmente se proceda de outra forma e que se combata os vícios em particular, deixando intacta sua raiz comum. Ora, mesmo o homem mais limitado é capaz de provar um respeito tanto maior por uma ação conforme ao dever que lhe tira em pensamento outros móveis que, em decorrência do amor de si, poderiam ter influência sobre a máxima da ação. Crianças também são capazes de encontrar até mesmo o menor traço de uma mistura de móveis impuros e então o ato perde imediatamente para eles todo valor moral. Essa disposição ao bem poderia ser cultivada de uma maneira incomparável se for citado o *exemplo* de homens bons (sob a relação de sua conformidade à lei) e se os alunos de moral forem transformados em juízes da impureza de muitas máximas segundo os motivos reais de seus atos e ela haverá de penetrar assim pouco a pouco na maneira de pensar, de modo que o *dever* por si mesmo começará a adquirir em seus corações uma importância apreciável. Entretanto, ensinar a admirar atos virtuosos apesar de qualquer sacrifício que possam ter custado, isso não é ainda a verdadeira disposição que a alma do jovem deve adquirir em vista do bem moral. De fato, por mais que o homem seja virtuoso, tudo o que pode fazer de bom não é, contudo, senão seu dever. Ora, cumprir seu dever não é outra coisa senão cumprir o que se enquadra na ordem moral usual e isso não merece, portanto, ser admirado. Essa admiração indica bem mais uma discordância entre nosso sentimento e o dever, como se fosse alguma coisa de extraordinário e meritório o fato de lhe obedecer.

Há, todavia, em nossa alma uma coisa que não poderíamos, se a fitarmos com os olhos, como convém, cessar de contemplar com a maior estupefação e certamente a admiração aqui é legítima, ao mesmo tempo que eleva a alma, e é, de uma maneira geral, a disposição moral primitiva em nós. Que há, pois, em nós (pode-se perguntar) que nos eleva, nós que somos seres dependentes constantemente de tantas necessidades da natureza, tão elevado acima dessas necessidades, na idéia de uma disposição primitiva (em nós), que a consideremos em seu conjunto como nada e nós próprios como indignos da existência, se devêssemos perseguir sua posse que, contudo, somente ela pode tornar a vida desejável em oposição a uma lei, em virtude da qual nossa razão comanda com força, sem usar, por outro lado, promessas ou ameaças? Todo homem, dotado da capacidade mais comum, ao qual foi ensinada de antemão a santidade incluída na idéia do dever, mas que não se eleva até o estudo do conceito de liberdade, derivado antes de tudo dessa lei[16],

[16] Que o conceito da liberdade do arbítrio não preceda a consciência da lei moral em nós, mas só se deduz da determinabilidade de nosso arbítrio por essa lei enquanto mandamento absoluto, é por isso que podemos logo convencer-nos perguntando se temos certamente, de uma maneira imediata, consciência de um poder que permita ultrapassar, graças a uma resolução firme, todo motivo de transgressão, de qualquer tamanho que seja (Phalaris licet imperet, ut sis falsus et admoto dictet perjuria tauro). Qualquer um será obrigado a confessar que não sabe se, apresentando-se um caso semelhante, não se enfraqueceria em sua resolução.

deve captar da maneira mais profunda a importância dessa questão. Mesmo a incompreensibilidade dessa disposição que anuncia uma origem divina deve agir na alma até a exaltação e firmá-la nos sacrifícios que o respeito do dever pode lhe impor. Deve-se recomendar, como um excelente meio para despertar os sentimentos morais, excitar muitas vezes no homem o sentimento da sublimidade de seu destino moral, porque se opõe diretamente ao pendor inato que tende a inverter os motivos nas máximas de nosso livre-arbítrio, a fim de restabelecer no respeito incondicional da lei, condição suprema de todas as máximas a tomar, a ordem moral primitiva nos motivos e, por conseguinte, em sua pureza a disposição ao bem no coração humano.

Mas a esse restabelecimento pelo emprego de nossas próprias forças opõe-se diretamente a proposição da corrupção dos homens a respeito de todo bem? Certamente no que concerne à compreensão, isto é, nossa *intelecção* de sua possibilidade, como de tudo o que deve ser representado como fato no tempo (mudança) e, nesse sentido, como necessário segundo as leis da natureza e cujo contrário, no entanto, deve ser representado ao mesmo tempo sob as leis morais como possível por liberdade. Entretanto, ela não se opõe à possibilidade desse próprio restabelecimento. De fato, quando a lei moral ordena que devemos ser melhores agora, segue-se inevitavelmente que é preciso também que o *possamos*. A proposição da inatidade do mal não tem qualquer uso na *dogmática* moral, pois suas prescrições compreendem os mesmos deveres e conservam também sua própria força quer subsista ou não em nós, um pendor inato à transgressão. Em *ascética*

O dever lhe ordena, contudo, de uma maneira incondicional de permanecer-lhe fiel. Com razão conclui que deve poder fazê-lo e que, por conseguinte, seu arbítrio é livre. Aqueles que apresentam de modo falso essa propriedade insondável como totalmente inteligível fabricam com a palavra determinismo (com relação ao que diz respeito à proposição relativa à determinação do arbítrio por suficientes razões interiores) um pintura irreal como se a dificuldade consistisse em conciliá-lo com a liberdade, coisa que ninguém sonha; e não, ao contrário, isto é como o predeterminismo, segundo o qual atos arbitrários enquanto fatos têm suas razões determinantes no tempo anterior (que, como o que contém, não está mais em nosso poder), pode ser compatível com a liberdade, segundo a qual a são bem como seu contrário deve estar necessariamente em poder do sujeito, no momento de sua realização. Isso é o que se gostaria de compreender e que jamais poderá ser compreendido. Não há dificuldade em conciliar o conceito de liberdade com a idéia de Deus, enquanto ser necessário, porque a liberdade não consiste na contingência da ação (como se não fosse determinado por motivos), ou seja, no indeterminismo (seria necessário então que Deus tivesse a possibilidade de fazer o bem ou o mal indiferentemente para poder chamar livre sua ação), mas antes na absoluta espontaneidade que não corre perigo senão com o determinismo, encontrando-se então o motivo determinante no tempo passado, de modo que, atualmente, a ação, não estando mais em meu poder mas nas mãos da natureza, fico determinado de uma maneira irresistível. Ora, como em Deus não se pode conceber sucessão temporal, essa dificuldade cai por si.

moral, essa proposição parece ter mais sentido, mas nada quer dizer senão que não podemos, quando se trata do desenvolvimento ético da disposição moral para o bem, inata em nós, partir de um estado de inocência que nos seria natural, mas não devemos necessariamente começar por supor a malignidade do arbítrio na adoção das máximas, contrárias à disposição moral primitiva e porque o pendor é indestrutível nelas, reagir sem cessar contra ele. Ora, como isso não conduz senão a uma progressão, indo do infinito do mal ao melhor, segue-se que a transformação da intenção do mau naquela de um homem de bem deve consistir na mudança do princípio interior supremo, regulando a admissão de todas as suas máximas em conformidade com a lei moral, enquanto esse princípio novo (um coração novo) é ele mesmo praticamente invariável. É verdade, por outro lado, que o homem não pode naturalmente chegar a se convencer disso; não pode, na verdade, ter imediatamente consciência nem fornecer como prova a conduta que teve até esse momento, porque as profundezas de seu coração (primeiro fundamento subjetivo de suas máximas) permanecem para ele insondáveis. Entretanto, é preciso que possa esperar chegar por suas *próprias* forças ao caminho que leva e que lhe é indicado por uma intenção melhorada em seu fundo, porquanto deve tornar-se homem de bem, mas não pode ser julgado *moralmente bom* senão segundo o que pode ser-lhe imputado como sua própria obra.

Para combater essa pretensão, a melhora de si, a razão, naturalmente fatigada pelo esforço moral, apela, pretextando uma incapacidade de natureza, a toda espécie de idéias religiosas impuras (entre outras, aquela que imagina que o próprio Deus estabeleceu o princípio da felicidade como condição suprema de seus mandamentos). Ora, pode-se dividir todas as religiões em dois grupos: um que *procura favores* (religião de simples culto) e outro, o da religião *moral*, ou seja, da *boa conduta*. De acordo com a primeira religião, o homem se ilude de que Deus pode muito bem torná-lo eternamente feliz sem que tenha, a bem dizer, necessidade de *tornar-se melhor* (pela remissão dos pecados); ou ainda, se isso não lhe parece possível, se ilude de que Deus pode muito bem *torná-lo melhor* sem que tenha outra coisa a fazer que rezar, o que, na presença de um ser que quer tudo, não vai além do que emitir um voto, ou seja, propriamente o que é não fazer nada. Com efeito, se o simples desejo bastasse, todos seriam bons. Mas, segundo a religião moral (e entre todas as religiões públicas que jamais existiram, somente a religião cristã possui esse caráter), é um princípio fundamental que cada um deve, de acordo com suas forças, fazer o possível para tornar-se melhor e isso não ocorre senão quando não tiver enterrado seus talentos inatos em si (Evangelho de Lucas, XIX, 12-16), quando tiver empregado sua disposição original para o bem, para tornar-se melhor, que pode esperar que aquilo que não estiver em seu poder possa ser completado por uma assistência do alto. E não é absolutamente necessário que o homem saiba em que ela consiste; pode até mesmo ser inevitável que, se a maneira pela qual ela se produziu tenha sido revelada em certa época, outros homens, em outra época, fizessem cada um por si outra idéia diferente a respeito dela e certamente com toda a sinceridade. Mas então o principio seguinte guarda seu valor: "Não é essencial, nem por conseguinte necessário a quem quer que seja, saber o que Deus faz ou fez por sua salvação," mas antes saber o que ele próprio deve fazer para se tornar digno desse auxílio[17].

[17] Esta observação geral é a primeira das quatro que foram acrescentadas a cada uma das partes desta obra e que poderiam ter por títulos: 1. Efeitos da graça; 2. milagres; 3. mistérios; 4. meios de graça. São de alguma forma as Parerga da religião nos limites da razão pura, pois não são partes integrantes, mas confinam com ela. A razão, consciente de sua impotência em satisfazer sua necessidade moral, se estende até idéias transcendentes, suscetíveis de cobrir esse vazio, sem contudo apropriar-se delas como um acréscimo de seu domínio. Ela não contesta a possibilidade nem a realidade dos objetos dessas idéias, mas não pode admiti-las em suas máximas para pensar e agir. Conta mesmo que, se no insondável campo do sobrenatural, há alguma coisa a mais do que ela pode atingir e que contudo fosse necessário para suprir sua insuficiência moral, essa coisa, mesmo desconhecida, favoreceria sua boa vontade, graças a uma fé que se poderia chamar refletora (quanto à sua possibilidade), porque a fé dogmática que se dá por um saber, lhe parece pouco reta ou pretensiosa. Com efeito, tirar as dificuldades com relação ao que está em si (praticamente) bem estabelecido não é senão uma tarefa secundária (Paregon), quando elas se referem a questões transcendentes. No tocante ao prejuízo que causariam as idéias, mesmo moralmente transcendentes, se quiséssemos introduzi-las na religião, pode-se dizer que os efeitos se configuram na ordem das quatro classes assim designadas: 1) para a pretensa experiência interna (os efeitos da graça), o fanatismo; 2) pela assim chamada experiência externa (milagres), a superstição; 3) pelas supostas luzes do entendimento com relação ao sobrenatural (mistérios), o iluminismo (ilusão dos adeptos); 4) pelas tentativas arriscadas de agir no sobrenatural (meios de graça), a taumaturgia, outros tantos puros erros de uma razão transpondo seus limites, é verdade, numa pretensa intenção moral (agradável a Deus). Entretanto, no que se refere em particular a essa observação geral anexada à primeira parte do presente tratado, pode-se dizer que o recurso aos efeitos da graça faz parte desses desvios e não pode ser admitido nas máximas da razão se essa se mantiver no interior de seus limites, como, por outro lado, nada do que é sobrenatural, porque é justamente aí que se detém todo uso da razão. Com efeito, é impossível compará-las teoricamente a um sinal qualquer (ou seja, porquanto são efeitos da graça e não efeitos interiores da natureza), porque o uso que fazemos do conceito de causa e de efeito relativo aos objetos da experiência não pode ser ampliado até ultrapassar a natureza. Ora, supor um uso prático dessa idéia implica em si uma contradição absoluta. De fato, no uso suporia uma regra para que tivéssemos de fazer o bem nós próprios (numa certa intenção), a fim de obter alguma coisa, mas esperar um efeito da graça significa precisamente o contrário, a saber, que o bem (o bem moral) não será fato nosso, mas aquele de outro ser e que não podemos adquiri-lo unicamente não fazendo nada, o que é contraditório. Podemos, por conseguinte, conceber esses efeitos como alguma coisa de incompreensível, mas sem acolhê-los em nossas máximas, em vista de um uso teórico ou prático.

Segunda Parte

Luta do bom princípio com o mau pela dominação do homem

Entre todos os antigos moralistas, são os estóicos sobretudo que, por sua palavra de ordem, *virtude*, que (tanto em grego como em latim) designa a coragem e a bravura, e supõe por esse fato um inimigo, sustentaram que, para tornar-se um homem moralmente bom, não basta somente deixar desenvolver-se sem obstáculo o germe do bem, inerente a nossa espécie, mas que é preciso também combater uma causa de mal que se encontra igualmente em nós e que age em sentido contrário. Sob esse ponto de vista, o termo *virtude* é um vocábulo soberbo e se, por ostentação, muitas vezes a gente o usa mal e o ridiculariza (como recentemente com o termo *luzes*), isso não poderia prejudicá-lo. De fato, exortar à coragem já é pelo menos inspirá-la pela metade; ao contrário, a maneira preguiçosa e pusilânime de pensar, que desconfia inteiramente de si mesma e espera uma ajuda estranha (em moral e na religião) distende todas as forças do homem e o torna indigno até mesmo dessa ajuda.

Entretanto, esses homens valentes desconheceram seu inimigo que não deve ser procurado nas inclinações naturais simplesmente indisciplinadas que se apresentam a descoberto e sem mistério à consciência de qualquer um. É, com efeito, um inimigo de algum modo invisível que, escondendo-se atrás da razão, é tanto mais temível. Apelaram para a sabedoria contra a estultícia que não faz outra coisa senão deixar-se induzir em erro pelas inclinações, em lugar de recorrer a ela contra a malignidade (do coração humano) que mina secretamente, por seus princípios corruptores da alma, a intenção[18].

Inclinações naturais são *consideradas boas em si*, ou seja, não condenáveis e não é somente inútil, mas seria mesmo prejudicial e recriminável querer extirpá-las; deve-se antes domá-las, a fim de que não se destruam umas às outras, mas possam ser levadas a confluir num todo chamado felicidade. Quando a razão cumpre essa tarefa, é designada *prudência*. Somente o que é moralmente contrário à lei é mau em si, absolutamente condenável, e deve ser necessariamente extirpado; a razão que o ensina e sobretudo quando o põe em prática, só ela merece o nome de *sabedoria*. Comparado a essa, o vício pode ser chamado *estultícia*. É necessário, contudo, que a razão sinta em si uma força suficiente para *desprezá*-lo (com todas as suas provocações) e não somente por *odiá*-lo como um ser a temer e para armar-se contra ele.

Quando o *estóico*, portanto, não considerava a luta moral do homem senão como uma luta contra suas inclinações (em si inocentes) que deviam ser vencidas como obstáculos ao cumprimento de seu dever, não podia, não admitindo um princípio positivo particular (mau em si), colocar a causa da transgressão senão na *negligência* em lutar contra as inclinações. Ora, como essa negligência é contrária ao dever (uma transgressão) e não uma simples falta natural e que sua causa igualmente não deve ser

[18] Esses filósofos extraíam seu princípio de moral geral da dignidade da natureza humana, da liberdade (enquanto independência do poder das inclinações); não podiam, por outro lado, tomar um melhor e mais nobre como fundamento. Tiravam, portanto, as leis morais diretamente da razão que, dessa maneira, legiferava sozinha e comandava por suas leis de uma forma absoluta e assim tudo era exatamente bem indicado: objetivamente, no que concerne à regra, mas subjetivamente e também relativamente ao motivo, sob a condição de atribuir ao homem uma vontade íntegra para admitir sem hesitar essas leis em suas máximas.Mas é nessa última suposição que residia o erro. De fato, podemos muito bem, logo que nos agradar fixarmos nossa atenção em nosso estado moral, constataremos sempre que não é mais res integra e que devemos começar por eliminar o mal que já se instalou do local que ocupa (o que não poderia ser feito, se o tivéssemos acatado em nossa máxima), ou seja, que o primeiro bem verdadeiro que o homem pode fazer é o de se afastar do mal que não se deve procurar nas inclinações, a não ser na perversão da máxima e em seguida na própria liberdade. As inclinações só fazem tornar mais difícil a execução da boa máxima contrária; o mal propriamente dito consiste em não querer resistir a essas inclinações quando elas convidam à transgressão e essa intenção é, na verdade, o verdadeiro inimigo. As inclinações não são outra coisa senão os adversários dos princípios em geral (que sejam, por outro lado, boas ou más) e, nesse sentido, o generoso fundamento da moralidade, de que se tratou, não se configura mais que um exercício preparatório (disciplina das inclinações) à docilidade do sujeito com relação aos princípios. Mas como esses últimos devem ser princípios específicos do bem moral e que não o são entretanto como máximas, é necessário supor que encontrem ainda no sujeito outro adversário com o qual a virtude deve lutar, luta sem a qual todas as virtudes seriam, não certamente, como o quer um tal Padre da Igreja, vícios brilhantes, mas ao menos de radiosa pobreza, porque, se acalmam muitas vezes a rebelião, não combatem vitoriosamente nem extirpam jamais o rebelde.

procurada de novo nas inclinações (pois, na explicação a gente se veria envolvido num círculo), mas somente naquilo que determina o arbítrio (no princípio interior e primeiro das máximas que estão de acordo com as inclinações), pode-se facilmente compreender como filósofos, para quem um princípio de explicação ficando eternamente envolvido em trevas[19] é inoportuno ainda que inevitável, puderam desconhecer o verdadeiro adversário do bem que pensavam no entanto combater.

Não há, portanto, porque maravilhar-se quando um apóstolo representa esse inimigo *invisível*, corruptor dos princípios, e que não pode ser conhecido senão por seus efeitos sobre nós, como externo a nós, isto é, como um *espírito* maligno: "Não combatemos contra a carne e o sangue (as inclinações naturais), mas contra príncipes e poderosos, contra espíritos malignos" (*Epístola aos Efésios*, VI, 12). Isso não passa de uma maneira de se expressar que não parece ter sido colocada aqui para estender nosso conhecimento para além do mundo sensível, mas unicamente para de tornar intuitivo, para o *uso prático*, o conceito daquilo que para nós é insondável. De fato, por outro lado, no que diz respeito a esse uso, pouco importa colocar o tentador simplesmente em nós mesmos ou, na necessidade, fora de nós, porque nesse último caso estamos igualmente em falta como no primeiro, porquanto não teríamos sido tentados por ele, se não estivéssemos secretamente em entendimento com ele[20]. Dividiremos todo esse estudo em duas seções.

---

[19] É uma hipótese de todo comum em filosofia moral que se pode facilmente explicar a existência do mal moral no homem de um lado pela força dos móveis da sensibilidade e, de outro lado, pela impotência do motivo da razão (o respeito da lei), ou seja, por fraqueza. Mas então o bem moral no homem (em sua disposição moral) deveria ser explicado mais facilmente ainda, pois a inteligibilidade de um não pode ser concebida sem aquela do outro. Ora, o poder que a razão tem de triunfar pela única idéia de uma lei de todos os móveis que se opõem a ela é absolutamente inexplicável; por isso é igualmente incompreensível que os móveis da sensibilidade possam triunfar sobre uma razão que ordena com semelhante autoridade. Se todo homem, com efeito, se comportasse em conformidade com a prescrição da lei, dir-se-ia que tudo ocorre de acordo com a ordem natural e não viria à mente de ninguém de questionar até mesmo sobre a causa disso.

[20] (3) É uma característica particular da moral cristã representar o bem moral diferente do mal moral, não como o céu é diferente da terra, mas como é diferente do inferno. Essa representação, certamente figurada e revoltante como tal, não o é menos para os sentidos filosoficamente exata. Com efeito, ela serve para impedir que se conceba o bem e o mal, o reino da luz e aquele das trevas como próximos um do outro e perdendo-se um no outro por graus (de claridade mais ou menos intensa), e faz com que sejam representados, pelo contrário, como separados por um abismo incomensurável. A heterogeneidade absoluta dos princípios, permitindo ser súdito de um ou de outro desses dois impérios e o perigo que também comporta a idéia de uma parentela próxima entre as propriedades que classificam o homem em relação a um ou a outro, autoriza esse modo de representação que, apesar daquilo que tem de horrível, não deixa entretanto de ser muito sublime.

Primeira Seção

Direito que o princípio bom tem da dominação sobre o homem

a) Idéia personificada do princípio bom

O que só pode fazer de um mundo o objeto do decreto divino e a fim da criação é a *humanidade* (a essência razoável do mundo em geral) *em sua perfeição moral total*, da qual, como de sua condição superior, a *felicidade* é a conseqüência imediata na vontade do ser supremo. Esse homem, o único agradável a Deus, "está nele desde toda a eternidade". A idéia emana de seu ser; nesse sentido, não é uma coisa criada, mas o filho único de Deus. "O *Verbo* (o *fiat*), pelo qual todas as outras coisas existem e sem o qual nada existiria do que foi feito" (*Evangelho de João*, I, 1-3) (pois é por amor dele, ou seja, do ser racional no mundo, como se pode pensá-lo de acordo com seu destino moral, que tudo foi feito). "É o reflexo de sua magnificência" (*Epístola aos Hebreus*, I, 3). "Nele Deus amou o mundo" (*Evangelho de João*, III, 16) e não é senão nele, adotando suas intenções, que podemos esperar "tornar-nos filhos de Deus" (*Evangelho de João*, III, 1), etc.

Elevar-nos a esse ideal de perfeição moral, ou seja, ao arquétipo da intenção moral em toda a sua pureza, aí está o dever geral da humanidade e essa própria idéia que nos é proposta como modelo a atingir pela razão pode dar-nos a força para tanto. Ora, precisamente porque não somos seus autores e porque tomou lugar no homem sem que compreendêssemos como a natureza humana tem podido somente ser suscetível em acolhê-la, é preferível dizer que esse arquétipo *desceu* do céu em direção a nós, que revestiu a humanidade (pois não é mais possível representar tanto de que forma o homem, mau por natureza, despojando-se espontaneamente do mal, poderia elevar-se ao ideal da santidade, como representar o arquétipo revestindo a humanidade (que em si mesma não é má) e *rebaixando*-se até ela). Essa união conosco pode ser, portanto, considerada como um estado de *rebaixamento* do filho de Deus, se representarmos esse homem divinamente intencionado, para nós o arquétipo sobrecarregando-se, a fim espargir o bem universal, da maior soma possível de dores, embora, ele próprio santo não fosse obrigado a suportá-las. O homem, ao contrário, que nunca está isento de falta, ainda que tenha adotado a mesma intenção, pode considerar os males que o atingem, de onde possam vir, como causados , no entanto, por ele e deve, por conseguinte, considerar-se como indigno de unir sua intenção a uma idéia semelhante, embora lhe sirva de arquétipo.

Ora, o ideal da humanidade agradável a Deus (por conseguinte, aquele da perfeição moral possível para um ser do mundo dependente de necessidades e de inclinações) não podemos concebê-lo de outra forma senão sob a idéia de um homem que tenta, não somente cumprir todo dever humano integralmente ele próprio e difundir ao mesmo tempo o bem pelo ensino e pelo exemplo em torno dele, o quanto puder, mas que, além disso, estivesse pronto a carregar todos os sofrimentos até a morte mais ignominiosa para a salvação do mundo e em favor até mesmo de seus inimigos. O homem, com efeito, não pode ter uma idéia do grau e do poder de uma força como a intenção moral, a menos que a represente lutando contra obstáculos e triunfando, no entanto, apesar das maiores tentações possíveis.

Na fé prática nesse filho de Deus (enquanto representado como tendo revestido a natureza humana), o homem já pode esperar tornar-se agradável a Deus (e com isso igualmente feliz). Isto significa que aquele que tem consciência de uma intenção moral tal que possa crer e ter em si a firme confiança que, alvo de semelhantes tentações e de semelhantes sofrimentos (das quais se faz a pedra de toque dessa idéia), ficaria invariavelmente ligado ao arquétipo da humanidade, conformando-se a seu exemplo por uma fiel imitação, tal homem, e somente esse, está autorizado a considerar-se como aquele que não é um objeto indigno da satisfação divina.

b) Realidade objetiva dessa idéia

Na relação prática, essa idéia tem sua realidade inteiramente em si própria. De fato, ela está em nossa razão moralmente legisladora. Devemos conformar-nos a ela e, por conseguinte, é necessário também que o possamos. Se fosse preciso provar antes a possibilidade de ser um homem conforme a esse arquétipo, o que é absolutamente necessário para os conceitos físicos (a fim de não correr o risco de ser detido por conceitos vazios), seria preciso também hesitar muito em conferir à lei moral a autoridade de um princípio determinante absoluto, suficiente, no entanto, para nosso arbítrio. Com efeito, nem a razão pode fazer compreender, nem exemplos tirados da experiência podem estabelecer como é possível que somente a idéia de uma conformidade à lei em geral possa ser para o arbítrio um motivo mais poderoso que todos os motivos imagináveis tirados de qualquer superioridade, porque, no que diz respeito ao primeiro ponto, a lei ordena, sem condição, e, no tocante ao segundo, mesmo se jamais tivesse existido um homem que tivesse obedecido sem condições a essa lei, entretanto, a necessidade objetiva de ser um tal homem não é diminuída e é em si evidente. Não se tem, portanto, nenhuma necessidade de um exemplo tirado da experiência para fazer da idéia de um homem moralmente agradável a Deus um modelo para nós, pois ela já se encontra nessa qualidade em nossa razão. Ora, aquele que, para reconhecer um homem como um modelo a seguir conforme essa idéia, exige ainda uma atestação e alguma coisa a mais do que quer, ou seja, mais que uma conduta de todo sem recriminação, tão meritória mesmo que seja possível reivindicá-la. Aquele que, por exemplo, exige além disso milagres realizados por ele ou para ele, esse confessa ao mesmo tempo com isso sua *incredulidade* moral, a saber, sua falta de fé na virtude, e não poderia substituir a ela nenhuma fé baseada em provas por milagres (que não é senão histórica). Com efeito, somente a fé na validade prática dessa idéia que está em nossa razão tem um valor moral (a razão que pode também a rigor garantir os milagres como suscetíveis de provir do princípio bom, mas não conferir a esses sua própria garantia).

Por isso é que deve ser possível uma experiência que forneça o exemplo de um homem desse tipo (na medida em que se possa de uma maneira geral esperar e reivindicar de uma experiência externa provas da intenção moral interior). Com efeito, segundo a lei, todo homem deveria fornecer eqüitativamente nele mesmo um exemplo dessa idéia, cujo arquétipo reside sempre na razão, pois nenhum exemplo da experiência exterior lhe é adequado, a partir do momento em que essa não pudesse revelar a base interior da intenção; ela permite somente inferi-la, na verdade, sem uma rigorosa certeza (bem mais, pela experiência interior de si, o homem não pode penetrar as profundezas de seu coração a ponto de poder adquirir, observando-se assim uma ciência de todo segura do fundamento das máximas que ele reconhece como suas, assim como sua pureza e sua solidez).

Se, portanto, tal homem, de intenções verdadeiramente divinas, tinha em certa época descido de alguma forma do céu para a terra, dando por sua doutrina, sua conduta e seus sofrimentos o *exemplo* de um homem em si agradável a Deus, tanto bem-entendido quanto pode ser pedido a uma experiência externa (o *arquétipo*, contudo, de tal homem não devendo ser procurado em lugar algum senão em nossa razão), se tivesse por tudo isso produzido no mundo um bem moral imensamente grande por meio de uma revolução no gênero humano, não haveria como, no entanto, ver nele outra coisa senão um homem gerado naturalmente (que ele também se sente obrigado a dar em sua pessoa exemplo semelhante); entretanto, não se trata de querer negar com isso em absoluto que não possa ser igualmente gerado de forma sobrenatural. Sob o ponto de vista prático, com efeito, essa última hipótese não nos oferece nenhuma vantagem porque o arquétipo que damos por base a esse fenômeno deve ser procurado necessariamente sempre em nós próprios (embora homens naturais) e, por outro lado, sua existência na alma humana é em si suficientemente incompreensível para que não se deva admitir, além de sua origem sobrenatural, sua hipóstase num homem particular. Mais ainda, elevar semelhante santo acima de toda enfermidade da natureza humana se configuraria antes um obstáculo, por quanto podemos julgar a respeito, à aplicação prática de sua idéia, proposta a nossa imitação. De fato, mesmo se a natureza desse homem agradável a Deus fosse considerada como humana, a ponto de submetê-la às mesmas necessidades, aos mesmos sofrimentos em decorrência, às mesmas inclinações naturais, por conseguinte, às mesmas tentações de transgressão que nós, mas por outro lado considerada também como sobrenatural, de modo que uma pureza de vontade inalterável, certamente não adquirida, mas inata lhe vete toda transgressão, o afastamento entre ele e o homem natural se tornaria de novo, por isso mesmo, tão grande que esse homem divino não poderia mais ser-lhe proposto como *exemplo*. Esse último diria, com efeito: Que me seja dada uma vontade inteiramente santa e toda má tentação fracassará por si contra mim, que me seja dada a certeza interior mais perfeita de participar logo após uma breve vida terrestre (em decorrência dessa santidade) a toda a eterna magnificência celestial, e eu suportaria todos os sofrimentos, por mais duros que pudessem ser, até a morte mais ignominiosa, não somente de boa vontade, mas até mesmo com alegria, porquanto vejo com meus próprios olhos diante de mim o termo glorioso e próximo. Se, na verdade, se pensar que esse homem divino estava realmente de posse dessa grandeza e dessa felicidade por toda a eternidade (sem ter necessidade de merecê-las primeiramente por semelhantes sofrimentos), que renunciou a isso por amor de seres inteiramente indignos, até mesmo por amor de seus inimigos, a fim de salvá-los da eterna condenação, esse pensamento, repito, deveria dispor nosso espírito a admirá-lo, a amá-lo e a ter reconhecimento por ele. De igual modo a idéia de uma conduta conforme a uma regra de moral tão perfeita poderia ser representada sem dúvida como uma prescrição válida para ser seguida, sem nos propor ele próprio como *modelo* de imitação, nem por conseguinte como prova que *nos* é possível realizar e atingir um bem moral tão puro e tão elevado[21].

[21] (4) É, na verdade, uma limitação da razão humana que, por outro lado, lhe é inseparável é que não poderíamos conceber para as ações de uma pessoa nenhum valor moral de alguma importância, sem nos representar de maneira humana também essa pessoa ou sua manifestação, embora não se trata de sustentar com isso que é igualmente e na verdade (kat'alétheian) assim em si. De fato, precisamos sempre, para nos tornarmos abertos às propriedades supra-sensíveis, recorrer a uma certa analogia com os seres da natureza. Assim é que um poeta filósofo atribui ao homem, enquanto tiver que combater em si próprio um pendor ao mal e sob a condição que saiba domá-lo, um grau superior, por essa razão, na escala moral dos seres, mesmo aos habitantes do céu que a santidade de sua natureza põe ao abrigo de toda sedução possível. (O mundo com seus defeitos é preferível a um reino de anjos sem vontade. – Haller) A Escritura concorda também com essa maneira de ver, para nos fazer compreender o grau de intensidade do amor de Deus para com o gênero humano, atribuindo-lhe o maior sacrifício que um ser amante possa fazer para tornar felizes até mesmo os indignos ("Deus amou tanto o mundo", etc.), embora não nos seja possível com nossa razão fazer uma idéia da maneira pela qual um ser que se basta a si mesmo totalmente pudesse sacrificar alguma coisa que faz parte de sua beatitude e privar-se de um bem. Aí está (a título de explicação) o esquematismo da analogia que não podemos deixar de lado. Entretanto, transformá-lo num esquematismo da determinação do objeto (para estender nosso conhecimento) é cair no antropomorfismo que, com relação à moral (em religião), traz as mais funestas conseqüências. Aqui observaria ainda de modo incidental que, ao passar do sensível para o supra-sensível, pode-se sem dúvida esquematizar (tornar um conceito inteligível por analogia com alguma coisa sensível), mas de forma alguma concluir, de acordo com a analogia que aquilo que resulta no primeiro termo deva também ser atribuído ao segundo (nem estender assim seu conceito) e, na verdade, pela razão muito simples que uma conclusão desse gênero seria contrária a toda analogia, porquanto pretenderia, uma vez que um esquema é necessário para nós, tornar inteligível um conceito (explicando-o com um exemplo), tirar a conseqüência que esse esquema deve necessariamente volver ao próprio objeto como seu predicado. Com efeito, não posso dizer: da mesma forma que não posso tornar compreensível a causa de uma planta (ou de qualquer outra criatura orgânica e de uma maneira geral do mundo na plenitude de seus fins) de outro modo que não seja pela analogia de um artesão com relação à sua obra (um relógio), a saber, atribuindo-lhe o entendimento; é preciso que a própria causa (da planta, do mundo em geral) tenha entendimento; isso quer dizer que atribuir-lhe o entendimento não é somente uma condição de minha compreensão, mas da própria possibilidade para ela ser uma causa. Mas entre a relação de um esquema para seu conceito e a relação desse esquema do conceito precisamente com a própria coisa, não há analogia, mas um salto considerável (metábasis eis állo génos) que leva diretamente ao antropomorfismo. Em outro local fornecerei as provas disso.

Esse mesmo mestre de intenções divinas, mas na realidade humano, poderia no entanto falar verdadeiramente de si próprio, como se o ideal do bem fosse manifestado corporalmente nele (por sua doutrina e sua conduta). De fato, ele não falaria então senão da intenção que ele próprio utiliza como regra de suas ações, mas que não pode expor externamente aos olhos, a não ser por seus ensinamentos e seus atos, porquanto pode torná-los visíveis como exemplo para os outros, não para si: "Quem dentre vós pode me convencer de pecado?" (Evangelho de João, VIII, 46). Entretanto, está de acordo com a equidade atribuir o exemplo de um mestre irrepreensivelmente conforme a seu ensinamento que é, por outro lado, um dever para todos, excluindo qualquer outra intenção, se não for a mais pura, a menos que se disponha de provas em contrário. Ora, semelhante intenção, acrescida a todos os sofrimentos assumidos por amor da salvação do mundo e concebido segundo o ideal da humanidade tem, diante da justiça suprema, seu pleno valor para os homens de todos os tempos e de todos os mundos, se o homem torna sua intenção semelhante a ela como deveria. Certamente, será sempre uma justiça que não tem nada da nossa, pois esta deveria consistir numa conduta conforme a essa intenção inteiramente e sem falha. É necessário, contudo, que uma apropriação de uma por amor da outra seja possível, se essa for associada à intenção do arquétipo, embora, para compreender essa imputação, subsistam grandes dificuldades que vamos expor a seguir.

c) Dificuldades referentes à realidade dessa idéia e sua solução

A primeira dificuldade que torna duvidosa a possibilidade de atingir a idéia da humanidade agradável a Deus em nós, em decorrência da *santidade* do legislador e da deficiência de nossa própria justiça é a seguinte. A lei diz: "Sede santos (em vossa conduta) como é santo vosso pai que está nos céus" (*Moisés*, III, 19, 2; *Epístola de Pedro*, I, 16). De fato, aí está o ideal do filho de Deus que nos é proposto como modelo. Ora, a distância do bem que devemos realizar em nós ao mal do qual partimos é infinita e, a esse respeito, não se poderia jamais chegar ao objetivo no que concerne ao ato, ou seja, a conformidade de nossa conduta à santidade da lei. É necessário, contudo, que haja acordo entre ela e a moralidade do homem. Deve-se, portanto, fazer consistir essa moralidade na intenção, na máxima universal e pura do acordo da conduta com a lei que é o germe, do qual todo o bem deve sair para se desenvolver, intenção que decorre de um princípio sagrado que o homem acolheu em sua máxima suprema. Essa é uma conversão que, sendo um dever, deve ser possível. Ora, a dificuldade consiste em saber como a intenção pode compensar a ação que é sempre deficiente (não em geral, mas em todo tempo). A solução depende dessa observação que essa ação, enquanto progresso contínuo do bem imperfeito ao melhor, ao infinito, permanece, segundo nossa estimativa – pois somos limitados irremediavelmente nos conceitos da relação de causa e de efeitos em condições temporais – sempre deficiente, de modo que devemos necessariamente considerar o bem no fenômeno, isto é, segundo a *ação em todo tempo* em nós como insuficiente com relação a uma lei santa. Quanto à progressão ao infinito em direção à conformidade com a lei, podemos pensar que é estimada, por causa da *intenção* da qual decorre e que é supra-sensível, pelo perscrutador dos corações, em sua pura intuição intelectual, como um todo acabado, mesmo segundo a ação (a conduta)[22] e, dessa forma, o homem pode, apesar de sua insuficiência constante, *esperar,* no entanto, ser de uma maneira geral agradável a Deus, qualquer que seja, por outro lado, o momento em que sua existência haverá de cessar.

A *segunda* dificuldade que se apresenta, quando se considera o homem em seu esforço para o bem, no que diz respeito a esse bem moral mesmo em sua relação com a *bondade* divina, é relativa à *felicidade moral.* Com isso não entende a garantia de ficar sempre de posse do contentamento proporcionado pelo *estado físico* (liberação das doenças e o desfrute de um prazer sempre crescente), ou seja, da felicidade *física*, mas antes a realidade e a *persistência* de uma intenção progredindo sempre no bem (e não se afastando jamais dele). De fato, a persistente "procura do reino de Deus", *se contudo se estiver*

[22] Não se deve perder de vista que não se pretende dizer com isso que a intenção deve servir para compensar a deficiência na conformidade ao dever, conseqüentemente o mal real nessa seqüência infinita (supõe-se, ao contrário, que a disposição moral do homem, agradável a Deus aí se encontra realmente), mas ainda que a intenção que toma o lugar da totalidade dessa seqüência de aproximações, sucedendo-se ao infinito, não supre senão a imperfeição de uma maneira geral, inseparável da existência de um ser no tempo, que consiste em jamais ser de todo aquilo que se está prestes a tornar-se; de fato, para aquilo que se refere à compensação das transgressões que ocorrem nessa progressão, será analisada ao tratar de resolver a terceira dificuldade.

firmemente seguro da invariabilidade de semelhante intenção, valeria tanto quanto sentir-se já de posse desse reino, porquanto o homem assim disposto teria espontaneamente a confiança que "todo o resto lhe seria dado de acréscimo" (no que se refere à felicidade física).

Na verdade, poder-se-ia remeter o homem que estivesse preocupado a esse respeito, com seu desejo, a essas palavras: "Seu Espírito (de Deus) dá testemunho a nosso espírito, etc." (*Epístola aos Romanos*, VIII, 16), ou seja, aquele que possui uma intenção tão pura como se requer sentirá por si que não poderá jamais recair ao ponto de tornar a amar o mal; entretanto, esses pretensos sentimentos de origem suprassensível não deixam de oferecer riscos. Nunca se abusa tão facilmente senão daquilo que favorece a boa opinião que se tem de si próprio. Não parece mesmo prudente ser encorajado a ter semelhante confiança; ao contrário, parece que é preferível (para a moralidade) "criar sua própria felicidade *com temor e tremor*" (*Epístola aos Filipenses*, II, 12) (palavras duras que, incompreendidas, podem conduzir ao mais sombrio fanatismo). Entretanto, sem alguma confiança em sua própria intenção, uma vez adotada, a constância para nela perseverar seria a custo possível. Ora, pode ser encontrada, sem abandonar-se à doçura ou à angústia do fanatismo, comparando a conduta que se teve até o momento com a resolução tomada. De fato, o homem que, desde a época em que adotou os princípios do bem, notou, num espaço de vida suficientemente longo, seu efeito sobre os atos, isto é, sobre sua conduta em constante progresso para o melhor e nisso encontra um motivo para concluir, somente por presunção, uma melhoria natural de sua mentalidade, pode também razoavelmente esperar (porquanto esses progressos, se o princípio é realmente bom, aumentam sempre mais sua força para os progressos subseqüentes) que não haverá de abandonar nunca mais esse caminho na vida terrestre, mas haverá de nele perseverar com sempre maior coragem; e esperar até mesmo, se outro caminho após esse lhe é reservado, que poderá, em outras circunstâncias, segundo clara aparência, nele perseverar no futuro, seguindo o mesmo princípio, aproximando-se sempre mais de seu objetivo de perfeição, na verdade inacessível, porque, de acordo com o que observou nele até aqui, pode considerar seus sentimentos como se tivessem se tornado naturalmente melhor. Pelo contrário, aquele que, após ter tentado muitas vezes decidir-se pelo bem, jamais constatou contudo ter conseguido, que recaiu sempre no mal ou que, talvez até mesmo, na medida em que avançava na vida, teve de observar que havia caído sempre mais, de mal a pior, como num declive, esse não pode razoavelmente alimentar alguma esperança de agir melhor se devesse viver ainda por mais tempo na terra ou se lhe fosse também reservada uma vida futura, porque, por esses indícios, deveria necessariamente considerar a corrupção como arraigada em sua intenção. Ora, no primeiro caso, percebe-se um futuro a perder de vista, mas ansiado e feliz; no segundo, uma miséria igualmente a perder de vista, ou seja, num e noutro, para os homens, tanto quanto podem julgar uma eternidade feliz ou funesta. Essas são representações bastante fortes que servem para tranqüilizar os primeiros e fortificá-los no bem, e para despertar nos outros a consciência que julga, a fim de combater o mal na medida do possível, para servir por uma série de motivos, sem que seja necessário supor ainda objetivamente no que se refere ao destino do homem uma eternidade de bem ou de mal e fazer disso uma proposição *dogmática*[23], pois desses pretensos conhecimentos e

[23] Entre as perguntas que alguém faz, nada se poderia tirar de sensato, mesmo se fosse possível dar-lhe as respostas (e que por essa razão poderiam ser chamadas perguntas pueris), encontra-se também a seguinte, a saber, se as penas do inferno terão um fim ou se serão eternas. Se fosse defendida a primeira hipótese, seria de temer que alguns (assim todos aqueles que acreditam no purgatório ou esse marinheiro das Viagens de Moore) dissessem: "Espero poder suportá-las." Mas se se optasse pela segunda, introduzindo-a no símbolo de fé, poderia surgir dela, contrariamente ao propósito que se tem ao fazê-lo, a esperança de uma completa impunidade após uma vida das mais infames. Com efeito, como no final dessa vida, nos momentos do arrependimento tardio, o padre, ao que se pede conselho e conforto, deve achar de qualquer modo cruel e desumano anunciar ao homem sua condenação eterna e que ele não estabelece meio-termo entre essa e a absolvição completa (punição eterna ou nenhuma punição); convém que ele lhe infunda esperança por essa última, ou seja, deve tentar transformar esse indivíduo depressa num homem agradável a Deus, e então, como não há mais tempo para tomar o bom caminho, confissões plenas de contrição, fórmulas de fé ou até mesmo promessas solenes de vida nova no caso em que ainda fosse retardado o fim da vida presente, fazem o papel de meios. Essa é uma conseqüência inevitável quando se anuncia como um dogma a eternidade do destino futuro, que corresponde à conduta em vida na terra, e quando não se ensina antes ao homem de fazer-se, segundo sua condição moral até esse momento, uma idéia de sua condição futura e concluir em relação a essa condição como sendo a conseqüência naturalmente previsível de sua condição presente; pois então a série ilimitada das conseqüências sob o domínio do mal terá para ele um efeito moral (ou seja, levá-lo a expressar em seus efeitos como não tendo sido o que foi, tanto quanto possível, como reparação ou compensação, ainda antes do término de sua vida) semelhante àquele que se pode esperar da eternidade anunciada. Essa solução não acarreta os inconvenientes desse último dogma (que, por outro lado, não legitimam nem a prudência da razão, nem a exegese). Com efeito, o mau conta no decurso de sua vida, já de antemão, com esse perdão fácil em obter ou acredita que no fim dessa vida tenha a enfrentar somente as exigências da justiça celestial a seu respeito e que irá satisfazê-la com simples palavras, ao passo que os homens com seus direitos se retiram de mãos vazias, não obtendo ninguém o que lhe compete. (Esse é um desfecho de tal modo habitual desse tipo de expiação que um exemplo contrário é, pode-se dizer, inaudito). Se, contudo, se teme que a razão do homem, pela voz da consciência, o julga com demasiada suavidade, a gente se engana em muito, segundo me parece. Precisamente porque ela é livre e ela própria deve pronunciar-se a respeito dele, a respeito do homem, ela é incorruptível. Basta dizer-lhe, quando estiver em tal situação, que terá de comparecer logo diante de seu juiz, e abandoná-lo a suas próprias reflexões que, com toda verossimilhança,

afirmações resulta somente que a razão pode ultrapassar os limites de seu discernimento. A boa e pura intenção (que pode ser classificada de bom espírito que nos dirige), da qual se tem consciência, compreende também a confiança em sua persistência e em sua firmeza, embora somente de forma mediata. É ela que consola (o Paráclito), quando nossas faltas nos preocupam a respeito de sua persistência. A certeza a esse respeito não é para o homem nem possível nem moralmente proveitosa, uma vez que não podemos dar-nos conta dela. De fato (é realmente necessário observar isso), não podemos basear essa confiança na consciência imediata da invariabilidade de nossas intenções, para nós realmente impenetráveis, mas devemos inferi-la de suas únicas conseqüências na vida. Ora, esse ilação, extraída unicamente de observações que são fenômenos da boa e da má intenção, jamais permite

deverão julgá-lo com a maior severidade. Acrescentaria ainda a tudo isso algumas observações. O ditado "Tudo é bom quando termina bem" pode ser aplicado, na verdade, a casos morais, mas somente se por que termina bem se entende que o homem se tornou realmente bom. Ora, para que se reconheceria que ele é bom, a partir do momento que não se pode concluir isso senão pela conduta ulterior, invariavelmente boa, e que no fim da vida não tem mais tempo para isso? Pode-se antes admitir esse adágio com relação à felicidade, mas também aqui somente com referência ao ponto de vista pelo qual ele considera sua vida partindo não de seu início, mas de seu término para olhar para trás em direção ao começo. Sofrimentos suportados não deixam lembranças penosas quando a gente já se vê em segurança, mas ao contrário um estado de contentamento que confere tanto mais sabor à felicidade que ora sobrevém, porque prazer e dor (dependendo da sensibilidade), compreendidos no curso do tempo, desaparecem com ele e não complementam o desfrute atualmente existente, sendo ao contrário repelidos por esse que os segue. Apliquemos a mesma proposição ao julgamento do valor moral da vida até esse termo; o homem pode, nesse caso, ter razão em julgá-la favoravelmente, embora tenha terminado por uma conduta muito boa. Com efeito, o princípio moral subjetivo da intenção, segundo o qual sua vida deve ser julgada, não é (enquanto supra-sensível) de natureza que permita que sua existência possa ser concebida como divisível em seqüências temporais, mas, ao contrário, somente como unidade absoluta; e como não podemos inferir a intenção senão de acordo com as ações (enquanto seus fenômenos), a vida não poderia ser considerada em vista dessa estimativa senão como uma unidade temporal, isto é, como uma totalidade. E então as recriminações voltadas para a primeira parte da vida (antes de sua melhoria) falarão tão alto como a aprovação da última parte, sendo assim suscetíveis de diminuir em larga medida o tom triunfal de tudo é bom quando termina bem. Finalmente, outra doutrina é muito parecida com aquela da duração das penas em outra vida, embora não seja idêntica, a saber "que todos os pecados devem ser remitidos aqui na terra", de modo que a conta seja inteiramente feita ao término da vida, não havendo possibilidade para ninguém de esperar poder, na outra vida, reparar suas faltas. Entretanto, ela não poderia, mais que a precedente, ser anunciada como um dogma, uma vez que não passa de um princípio pelo qual a razão prática, utilizando seus conceitos do supra-sensível, prescreve a regra, resignando-se a não saber nada da estrutura objetiva desse supra-sensível. De fato, não diz outra coisa senão isso: Não é senão pela conduta seguida por nós que podemos concluir se somos ou não homens agradáveis a Deus e, como essa conduta se conclui com a vida, nossa conta se conclui igualmente; e somente seu total haverá de revelar se podemos nos considerar como justificados ou não. De uma maneira geral, se limitarmos nosso julgamento (porquanto os princípios constitutivos do conhecimento de objetos supra-sensíveis, cujo entendimento nos é impossível) aos princípios reguladores, aos quais basta seu uso prático possível, a sabedoria humana teria em muitos pontos melhor postura, e um pretenso saber daquilo que no fundo nada se sabe não faria eclodir vãs sutilezas que, após ter brilhado por algum tempo com certo esplendor, terminar por volver um dia em prejuízo da moralidade.

conhecer-lhe com certeza especialmente a força, e muito menos ainda quando se pensa ter corrigido as próprias intenções no final da vida, que se pressupõe próximo, porquanto essas provas empíricas de sua autenticidade falham, uma vez que nenhum prazo é concedido para basear em nossa conduta um julgamento de nosso valor moral e a desolação se configura como a inevitável conseqüência do julgamento racional efetuado sobre nosso estado moral (entretanto, a natureza do homem, aproveitando-se da obscuridade das perspectivas que ultrapassam os limites da vida, faz, por si mesma, com que essa desolação não degenere num desespero selvagem).

A terceira *dificuldade*, aparentemente a maior, que representa todo homem, mesmo quando tomou o caminho do bem, como condenável quando se trata do julgamento definitivo sobre toda a sua vida diante de uma *justiça* divina, é a seguinte: Qualquer que tenha sido sua conduta quando seguiu boas intenções e mesmo qualquer que seja sua perseverança em seguir uma vida que lhe é conforme, *começou no entanto pelo mal* e lhe é impossível de apagar para sempre essa dívida. Pode ocorrer que, depois da conversão efetuada em seu coração, não cometa outras, mas não pode considerar que isso seja um pagamento das antigas. Além disso, de uma conduta daí em diante boa não pode tirar um excedente que ultrapasse aquilo que deve pagar em cada caso, pois era seu dever em todo o tempo fazer todo o bem que pudesse. Essa dívida original anterior de uma maneira geral a todo bem que lhe é possível fazer – é isso e não outra coisa que entendemos pela expressão mal *radical* (cf. primeira parte) – não pode, como podemos julgar segundo nosso direito da razão, ser extinto por outro, pois essa não é uma obrigação transmissível que, como uma dívida em dinheiro por exemplo, pode ser transmitida a um terceiro (pouco importa nesse caso ao credor se o devedor paga ele mesmo ou outro em seu lugar), mas é dentre todas as dívidas a mais pessoal, uma dívida oriunda do pecado que somente o culpado deve suportar e não um inocente; seria até mesmo muito generoso querer substituir nesse fato o outro. Ora, como o mal moral (a transgressão da lei moral *enquanto mandamento divino*, chamada *pecado*) arrasta após si, menos por causa da *infinidade* do legislador supremo, cuja autoridade foi assim lesada (pois não compreendemos nada na relação transcendente que une o homem ao ser supremo), enquanto estiver mal na *intenção* e nas máximas em geral (que podem ser comparadas a *princípios gerais* em relação a transgressões particulares), uma infinidade de violações da lei, por conseguinte uma infinidade da falta (o caso é diferente diante de um tribunal humano que só examina o crime isoladamente, em decorrência somente a ação e a intenção que se refere a ele, não a intenção em geral), todo homem poderia esperar uma *pena eterna* e ser expulso do reino de Deus.

A solução dessa dificuldade repousa no que segue. A sentença daquele que sonda os corações deve ser considerada como uma sentença tirada da intenção geral do acusado, não dos fenômenos dessa intenção, isto é, dos atos que se afastam da lei ou concordam com ela. Ora, supõe-se então no homem uma boa intenção vencendo o mau princípio que nele era precedentemente todo-poderoso, e a questão agora é de saber se a conseqüência moral da primeira intenção, o castigo (em outros termos, o efeito do desprazer de Deus para com o sujeito), poderia ser igualmente reposto na condição em que se encontra quando sua intenção se tornou melhor, condição em que já é o objeto da satisfação divina. Não se trata aqui de saber se o castigo pronunciado *antes* da conversão do homem concorda com a justiça divina (o que ninguém duvida), não *deve* portanto (nesse estudo) ser considerado como se lhe fosse infligido antes de sua melhora. Mas tampouco *após ela*, quando o homem já vive sua nova vida e é moralmente um homem diferente, devendo ser admitido como em conformidade com seu novo caráter (aquele de um homem agradável a Deus). Entretanto, é preciso satisfazer a justiça suprema que não poderia deixar um culpado impune. Assim, o castigo não convém à sabedoria divina nem antes nem depois da conversão. Entretanto, é necessário. Seria preciso, pois, concebê-lo como determinado e infligido *durante* o processo da conversão. Convém, por conseguinte, ver se, graças ao conceito de conversão moral, se pode considerar como já contidos nesse processo os males que o novo homem bem intencionado pode considerar como provenientes de sua falta e como se fossem castigos[24], graças aos quais presta plena

[24] A hipótese que consiste em considerar de uma maneira geral todos os males terrestres como castigos de transgressões cometidas não pode ser considerada como imaginada em vista de uma teodicéia ou como uma invenção no interesse da religião sacerdotal (do culto) (pois é muito comum para ter sido concebida tão engenhosamente), mas ela se aproxima muito sem dúvida da razão humana que, disposta a ligar o curso da natureza às leis da moralidade, dela extrai muito naturalmente a idéia que devemos procurar tornar-nos homens melhores, antes de poder pretender ser libertados dos males da vida ou compensá-los por um bem de maior peso. É por essa razão que (nas sagradas Escrituras) o primeiro é representado como condenado ao trabalho e quiser comer, e sua mulher a parir em dores; e ambos a morrer por causa de sua transgressão, embora não se possa compreender como, mesmo que essa transgressão não tivesse sido cometida, criaturas animais, providas de membros assim formados,

satisfação à justiça divina. A conversão é, com efeito, o abandono do mal e a entrada no bem; despe-se o velho homem e veste-se um novo, porquanto o sujeito morre ao pecado (portanto, a todas as inclinações, enquanto o desviam para o pecado) para viver segundo a justiça. Na conversão, todavia, enquanto determinação intelectual, não há dois atos morais separados por um intervalo de tempo, mas ela não forma senão um só, porque o abandono do mal não é possível a não ser graças à boa intenção, causa da entrada no bem e vice-versa. O bom princípio está, pois, compreendido tanto na renúncia do mal como na admissão da boa intenção, e a dor que acompanha legitimamente o primeiro ato decorre inteiramente do segundo. Abandonar a má intenção pela boa é, enquanto "morte do velho homem e crucificação da carne" em si já é um sacrifício e o começo de uma longa seqüência de males da vida, com a qual se sobrecarrega o homem novo segundo a intenção do filho de Deus, ou seja, unicamente por amor do bem; males que, na verdade, recairiam sobre outro homem como *castigo*, ou seja, ao velho homem (pois, aquele de que se trata é moralmente outro homem). Embora, portanto, *fisicamente* (considerado em seu caráter empírico como ser sensível) seja esse mesmo homem, culpado, devendo ser julgado assim diante de um tribunal moral, em decorrência também por ele mesmo, ele se encontra, no entanto, em sua nova intenção (como ser inteligível) na presença de um juiz divino, aos olhos do qual essa substitui a ação, outro homem moralmente; e essa intenção, sem sua pureza como aquela do filho de Deus que ele acolheu em si, ou (se personificarmos essa idéia) esse filho de Deus suporta em benefício dele assim como de todos aqueles que nele crêem *praticamente*, como que *substituindo* a mancha do pecado, satisfazendo como *salvador*, por seus sofrimentos e sua morte, a justiça divina, e fazendo com que, como advogado em quem podem esperar, parecer justificados perante seu juiz, salvo se (nessa forma de representação) o sofrimento, que o homem novo ao morrer para o *antigo* deve carregar constantemente na vida[25], se

tivessem podido esperar um destino diferente. Para os hindus, os homens não são outra coisa senão espíritos (chamados dewas), aprisionados nos corpos de animais, como castigo por crimes outrora cometidos e até mesmo um filósofo (Malebranche) preferia não atribuir em absoluto almas aos animais antes de admitir que os cavalos tivessem de suportar tantos sofrimentos "sem no entanto ter anteriormente comido feno proibido".

[25] Até mesmo a intenção moral mais pura não produz, no entanto, no homem, como ser pertencente a este mundo, nada mais que a evolução contínua de um sujeito agradável a Deus por sua conduta (no mundo sensível). Segundo a qualidade (porquanto é necessário concebê-la tendo um fundamento supra-sensível), essa intenção

configure no representante da humanidade como uma morte sofrida uma vez por todas. Encontramos aqui esse excedente que ultrapassa o mérito das obras que fazia falta aqui na terra e um mérito que nos é imputado pela graça. De fato, a pretensão que aquilo que para nós nesta vida terrestre (talvez também para todos os tempos futuros e para todos os mundos) não consiste sempre senão num simples tornar-se (ou seja, ser um homem agradável a Deus) nos seja imputado, como se já tivéssemos disso plena posse, sem dúvida alguma nada tem de legítimo[26] (segundo o conhecimento empírico que temos de nós mesmos). Na medida em que nos conhecemos (sem julgar nossa intenção de forma imediata, mas somente segundo nossos atos), de modo que o acusador em nós concluiria antes por uma sentença de condenação, não é portanto sempre que uma sentença de graça (uma vez que é baseada na satisfação que para nós não se encontra senão na idéia de uma intenção que se tornou melhor, o que no entanto só a Deus pertence conhecer), embora de todo conforme à justiça eterna, se estivermos desimpedidos de toda responsabilidade, em virtude desse bem que está na fé.

Pode-se ainda perguntar se essa dedução da idéia de uma *justificação* do homem, culpado é verdade, mas convertido a uma intenção agradável a Deus, tem alguma utilidade prática e de que natureza ela

---

deve e pode, na verdade, ser santa e conforme àquela de seu arquétipo. Segundo o grau, contudo – a maneira pela qual ela se manifesta nas ações – permanece sempre deficiente, afastando-se infinitamente do modelo. Entretanto, como contém o fundamento do progresso contínuo em vista de completar essa deficiência, ela substitui como unidade intelectual do toda a ação em sua realização completa. Mas então a pergunta é a de saber se aquele "em quem nada há de repreensível", ou não deve haver, pode acreditar-se justificado e imputar-se, apesar disso, os sofrimentos que a ele chegam quando está a caminho de um bem sempre maior, ainda como castigos, admitindo assim sua culpabilidade e, por conseguinte, também uma intenção desagradável a Deus? Sim, sem dúvida, mas somente na qualidade do homem que ele despe de maneira contínua. O que recairia sobre ele nessa qualidade (do velho homem) como castigos (ou seja, de uma maneira geral todas as dores e os males da vida), assume-os com alegria em sua qualidade de homem novo, unicamente por amor do bem; em decorrência, não são imputados a eles sob esse aspecto e nessa qualidade como castigos, e esse termo significa somente que ele aceita de boa vontade todos os males e todos os sofrimentos que recaírem sobre ele e que o velho homem deveria ter-se imputado como castigo; que os impute a si de fato enquanto despe o velho homem, em sua qualidade de homem novo, representam outras tantas ocasiões para experimentar e exercer sua intenção de fazer o bem. Intenção, da qual mesmo esse castigo, é o efeito e ao mesmo tempo a causa, como o é por conseguinte dessa satisfação e dessa felicidade moral que consiste na consciência do progresso realizado no bem (que com o abandono do mal constitui um só e mesmo ato), enquanto que os mesmos males na concepção antiga teriam sido necessariamente contados não somente como castigos, mas ainda ser provados como tais, porque, considerados como simples males, são no entanto precisamente opostos ao que o homem dessa intenção se propõe como fim único, isto é, felicidade física.

[26] Somos somente suscetíveis a isso e aí está tudo o que de nossa parte podemos nos atribuir. Ora, o decreto de um superior em vista da dispensa de um bem, do qual o inferior não pode ser senão (moralmente) suscetível, é chamado graça.

pode ser. Não há como ver de que uso *positivo* seria para a religião e a conduta, porquanto essa pesquisa tem como condição fundamental que aquele ao qual ela se refere já se encontre verdadeiramente nos bons sentimentos requeridos, cujo interesse (isto é, seu desenvolvimento e seu progresso) é na realidade o fim de todo uso prático dos conceitos morais. De fato, no que diz respeito à confiança, esses sentimentos já a comportam para aquele que tem consciência disso (como confiança e esperança, não como certeza). Essa dedução não é, portanto, nesse sentido senão a resposta a uma pergunta teórica que, por essa razão, não poderia ser relegada ao silencio, sem o que se poderia recriminar a razão de ser verdadeiramente impotente em conciliar com a justiça divina a esperança para o homem ser desligado de seu pecado, recriminação que poderia lhe ser prejudicial sob muitos aspectos e, em particular, sob o aspecto moral. Em contrapartida, a utilidade *negativa* que se pode extrair disso para a religião e os costumes, no interesse da cada um, vai muito longe. De fato, por essa dedução se vê que não se pode sonhar com uma absolvição para o homem carregado com seu pecado diante da justiça divina, a não ser que se suponha uma mudança completa nas disposições do coração que, em decorrência, todas as expiações, pertençam ao gênero da penitencia ou ao gênero solene, todas as invocações e todas as glorificações (mesmo do ideal do filho de Deus como substituição) não podem suprir a ausência dessa condição ou, se ela existir, aumentar o mínimo de seu valor diante desse tribunal, pois esse ideal deve ser acolhido em nossa intenção para valer em lugar da ação.

Há outra coisa na questão de saber o que o homem deve esperar da vida que levou, *ao final dessa*, ou o que deve temer a esse respeito. Deve, como mínimo, em certa medida conhecer em primeiro lugar seu caráter. Assim, ainda que pense que tenha havia melhoria em sua intenção, deve compreender em seu exame sua intenção antiga (pervertida), de onde partiu, e poder dar-se conta daquilo de que se despojou e em que medida. De igual modo, que *qualidade* (pura ou ainda impura) e que *grau* afeta essa intenção supostamente nova para triunfar da intenção anterior e criar obstáculos a uma recaída. Assim, deverá estudar essa intenção durante toda a sua vida. Ora, como não pode captar pela consciência imediata nenhum conceito seguro e determinado de sua intenção real e não poderia eliminá-lo da vida que efetivamente levou, não poderia, com referência ao julgamento do juiz futuro (ou seja, a consciência que se desperta nele, chamando em sua ajuda o conhecimento empírico de si), conceber alguma outra condição que possa servir de prova convincente a seu respeito que *sua vida inteira* evocada um dia a seus olhos e não somente uma parte dessa vida, talvez a última, e para ele ainda a mais favorável; acrescentaria a essa espontaneamente a perspectiva de uma continuação de sua vida (sem colocar aqui limites), se tivesse durado mais tempo. Não pode aqui substituir à ação a intenção reconhecida de antemão, mas deve ao contrário liberar a intenção da ação que lhe é representada. Ora, o que vai pensar o leitor? Somente essa idéia que relembra muitas coisas ao homem (e não é necessário que seja precisamente o pior de todos) sobre as quais, por leviandade não tem prestado atenção desde muito tempo, quando se dizia a ele somente que deveria acreditar que teria de comparecer diante de um juiz um dia, ela haveria de decidir, somente ela, seu destino futuro de acordo com a conduta que teve até o momento? Se for interrogado no homem o juiz que ele traz em si, se julgaria severamente, pois não pode corromper sua razão; mas se for apresentado a ele outro juiz, sobre o qual se tem conhecimento por meio de informações obtidas em outro lugar, deverá opor a seu rigor muitas objeções, apresentando como pretexto a fraqueza humana e de uma maneira geral, espera que isso lhe sirva, seja porque pensa prevenir o castigo por tormentos que, ao arrepender-se, se inflige a si mesmo, mas que não têm sua fonte numa intenção verdadeira de melhoria; seja para dobrar o juiz por orações e súplicas ou também por fórmulas e confissões consideradas fiéis. E se lhe for dado considerar essa esperança (segundo o ditado "Tudo é bom quando termina bem"), traça depressa, de acordo com isso, seu plano, a fim de não provar, sem necessidade, muitas perdas em sua vida feliz e deter, uma vez que o fim dessa se aproxima com presteza, a conta com vantagem para si[27].

[27] A intenção daqueles que, no fim de sua vida, mandam chamar um padre é geralmente a de encontrar nele um consolador, não por causa das dores físicas que a última doença traz consigo e mesmo simplesmente o temor natural da morte (pois sob esse aspecto a morte que lhe põe fim pode consolar), mas, ao contrário, por causa dos sofrimentos morais, ou seja, as recriminações da consciência. Ora, seria preciso então excitar e estimular antes essa consciência para não negligenciar ao menos o que há ainda a fazer de bem ou que há a destruir em questão de conseqüências ainda existentes do mal (o que há a reparar), segundo a advertência: "Mostra-te conciliador com relação a teu adversário (isto é, aquele que tem contra ti uma pretensão baseada em direito) enquanto ainda caminhas em sua companhia (ou seja, enquanto ainda vives), a fim de que (após a morte) ele não te entregue ao juiz, etc." Mas dar, em lugar disso, de alguma maneira ópio à consciência, é uma falta com relação a esse homem e àqueles que lhe sobrevivem; e é absolutamente contrário ao objetivo final em vista do qual semelhante assistente da consciência pode, ao término da vida, ser considerado como necessário.

Segunda Seção

De pretenso direito do princípio mau à dominação sobre o homem e da luta dos dois princípios, um contra o outro

A Sagrada Escritura (em sua parte cristã) expõe essa relação moral inteligível sob a forma de uma história, porquanto dois princípios opostos no homem, como o céu e o inferno, apresentados como pessoas externas a ele, provam não somente seu poder um contra o outro, mas querem, além disso, fazer valer suas pretensões (um como acusador e o outro como advogado do homem) por meio do direito como, de algum modo, diante de um juiz supremo.

Na origem, o homem foi estabelecido como proprietário de todos os bens da terra (Gênesis, I, 28), na condição contudo de não possuí-los senão a título de propriedade delegada (*dominium utile*) sob a suserania de seu Criador e Senhor, enquanto proprietário supremo (*dominus directus*). Ao mesmo tempo se produz um ser maligno (ignora-se como se tornou mau a ponto de tornar-se infiel a seu Senhor, quando na origem era bom); sua queda fez com que perdesse todo o que teria podido possuir no céu e agora quer adquirir outro bem na terra. Ora, enquanto ser de essência superior – isto é, um espírito – os objetos terrestres e corporais não lhe podem dar nenhum prazer, procura por conseguinte dominar *as almas*, desviando de seu Mestre os primeiros pais de todos os homens e, ao tê-los de seu lado, consegue erigir-se como suserano de todos os bens da terra, ou seja, como príncipe deste mundo. É verdade que se poderia levantar esta dificuldade: porque Deus não usou de seu poder contra esse traidor[28] e não preferiu destruir desde a origem o reino que esse pretendia fundar. Mas o domínio e o governo da suprema sabedoria sobre seres racionais procede a seu respeito seguindo o princípio de sua liberdade; o que possa atingi-los no bem ou no mal devem, por conseguinte, atribuí-lo a si próprios. Aí está, portanto, como foi estabelecido, apesar do bom princípio, um reino do mal, ao qual

[28] O padre Charlevoix relata que, ao narrar a seu catecúmeno iroquês todo o mal que o espírito maligno havia introduzido na Criação, boa na origem, e como ainda se empenhava em aniquilar as melhores instituições divinas, o índio perguntou indignado: "Mas por que Deus não mata o diabo?" O padre confessa ingenuamente que não pôde encontrar de imediato uma resposta.

foram submetidos todos os homens que descendem (naturalmente) de Adão, por seu consentimento próprio, é verdade, porquanto a ilusão dos bens deste mundo desviou seus olhos do abismo da corrupção, ao qual estavam reservados. O bom princípio seguramente preservou seu direito de domínio sobre o homem, ao instituir uma forma de governo organizada somente em vista do culto público exclusivo de seu Nome (na teocracia judaica), mas como os sentimentos dos indivíduos não conservaram disposições para qualquer outro móvel que não fosse relacionado com os bens deste mundo e não quisessem, por conseguinte, ser governados senão por recompensas ou punições nesta vida, não se considerando aptos pois a outras leis a não ser àquelas que impusessem tanto cerimônias e costumes incômodos como outras coisas, em parte de ordem moral, é verdade, mas necessitando um arrependimento exterior sem levar em consideração o elemento interior da intenção moral, segue-se que essa organização não trouxe dano algum ao reino das trevas, mas só serviu para manter constantemente na memória o direito indelével do primeiro proprietário.

Então, no meio desse mesmo povo, numa época em que afloravam plenamente todos os males de uma constituição hierárquica, e por essa razão esse povo havia sido levado, em grande parte, a refletir, mesmo que, talvez, por causa das doutrinas morais dos sábios gregos sobre a liberdade, as quais, abalando o espírito servil, tinham exercido sobre ele uma influência, povo que por conseguinte se encontrava maduro para uma revolução, apareceu de repente um personagem com uma sabedoria mais pura ainda que aquela dos filósofos, sabedoria que parecia descida do céu. Proclamava-se, por seus ensinamentos e seu exemplo, um homem, é verdade, mas também um enviado que, na origem, em sua primitiva inocência, na estava incluído[29] no contrato que o resto da

[29] Imaginar uma pessoa livre do pendor inato ao mal como possível, se foi gerada por uma mãe virgem, essa é uma idéia da razão conformando-se de algum modo a um instinto moral, difícil de explicar, mas que não se poderia, no entanto, negar; porque, com efeito, consideramos a procriação natural que não pode se realizar sem prazer sexual de ambas as partes e parece, no entanto, nos aproximar até demais (para a dignidade humana) da animalidade em geral, como uma coisa da qual devemos ter vergonha – representação que é certamente averdadeira razão da pretensa santidade do estado monacal. Esse ato nos parece, pois, como algo de imoral, de inconciliável com a perfeição do homem, enxertado contudo na natureza e transmitido aos descendentes como uma disposição má. Ora, a essa representação obscura (de um lado puramente sensível, do outro, no entanto, moral e por conseguinte intelectual) responde muito bem à idéia do nascimento que não depende de nenhuma união sexual (virginal), de um filho livre de todo vício moral; teoricamente, contudo, não deixa de subsistir uma dificuldade (mas para um fim prático não é necessário determinar algo a esse respeito). De fato, segundo a hipótese da epigênese, a mãe que descende de seus pais por geração natural es-

espécie humana havia celebrado com o princípio mau por meio de seu representante, o primeiro ancestral, e "sobre ele o príncipe deste mundo não tinha, por conseguinte, poder algum". Com isso, pois, o império desse príncipe estava em perigo. De fato, se esse homem agradável a Deus resistia a suas tentações e não aderia também a esse contrato e se outros homens ainda se perfilavam por sua vez na mesma intenção, eram tantos súditos que ele perdia e seu império corria o risco de uma destruição completa. Ele propôs então a esse homem de tornar-se seu feudatário para todo o império, bastando consentir simplesmente em lhe render homenagem na qualidade de possuidor. Não tendo sucesso com essa tentativa, não lhe bastou privar esse estrangeiro em seu domínio de tudo o que poderia tornar agradável sua vida terrestre (até reduzi-lo à mais completa miséria), mas suscitou contra ele todas as perseguições pelas quais homens maus podem cumulá-la de amargura, todos os sofrimentos que somente o homem bem intencionado pode verdadeiramente suportar, a calúnia que alterava a pura intenção de sua doutrina (para afastar dele seus partidários) e o perseguiu até a morte mais ignominiosa, sem nada poder em absoluto contra ele, apesar de todos esses assaltos desferidos contra a firmeza e a sinceridade de sua doutrina e de seu exemplo, destinados ao bem de todos os homens, sem exceção indignos.

E agora o resultado final dessa luta! O resultado pode ser considerado como *jurídico* ou também como *físico*. Segundo esse último ponto de vista (aquele que recai sob os sentidos) o bom princípio é aquele que ficou em desvantagem, porquanto teve, nessa luta, após ter suportado muitos sofrimentos, dar sua vida[30] por ter provocado

---

taria maculada do mencionado vício moral, transmitindo-o ao menos pela metade a seu filho, mesmo no caso de uma geração sobrenatural; por conseguinte, para evitar esse resultado seria necessário admitir o sistema da preexistência dos germes nos pais, mas não aquele de seu desenvolvimento no elemento feminino (pois então essa conseqüência não seria evitada), ao contrário, no elemento masculino (não o sistema dos ovulorum, mas aquele dos animalculorum spermaticorum). Ora, esse elemento desaparece numa gravidez sobrenatural e assim poderia ser defendida essa espécie de representação teoricamente conforme à idéia em questão. De que serve, por outro lado, toda essa teoria pró ou contra, quando basta na prática apresentar-nos como modelo essa idéia, enquanto símbolo da humanidade que se eleva precisamente acima da tentação do mal (resistindo-lhe vitoriosamente).

[30] (13) Não é que ele tenha procurado a morte (como D. Bahrdt o imaginou de forma romântica) para expor um bom desígnio por meio de um exemplo tocante, próprio a despertar a atenção; isso teria sido um suicídio. De fato, pode-se sem dúvida correr um risco ao se expor ao perigo de perder a vida, até mesmo padecer a morte por mãos de outrem, se não houver como escapar dela, sem trair um dever imperioso, mas não se deve dispor por si e da própria vida como de um meio, qualquer que seja o fim que se proponha e tornar-se assim o autor da própria morte. Não é o caso tampouco que ele tenha

uma insurreição num império estrangeiro (que dispunha da força). Entretanto, como o reino, no qual os *princípios* (sejam eles bons ou maus) têm o poder, não é um reino da natureza, mas da liberdade, ou seja, um reino em que se pode dispor dos objetos somente na medida em que se reina sobre os espíritos, no qual por conseguinte ninguém é escravo (servo), a não ser aquele que o queira ser e enquanto o quiser ser, essa morte (o grau supremo do sofrimento de um homem) foi precisamente a representação do princípio bom, isto é, da humanidade em sua perfeição moral, como modelo proposto à imitação de todos. Essa representação deveria e poderia ter a maior influência sobre a alma humana em sua época e pode mesmo tê-la em todos os tempos, pois ela mostra pelo mais surpreendente contraste a liberdade dos filhos do céu e a servidão de um simples filho da terra. O princípio bom, no entanto, desceu do céu para a humanidade, não somente numa época determinada, mas de uma maneira invisível desde o começo da espécie humana (como devem confessá-lo todos aquele que consideram com atenção sua santidade e ao mesmo tempo sua união incompreensível na constituição moral com a natureza sensível do homem) e nela ocupa legitimamente seu primeiro domicílio. Portanto, como apareceu num homem verdadeiro como exemplo para todos os outros, "ele veio em seu domínio e os seus não o receberam, mas àqueles que o acolheram ele deu o poder de se chamarem filhos de Deus que acreditam em seu Nome" (*Evangelho de João*, I, 11), ou seja, que, por seu exemplo (na idéia moral), ele abre a porta da liberdade para todos aqueles que quiserem morrer a tudo aquilo que os mantêm amarrados à vida terrestre, em detrimento da moralidade e reúne para ele, entre eles, "um povo que, aplicado às boas obras, se tornaria sua propriedade" (*Epístola a*

arriscado sua vida (como conjetura o fragmentista de Wolfenbüttel), não por uma finalidade moral, mas unicamente política e, por outro lado, ilícita, para, se assim se quiser, derrubar o governo do clero, a fim de tomá-lo ele próprio, revestido do supremo poder temporal. A essa concepção se opõe, de fato, a exortação que ele dirige a seus discípulos, na comunhão, quando já havia renunciado à esperança de conservar sua vida, ao dizer que a celebra em memória dele. Ora, se esse ato tivesse sido destinado a perpetuar a lembrança de um projeto temporal falido, a exortação teria sido ofensiva, própria para excitar a indignação contra seu autor e, por conseguinte, em contradição com ela mesma. Entretanto, essa lembrança poderia referir-se à falência de um excelente desígnio puramente moral do Mestre, consistindo em provocar durante sua própria vida a ruína da fé cerimonial, destruidora de toda intenção moral, bem como o respeito pelos sacerdotes, decretando uma revolução pública (na religião); (o que poderia muito bem ter como finalidade suas disposições em reunir durante a Páscoa seus discípulos dispersos pelo país) revolução a respeito da qual se pode seguramente lamentar ainda hoje que não tenha tido sucesso. Entretanto, ela não foi em vão, mas tomou, após sua morte, o caráter de uma transformação religiosa que se expandiu sem rumor, mas tampouco sem muito sofrimento.

Tito, II, 14) e sob sua dominação, enquanto abandona à deles aqueles que preferem a servidão moral.

Assim, o êxito moral do conflito, no que diz respeito ao herói dessa história (até sua morte) não é, propriamente falando, a *derrota* do princípio mau, pois o reino deste perdura ainda e a vinda de uma nova época é seguramente necessária, e que deverá ser aquela de sua destruição, mas seu poder foi somente alquebrado, de maneira que não pode reter, contra sua vontade aqueles que por tanto tempo foram submetidos a ele. Isso porque foi aberto para eles, como refúgio, outro domínio moral, uma vez que o homem deve sempre submeter-se a uma dominação, na qual possa encontrar proteção para sua moralidade, no caso em que queira entregar-se a outro império. Por outro lado, sempre é mencionado como mau princípio o príncipe deste mundo, no qual, aqueles que estão ligados ao princípio bom, podem esperar sofrimentos físicos, sacrifícios, ferimentos no amor próprio, representados aqui como perseguições do princípio mau, porque não há em seu império recompensas senão para aqueles que fizeram do bem-estar terrestre sua finalidade primeira.

Pode-se ver facilmente que, ao despojar de sua aura mística esse tipo de representação animada, sem dúvida também para sua época somente o popular, foi (isto é, seu espírito e seu sentido racional) para todos e em todos os tempos praticamente válido e obrigatório, porquanto está muito arraigado em cada um para que nele se reconheça o próprio dever. Aí está em que consiste esse dever: Não pode haver, de maneira alguma, salvação para os homens, a não ser que acolham no fundo da alma princípios autenticamente morais em sua mentalidade. A essa acolhida se opõe na propriamente falando a sensibilidade, tão freqüentemente posta em causa, mas uma certa perversão imputável a si próprio, ou falsidade como ainda se pretende denominar essa maldade (astúcia satânica pela qual o mal veio ao mundo), perversão que está em todos e que nada pode vencer senão a idéia do bem moral em toda a sua pureza, com a consciência que ele realmente faz parte de nossas disposições primitivas e que devemos simplesmente nos esforçar para afastar dela toda mistura impura e acolhê-la no mais profundo de nosso modo de pensar. Isso para ficarmos convencidos pelo efeito que ela produz aos poucos na alma que as temidas potências do mal nada podem contra ela ("as portas do inferno não poderão prevalecer contra ela" – *Evangelho de Mateus*, XVI, 18) e que, para não suprir *de uma maneira supersticiosa* a falta dessa confiança por expiações que não supõem qualquer mudança na maneira de pensar, ou fanaticamente por pretensas iluminações interiores (puramente passivas) e ficar assim sempre afastados do bem baseado em nossa própria atividade, devemos atribuir-lhe como caráter único aquele de uma vida sabiamente conduzida. Por outro lado, um esforço como o que é tentado agora para procurar nas Escrituras o sentido que se harmonize com o ensinamento *mais sagrado* da razão não é somente autorizado, mas deve antes ser considerado como um dever[31] e a esse respeito pode-se relembrar o que o *sábio* Mestre dizia a seus discípulos sobre alguém que seguisse seu caminho particular, pelo qual, ao final de tudo, deveria chegar ao mesmo objetivo: "Não o impeçais, pois quem não estiver contra nós está de nosso lado" (*Evangelho de Lucas*, IX, 50)

Observação Geral

Quando uma religião moral (que não deve ser colocada em dogmas e em observâncias, mas na intenção sincera de cumprir todos os deveres do homem como mandamentos divinos) deve ser fundada, todos os milagres que a história liga à sua introdução levam a tornar supérflua a crença no milagre em geral.

De fato, é dar prova de um grau repreensível de incredulidade moral quando não se quer conferir às prescrições do dever tais como foram inscritas na origem pela razão no coração do homem uma suficiente autoridade, a menos que não sejam além disso confirmadas por milagres: "Enquanto não virem sinais nem milagres, vocês não crêem" (*Evangelho de Mateus*, VIII, 8). Ora, é no entanto de todo conforme à maneira comum de pensar dos homens que, quando uma religião que consiste somente em culto e em observâncias chega a seu termo e que, em seu lugar, se deve introduzir uma religião fundada no espírito e na verdade (quanto à intenção moral), a introdução desta última, embora não tenha nenhuma necessidade, seja também acompanhada na história e de alguma forma ornada de milagres para anunciar o fim da primeira que, sem os milagres não teria nenhuma autoridade. E até mesmo para conseguir adesões dessa primeira religião para a nova revo-

[31] Pode-se admitir, na verdade, que não é o único.

lução, explica-se como o antigo protótipo atualmente realizado daquilo que nessa religião era o fim último da providência e, num semelhante estado de coisas, não serviria a nada contestar esses relatos ou essas interpretações, quando a verdadeira religião estiver estabelecida e puder manter-se atualmente e a seguir por intermédio de meios racionais, ela que em sua época teve de ser introduzida por meios similares. De outro modo, seria necessário admitir simplesmente que a fé em coisas ininteligíveis e a repetição dessas (o que estiver ao alcance de alguém, sem que com isso seja ou se torne jamais um homem melhor) se constitua numa maneira, talvez até a única, de agradar a Deus. Ora, deve-se combater com todas as forças esta alegação. Pode acontecer, portanto, que a pessoa do Mestre que ensinou a única religião válida para todos os homens seja misteriosa, que sua aparição na terra como seu desaparecimento, que sua vida repleta de ações e de sofrimentos sejam puros milagres, mesmo que a história destinada a confirmar o relato de todos esses milagres seja ela própria um desses milagres (uma revelação sobrenatural), só temos que relegar todos esses milagres a seu valor próprio, e mesmo honrar também o contexto que serviu para expandir entre o público um ensinamento, cuja atestação se apóia num título conservado em traços indeléveis em todas as almas que não tem necessidade alguma de milagre. É suficiente, para o que se refere a esses dados históricos, não admitir como um dogma da religião senão saber essas coisas, crer nelas e confessá-las como um meio pelo qual podemos nos tornar agradáveis a Deus.

No que diz respeito aos milagres em geral, há gente sensata que não quer deixar-se envolver por essa crença, embora não concorde, no entanto, em renunciar a ela, o que significa que essa gente certamente acredita, ao nível da teoria, que ela existe, mas no *decurso da vida* não se empenham em admiti-la. Esse é o motivo pelo qual governos sábios concordaram em todas as épocas e até mesmo acolheram entre os dogmas religiosos públicos essa opinião que houve antigamente milagres, mas não permitem que se fale de novos[32]. De fato, os antigos

[32] Até mesmo doutores em religião (ortodoxos) que ajustam seus artigos de fé com a autoridade do governo seguem nesse caso a mesma máxima que este último. Por esse motivo é que Pfenniger, ao defender seu amigo Lavater que sustentava que a crença nos milagres era sempre possível, recriminava-os com razão por sua inconseqüência, pois ao afirmar (ele excetuava, contudo, expressamente aqueles cuja opinião a respeito era naturalista) a real existência de taumaturgos na comunidade cristã, há aproximadamente dezessete séculos, não queriam mais admiti-los hoje, sem poder no entanto demonstrar pelas Escrituras que deveriam um dia desaparecer de todo e quando deveriam desaparecer (pois, sus-

milagres foram aos poucos determinados e circunscritos pela autoridade, de modo que não pudesse resultar deles nenhuma desordem para o Estado. Entretanto, no tocante a novos taumaturgos, era necessário certamente inquietar-se, por causa da influência que poderiam ter sobre a tranqüilidade pública e a ordem estabelecida. Se nos perguntarmos, contudo, o que se deve entender pelo termo *milagre*, podemos explicá-lo dizendo (pois, de fato, importa-nos somente saber o que esses milagres representam para nós, ou seja, para o uso prático de nossa razão) que se trata de acontecimentos que ocorrem no mundo em virtude de causas cuja ação é *regida* por *leis* que ignoramos e que devemos de qualquer maneira ignorar. Ora, podemos imaginar milagres tanto *divinos* como *demoníacos*, e dividir esses últimos em milagres *angélicos* (*agatho* demoníacos) ou *diabólicos* (*kako* demoníacos), entendendo-se, na verdade, que só se pode tratar desses últimos, uma vez que os anjos bons (não sei porquê) pouco falam deles e até mesmo nada falam.

No tocante aos milagres *divinos*, podemos sem dúvida alguma ter uma idéia das leis que regem a ação de sua causa (como de um ser todo-poderoso, etc. e ao mesmo tempo mortal), mas somente uma idéia *geral*, enquanto imaginamos esse ser como Criador e Mestre soberano do universo, tanto segundo a ordem da natureza quanto segundo a ordem moral, porque podemos adquirir o conhecimento, diretamente em si, das leis dele, conhecimento que a razão pode a seguir utilizar a seu bel-prazer. Suponhamos, contudo, que Deus por vezes, em certos casos, permite à natureza de afastar-se de suas leis; não poderíamos jamais conceber e tampouco esperar jamais imaginar a lei, segundo a qual Deus procede para a execução de semelhante evento (com exceção da lei *moral universal*, pela qual tudo o que ele faz estaria bem, embora

---

tentar de modo sutil que hoje não são mais necessários é pretender ter uma sabedoria maior que aquela que alguém pode atribuir-se). Ora, essa prova, não conseguiram fornecê-la. Não passava, portanto, de uma máxima da razão de não concordar e de não admitir atualmente os milagres, e a afirmação de sua inexistência não era um ponto de vista objetivo. Mas a mesma máxima que, nesse caso, não visa senão uma perturbação inquietante na sociedade civil, não conserva também seu valor se tivesse que temer uma desordem da mesma espécie no mundo filosófico e, de uma maneira geral, no mundo que pensa sensatamente? Aqueles que, na verdade, não admitem grandes milagres (que provocam sensação), mas que admitem deliberadamente pequenos, sob o designativo de direção extraordinária (porque esses últimos, simples diretivas não impõem à causa sobrenatural senão um mínimo desgaste de forças), não se dão conta que aquilo que importa aqui não é o efeito nem sua importância, mas a forma do curso do mundo, ou seja, a modalidade natural ou sobrenatural segundo a qual o efeito é produzido e que, quanto se trata de Deus, não se poderia imaginar uma diferença entre o fácil e o difícil. Entretanto, no que se refere ao que há de misterioso nas influências sobrenaturais, é ainda menos admissível querer dissimular a importância de semelhante acontecimento.

nada que tenha sido determinado por isso tivesse relação com esse evento peculiar). Aí está, portanto, a razão de certo modo paralisada, porquanto já retida em suas operações conformes a leis conhecidas, não sendo explicada por nenhuma lei nova e não podendo jamais sê-lo no mundo com relação a esse tema.

Entre esses milagres, no entanto, os demoníacos são aqueles que menos concordam com nossa razão. Com efeito, no que se refere aos milagres divinos, a razão poderia ter ainda, pelo menos próprio para seu uso, um sinal negativo: se alguma coisa é representada como ordenada por Deus numa aparição imediata dele, mas se opõe diretamente à moralidade, embora tendo toda a aparência de um milagre divino, não pode contudo configurar-se como um deles (por exemplo, se fosse ordenado a um pai matar seu filho, conquanto soubesse perfeitamente que seria inocente); se, contudo, se tratar de um milagre considerado demoníaco, esse sinal também faz falta. De fato, se porventura se quisesse servir-se desses milagres para o uso da razão do sinal oposto, positivo pois, ou seja, se um milagre nos empenha a praticar uma boa ação, reconhecida em si mesma como um dever, o autor não poderia ser um espírito maligno. Mesmo nesse caso, porém, poderíamos nos enganar, porque esse espírito se disfarça muitas vezes, como se diz, num anjo de luz.

Na vida prática, é impossível, portanto, contar com milagres em geral ou de contar com eles de alguma maneira no uso da razão (uso necessário para todos os casos que a vida apresenta). O juiz (qualquer que seja sua fé nos milagres, na igreja) escuta o que o delinqüente alega a respeito das tentações diabólicas que diz ter sofrido como se nada dissesse; entretanto, se considerasse esse caso como possível, valeria realmente a pena levar em consideração que um homem ingênuo e vulgar caiu na armadilha de um celerado astuto; não pode, no entanto, citar a esse, confrontá-los, em resumo, de tudo isso não poderia tirar absolutamente nada de sensato. Assim, o padre sensato evitará de qualquer maneira rechear a cabeça daqueles que estão sob seus cuidados espirituais com historietas extraídas do *Proteu infernal* e depravar sua imaginação.

Com relação aos milagres de boa espécie, os homens, na vida ativa, fazem uso deles como simples frases. O médico diz, por exemplo: "Nada se poderá fazer pelo doente, a não ser que aconteça um milagre." Isso quer dizer que ele realmente haverá de morrer. Entre as ocupações da vida ativa, deve-se assinalar também o trabalho do físico que procura as causas dos acontecimentos nas leis naturais que a eles se relacionam; digo nas leis naturais desses acontecimentos que ele pode estabelecer pela experiência, embora deva renunciar em saber o que, em si, age segundo essas leis, ou o que elas poderiam ser para nós com relação a outro sentido possível. De igual modo, o melhoramento moral do homem é um negócio que compete ao próprio homem. Mas quantas influências celestiais podem contribuir para isso ou também de que maneira podem ser consideradas como necessárias para explicar sua possibilidade. Ele não se empenha em distingui-las de uma maneira segura das influências naturais, nem em fazê-las de algum modo descer do céu em direção a ele. Como, portanto, não sabe o que fazer com elas diretamente, não admite nesse caso milagre algum[33], mas, se ele seguir as prescrições da razão, procede como se toda mudança e toda melhoria de suas concepções dependesse unicamente da aplicação de seu próprio esforço. Entretanto, que se possa, graças ao dom de teoricamente acreditar de modo muito firme nos milagres, realizá-los e, dessa maneira, assaltar o céu, aí está o que ultrapassa em muito os limites da razão para que se possa considerar por muito tempo uma idéia tão absurda[34].

---

[33] Isso quer dizer que não acolhe a fé nos milagres em suas máximas (naquelas da razão teórica, nem naquelas da razão prática), sem no entanto contestar a possibilidade ou a realidade deles.

[34] É uma desculpa habitual, à qual recorrem aqueles que entretêm as pessoas crédulas por artes mágicas ou que pelo menos pretendem inspirar-lhes essa crença de uma maneira geral, ao mencionar o desconhecimento que os físicos possuem a respeito. Ignoramos, dizem, a causa do peso, da força magnética, etc. Entretanto, conhecemos as leis de uma maneira suficientemente precisa, nos limites determinados das condições sob as quais unicamente certos efeitos são produzidos. Isso basta tanto para um uso racional segura dessas forças, quanto para explicar os fenômenos, secundum quid, para usar essas leis, passando às experiências, a fim de ordená-las de acordocom elas, ainda que não simpliciter, e para remontar ao conhecimento das próprias causas das forças que agem segundo essas leis. Desse modo, torna-se igualmente compreensível o fenômeno interno do entendimento humano, a saber, porque pretensas maravilhas da natureza, isto é, fenômenos suficientemente atestados, embora contrários ao bom senso, ou condições das coisas que se apresentam de uma maneira inesperada, afastando-se das leis da natureza conhecidas até o presente, são tomados com avidez e são fatos excitantes para o espírito, por todo o tempo, no entanto, em que são considerados como naturais, embora possa ocorrer, ao contrário, que o espírito sofra o impacto pela notícia de um milagre verdadeiro. No primeiro caso, de fato, abre-se a perspectiva de uma aquisição nova para alimentar a razão e os fenômenos fazem surgir a esperança de descobrir novas leis naturais; ao contrário, no segundo, desperta-se o cuidado que consiste em perder igualmente a confiança naquelas que já eram consideradas como conhecidas. Ora, quando a razão se encontra privada das leis da experiência, para nada mais é útil num mundo tão encantado, nem mesmo para o uso moral nesse mundo, a fim de cumprir o dever que lhe compete, pois não se sabe mais se, nos motivos morais, não se realiza sem que nos demos conta dos milagres, das mudanças que ninguém pode saber se deve atribuí-los a si próprio ou a qualquer outra causa insondável. Aqueles cuja faculdade de julgar é disposta de modo que pensam não poder ter êxito sem milagres imaginam atenuar a ofensa feita

dessa maneira à razão, admitindo que os milagres não acontecem senão raramente. Se com isso querem dizer que essa raridade já está compreendida no conceito de milagre (porque, se um acontecimento desse tipo ocorresse de maneira habitual, não poderia ser classificado como milagre), poder-se-ia, se necessário, conferir-lhe essa sutileza sofística (consistindo em transformar a questão objetiva da natureza da coisa na questão subjetiva de saber o que significa a palavra com a qual a designamos) e perguntar em contrapartida: "Raros, em que medida? Um a cada cem anos, talvez? Ou, na verdade, somente outrora, e nunca mais hoje?" O conhecimento do objeto não nos fornece aqui nada de determinante (pois, de acordo com nossa própria afirmação, esse objeto é para nós transcendente), unicamente as máximas necessárias do emprego de nossa razão serão eficazes, ao admitir os milagres ou quotidianamente (embora dissimulados sob a aparência de acontecimentos naturais) ou nunca, e, nesse último caso, não poderiam ser tomados como fundamento de nossas explicações racionais,nem das regras de nossas ações. E, como o primeiro método não concorda em absoluto com a razão, não resta senão adotar a segunda máxima, porque esse princípio não é sempre senão máxima de julgamento, não afirmação teórica. Ninguém pode exagerar a idéia que tem de sua sabedoria ao ponto de querer enunciar de uma maneira definitiva; por exemplo, que a conservação das espécies, no mais alto grau possível, no reino vegetal e animal, porquanto cada geração nova reproduz seu original em cada primavera com toda a perfeição interior do mecanismo e até mesmo (como no reino vegetal) com toda a beleza tão terna do colorido, sem o menor enfraquecimento, sem que as forças, por outro lado, tão destrutivas da natureza inorgânica durante o mau tempo do outono e do inverno possam nesse ponto ter influenciado em suas sementes – que seja, repito, uma simples conseqüência das leis naturais sem querer reconhecer se todas as vezes esse resultado não requer antes uma influência imediata do Criador. Entretanto, essas são experiências; para nós, elas não poderiam, portanto, ser outra coisa senão efeitos naturais e jamais devem ser julgadas de modo diferente. É o que exige, de fato, a modéstia da razão em suas pretensões. Transgredir esses limites é algo desmesurado e orgulho, embora se pretenda, na maioria das vezes, quando se admite o milagre, dar prova de uma maneira de pensar que se humilha e renuncia a si mesma.

Terceira parte

Triunfo do princípio bom sobre o mau; Estabelecimento de um reino de Deus na terra

A luta que nessa vida todo homem, moralmente bem intencionado, deve sustentar sob a direção do princípio bom contra os ataques do mau não pode, qualquer que seja seu esforço, proporcionar-lhe maior vantagem do que liberá-lo da *dominação* deste último. Tornar-se *livre*, "ser libertado da servidão sob a lei do pecado para viver segundo a justiça" (*Epístola aos Romanos*, VIII, 2), esse é o benefício supremo que pode obter. Não fica menos exposto e sempre aos ataques do princípio mau e, para assegurar sua liberdade continuamente atacada, deve necessariamente permanecer sempre armado para o combate.

O homem se encontra, no entanto, nessa perigosa situação por sua própria culpa. Por conseguinte, é *obrigado* a empenhar-se, pelo menos o quanto puder, para sair dessa situação. Mas como? Aí está a questão. Se considerar causas e circunstâncias que o expõem desse modo ao perigo e o mantêm nele, pode facilmente convencer-se que elas se originam menos de sua própria natureza bruta se fica isolado, do que dos homens com os quais está próximo ou tem relações. Não é por causa das excitações de sua natureza que as *paixões*, que falando propriamente assim devem ser designadas, se revelam nele, elas que causam tão grandes devastações em suas disposições primitivamente boas. Suas necessidades são fracas e o estado de seu espírito, quando se ocupa em satisfazê-las, permanece moderado e calmo. Não é pobre (ou não se considera como tal) senão na medida em que receia que outros o considerem como tal e possam por essa razão desprezá-lo.

A inveja, a sede de dominação, a cobiça e as inclinações odiosas que nele subsistem perturbam de imediato sua natureza modesta por si mesma, *quando se encontra entre os homens*, e não é mesmo necessário supor que esses já estejam mergulhados no mal e dêem exemplos tentadores, bastando-lhes estar presentes, cercá-lo, e ser homens que se corrompem mutuamente em suas disposições morais, tornando-se maus uns aos outros.

Se, portanto, não se pudesse encontrar meios para edificar uma união que tivesse propriamente como finalidade prevenir o mal e promover o bem, no homem, enquanto sociedade constituída, desenvolvendo-se sempre e unicamente organizada em vista da conservação da moralidade que lutaria contra o mal com todas as forças unidas, então este último, ainda que o homem, tomado individualmente, tenha podido fazer de tudo para se destacar de seu império, haveria de mantê-lo sem cessar no perigo de recair sob sua dominação. Por conseguinte, a dominação do princípio bom, enquanto for possível para os homens contribuir para tanto, não pode ser realizada na medida em que podemos julgar, senão pelo estabelecimento e pelo desenvolvimento de uma sociedade organizada segundo as leis da virtude e em vista dessas leis; de uma sociedade que a razão impõe a todo o gênero humano como tarefa e como dever, para que se forme em toda a sua extensão. Somente assim é que se pode esperar uma vitória do princípio bom sobre o mau. A razão, legisladora moral, além das leis que prescreve a todo indivíduo, iça ainda uma bandeira da virtude, sinal de reunião para todos aqueles para os quais o bem é caro, a fim de que se reúnam em torno dele e o levem a vencer, acima de qualquer coisa, o mal que os ataca sem trégua.

Uma união entre homens sob simples leis de virtude, seguindo as prescrições dessa idéia, pode ser chamada uma sociedade *ética* e, não medida em que essas leis são de ordem pública, uma sociedade *civil ética* (em oposição à sociedade civil jurídica), ou ainda uma comunidade *ética*. Essa comunidade pode subsistir numa comunidade política e até mesmo compreender todos os membros (por outro lado, sem ter essa última como fundamento não poderia de maneira alguma ser instituída pelos homens). Entretanto, a sociedade ética tem um princípio de união especial e que lhe é particular (a virtude) e, por conseguinte, também uma forma e uma constituição que se distinguem essencialmente daqueles da outra comunidade. Existe, contudo, entre as duas comunidades consideradas de uma maneira geral como tais uma certa analogia. Sob esse ponto de vista, a primeira pode igualmente ser chamada *estado ético*, isto é, um reino da virtude (do princípio bom), cuja idéia tem na razão humana sua realidade objetiva, solidamente fundada (enquanto dever de se unir num Estado desse tipo), embora subjetivamente não se possa jamais esperar da boa vontade dos homens que pretendem decidir-se por trabalhar para essa finalidade na concórdia.

Primeira Seção

Representação filosófica do triunfo do princípio bom pelo estabelecimento de um reino de Deus na terra

I – O estado de natureza ético

Um *estado jurídico-civil* (político) é a relação dos homens entre si, enquanto são regidos em comum por leis de direito de ordem pública (que são todas leis de opressão). Um estado *ético-civil* é um estado em que se encontram reunidos sob leis não opressivas, ou seja, simples *leis de virtude.*

Ora, da mesma forma que opomos ao primeiro estado o estado de direito (que nem por isso é sempre legítimo), isto é, o *estado de natureza, jurídico*, distinguimos deste último o *estado de natureza, ético*. Num e noutro, cada um procura para si sua própria lei e não tem lei externa, à qual pudesse reconhecer-se submisso como todos os outros. Num e noutro, cada um é seu próprio juiz e não existe autoridade *pública*, mestra do poder determinante, seguindo leis com força executória, o que no caso em que ocorre é o dever de todos, tornando o dever uma prática geral.

Numa comunidade política já existente todos os cidadãos se sentem como tais, mas num *estado de natureza ético* e são autorizados a nela permanecer, pois seria uma contradição (*in adjecto*) se essa comunidade devesse obrigar seus cidadãos a entrar nessa sociedade ética, porquanto esta última, por força de seu conceito, comporta a liberação da opressão. Toda comunidade política pode desejar sem dúvida que nela se encontre uma dominação exercida sobre os espíritos segundo as leis da virtude, pois nos casos em que seus meios de coerção não sejam suficientes, porque o juiz humano não pode penetrar o interior dos outros homens, as intenções virtuosas produziriam o que se deseja. Mas, infeliz do legislador que quisesse estabelecer pela coerção uma constituição de fins éticos, pois não somente procederia de modo contrário a essa constituição, mas solaparia sua constituição política e lhe tiraria toda a solidez. O cidadão do corpo político relativamente à competência legislativa desse permanece, portanto, inteiramente livre, mesmo que queira entrar igualmente numa sociedade ética com outros concidadãos, ou que prefira permanecer num estado de natureza desse gênero. Não é senão enquanto uma comunidade ética deve todavia necessariamente repousar em leis públicas e possuir uma constituição que nelas se apóie, que aqueles que voluntariamente se associam para nela entrar deveriam não se deixar comandar pelo poder político como é preciso ou não administrá-lo interiormente, mas aceitar restrições, isto é, a condição de que nada há que se oponha ao dever de seus membros como cidadãos do Estado, embora, se a primeira associação é de boa qualidade, não há porque temer esse último caso.

Por outro lado, como os deveres morais se referem ao gênero humano em seu conjunto, o conceito de uma comunidade ética se relaciona sempre com o ideal de uma totalidade de todos os homens e se distingue por isso daquele de uma sociedade política. Esse é o motivo pelo qual uma multidão de gente reunida nessa intenção não pode ainda ser chamada de comunidade ética, mas somente uma associação particular que tende à unanimidade com todos os homens (mesmo com todos os seres definidos racionais) para edificar uma totalidade ética absoluta, da qual toda sociedade parcial não passe de uma representação ou esquema, cada uma, com efeito, podendo por sua vez ser representada com relação a outras dessa espécie como se estivesse no estado de natureza ética, nele incluídas todas as imperfeições desse último (por outro lado, ocorre igualmente o mesmo com os diversos Estados políticos que não estão unidos por um direito público das gentes).

II – O homem deve sair do estado de natureza ético para tornar-se membro de uma comunidade ética

Do mesmo modo que um estado de natureza jurídica é um estado de guerra de todos contra todos, assim também o estado de natureza ética é um estado de ataques incessantes desencadeados pelo mal que se encontra igualmente em todos os homens que (como foi assinalado anteriormente) pervertem uns pelos outros sua disposição moral. E mesmo quando cada indivíduo estivesse imbuído de boa vontade, eles se afastam por conseguinte pela ausência de um princípio que os pudesse unir, por causa de seus desacordos com relação à finalidade comum do bem, precisamente como se fossem os *instrumentos do mal* e se colocam mutuamente em perigo de cair novamente sob sua dominação. Ora, como além disso o estado em que reinam uma liberdade e uma independência de toda lei coercitiva, anárquicas e exteriores (brutais), constitui um estado de injustiça e de guerra de todos contra todos, de onde o homem deve sair para entrar num estado político e civil[35], o estado de natureza ética é uma luta mútua e pública contra os princípios da virtude e uma condição de imoralidade interior, da qual o homem natural deve esforçar-se por sair o mais rápido possível.

Estamos aqui, portanto, em presença de um dever de caráter particular, não dos homens para com os homens, mas do gênero humano para consigo mesmo. Cada espécie de seres racionais é, de fato, destinada objetivamente, na idéia da razão, a um fim comum, ou seja, ao avanço do bem supremo enquanto bem comum. Ora, como o bem moral supremo não se realiza pelo esforço de uma pessoa em particular, em vista de atingir sua própria perfeição moral, mas ao contrário exige a união numa totalidade em vista da mesma finalidade, um sistema de pessoas bem intencionadas, no qual e somente graças à unidade do qual esse bem pode ser realizado, mas que, por outro lado, a idéia de semelhante totalidade, república universal fundada em leis de virtude, é uma idéia inteiramente diferente de todas as leis morais (que se referem ao que sabemos estar em nosso poder), consistindo em agir em vista de uma totalidade que não podemos saber se ela está, como tal, igualmente em nosso poder, esse *dever*, por conseguinte, é por seu gênero e por seu princípio diferente de todos os outros. Presume-se de antemão que esse dever exige a suposição de outra idéia, a saber, aquela de um ser moral superior que, graças a suas disposições gerais, associa as forças insuficientes dos indivíduos em vista de um resultado comum. Entretanto, é preciso, antes de mais nada, deixar-nos guiar

[35] A tese de Hobbes "Status hominum naturalis est bellum omnium in omnes" só tem um defeito. Deveria, de fato, ser formulada "Est status belli, etc.", pois, mesmo que não se concorde que nem sempre reine entre pessoas, não regidas por leis exteriores e públicas, verdadeiras hostilidades, o estado no entanto dessas pessoas (status juridicus), isto é, a relação na e pela qual são suscetíveis de direitos (de sua aquisição e de sua conservação) é um estado em que cada um quer ser ele próprio juiz daquilo que lhe parece ser seu direito frente aos outros, sem ter, por outro lado, mesmo a esse respeito, nenhuma garantia de sua parte, nem poder fornecê-la, com exceção da força própria de cada um; esse é um estado de guerra em que cada um deve estar constantemente armado contra o outro. A segunda tese do mesmo Hobbes "Exeundum esse e statu naturali" é uma conseqüência da primeira, pois esse estado é uma lesão contínua dos direitos de todos os outros, em decorrência da pretensão de ser juiz em sua própria causa, sem fornecer aos outros homens outra garantia quanto o que lhes pertence, a não ser seu próprio arbítrio.

de uma maneira geral pelo fio condutor dessa necessidade moral e verificar para onde nos haverá de levar.

III – O conceito de uma comunidade ética é aquele de um povo de Deus regido por leis éticas

Para constituir uma comunidade ética é necessário que todos os indivíduos se submetam a uma legislação pública e que todas as leis que os unem possam ser consideradas como os mandamentos de um legislador comum. Ora, se a comunidade a criar devesse ser de ordem *jurídica*, é a multidão que, ao unir-se numa totalidade, deveria ser ela própria legisladora (para essas leis constitucionais), porque a legislação parte do princípio *de restringir a liberdade de cada um às condições que lhe permitem coexistir com a liberdade de outrem, segundo uma lei geral*[36]. Disso se segue que a vontade geral estabelece nesse caso uma obrigação legal exterior, mas se a comunidade deve ser *ética*, o povo, como tal, não pode ser considerado ele próprio legislador. De fato, numa comunidade desse gênero todas as leis têm particularmente como finalidade a melhoria da *moralidade* dos atos (que, por ser uma coisa totalmente *interior*, não pode portanto ser regida por leis públicas humanas), quando, ao contrário, essas últimas, constituindo uma comunidade jurídica, não visam senão a *legalidade* dos atos, aquela que transparece à vista, e não a moralidade (interior), da qual unicamente se trata aqui.

É necessário, portanto, que outro, que não seja o povo, possa ser apresentado como legislador público para uma sociedade ética. As leis éticas, no entanto, não podem ser concebidas como derivadas unicamente *na origem* da vontade desse superior (como estatutos que, por exemplo, não obrigariam sem ter sido precedidos por sua ordem), porque então não seriam leis éticas e o dever, em conformidade com elas, não seria mais uma virtude livre, mas uma obrigação jurídica, suscetível de opressão. Assim, só pode ser concebido como legislador supremo de uma comunidade ética aquele com relação ao qual todos os *verdadeiros deveres* éticos devem ser representados como sendo

[36] É o princípio de todo direito externo.

ao *mesmo* tempo seus mandamentos[37]. Esse deve, por conseguinte, conhecer também os corações para penetrar até mesmo no mais profundo íntimo das intenções de cada um e para levar cada um a obter, como deve ocorrer em toda comunidade, o que merecem suas obras. Ora, esse é o conceito de Deus enquanto Soberano moral do universo. Desse modo, não se pode conceber uma comunidade ética senão como um povo regido por leis divinas, ou seja, como um *povo de Deus* que obedece a *leis morais*.

Poder-se-ia igualmente conceber sem dúvida um povo de Deus regido *segundo leis estatutárias*, ou seja, leis cuja observância comporta não a moralidade, mas unicamente a legalidade dos atos. Ter-se-ia então uma sociedade jurídica em que Deus seria, na verdade, o legislador (sua *constituição* seria, pois, teocrática), mas seriam homens que, enquanto sacerdotes, recebendo imediatamente dele suas ordens, dirigiriam um governo aristocrático. Uma constituição desse gênero, contudo, cuja existência e forma repousam inteiramente em razões históricas, não é aquela que forma o problema da pura razão, legisladora moral e cuja solução única representa aqui o objeto de nossas pesquisas. Passaremos a examiná-la na seção histórica como instituição estabelecida segundo leis político-civis, cujo legislador é de fora, embora seja Deus; mas agora só temos que considerar uma constituição cuja legislação é puramente interior, uma república submetida a leis de virtude, ou seja, um povo de Deus "que deveria trabalhar em boas obras".

A um tal *povo* de Deus pode-se opor a idéia de um *bando* do princípio mau que seria a associação daqueles que são seus partidários para espalhar o mal, ao qual importa não permitir a formação da sociedade oposta, embora aqui também o princípio em luta com as intenções virtuosas se encontre igualmente em nós e não seja representado, senão figuradamente, como potência exterior.

[37] A partir do momento que uma coisa é reconhecida como um dever, não passaria de um dever imposto pelo simples arbítrio de um legislador humano, embora seja também uma lei divina obedecer-lhe. É verdade que não podem ser designadas de mandamentos de Deus as leis civis estatutárias, no entanto, se forem legítimas, observá-las é também um mandamento divino. A proposição "Deve-se obedecer a Deus antes que aos homens" significa simplesmente que, se esses últimos propõem uma coisa má em si (diretamente contrária à lei moral), não é permitido obedecer-lhes e mesmo não se deve, inversamente, se se opuser a uma lei político-civil, em si não imoral, uma lei estatutária considerada como divina, pode-se considerar essa última como uma falsidade porque está em contradição com um dever evidente, mesmo que não possa jamais ser atestado de maneira suficiente por indícios empíricos que esse seja verdadeiramente um mandamento divino, a ponto de transgredi-lo pensando ser contudo um dever estabelecido.

IV – A idéia de um povo de Deus (numa organização humana) só pode se realizar sob forma de Igreja

A idéia sublime, sempre impossível de realizar plenamente, de uma cidade ética diminui em muito nas mãos dos homens. Torna-se então, de fato, uma instituição que de qualquer maneira, não podendo representar puramente senão sua forma, acha-se muito limitada quanto aos meios de edificar semelhante conjunto nas condições da natureza humana sensível. Poder-se-ia, porém, esperar poder preparar com uma madeira tão curva alguma coisa perfeitamente reta?

Instituir um povo moral de Deus é uma obra, por conseguinte, cuja execução não pode ser esperada dos homens, mas somente do próprio Deus. Não é, contudo, uma razão para que seja permitido ao homem ficar inativo nessa tarefa e deixar a providência fazer como se fosse lícito a cada um de se ocupar unicamente de seu interesse moral particular, deixando inteiramente a uma sabedoria superior os interesses do gênero humano. Cada um deve antes, ao contrário, proceder como se tudo dependesse dele e é com essa condição somente que poderia esperar que uma sabedoria superior se dignasse conferir a seus esforços bem intencionados seu perfeito cumprimento.

O voto de todas essas pessoas de intenção boa é, portanto, o seguinte: "Que o reino de Deus venha, que sua vontade seja feita na terra". Mas o que devem organizar para que isso se realize?

Uma cidade ética sob a legislação moral de Deus é uma *Igreja* que, enquanto não for o objeto de uma experiência possível, é designada *Igreja invisível* (simples idéia da união de todos os homens retos sob o governo divino universal, imediato e moral, de modo que ela serve de arquétipo a todas aquelas que os homens se propõem instituir). A Igreja *visível* é a união efetiva dos homens numa assembléia que concorda com esse ideal. Enquanto toda sociedade submetida a leis públicas implica uma subordinação de seus membros (a relação daqueles que obedecem a suas leis com aqueles que zelam por sua observância), a massa unida nesse todo (isto é, a Igreja) forma a *comunidade*, dirigida por seus superiores, os quais (chamados doutores ou também pastores de almas) só administram os negócios do Chefe invisível e, em relação a isso, são chamados todos servidores da Igreja, do mesmo modo que na cidade política o chefe visível se denomina ele próprio às vezes o primeiro servidor do Estado, embora não reconheça ninguém acima dele (em geral nem mesmo a assembléia do povo como um todo). A verdadeira (visível) Igreja é aquela que representa o reino (moral) de Deus na terra, na medida em quem isso possa ser realizado por meio dos homens. As condições requeridas, as características por conseguinte da verdadeira Igreja são as seguintes:

1.º A *universalidade*, em decorrência, sua *unidade* numérica. Ela deve encerrar em si a disposição, isto é que, embora dividida na realidade em opiniões contingentes e desunida, é edificada no entanto com relação a sua finalidade essencial sobre princípios tais que devem forçosamente conduzi-la a uma união universal (sem, portanto, cisão em seitas).

2.º A *natureza* (a qualidade) dessa igreja, ou seja, a *pureza*, a união que repousa em motivos exclusivamente morais (purgada do absurdo, da superstição e da ilusão do entusiasmo).

3.º Sob o ponto de vista da *relação*: subordinação das *relações* ao princípio da *liberdade*, tanto da relação interior dos membros entre si, quanto da relação exterior da Igreja, com o poder político, e isso para ambos num *Estado livre* (assim não deve prevalecer nenhuma *hierarquia*, nenhum iluminismo, espécie de democracia com inspirações peculiares que possam ser diferentes, de acordo com a idéia de cada um).

4.º Sua *modalidade*: a *invariabilidade* em sua *constituição*, com exceção das disposições contingentes, modificáveis de acordo com o tempo e as circunstâncias, no que diz respeito unicamente à administração e da qual a Igreja, por outro lado, deve conter *a priori* em si mesma os princípios seguros (na idéia de sua finalidade). (Por conseguinte, deve estar submetida a leis originais, prescritas publicamente por um código, e não submetida a símbolos arbitrários que, sem autenticidade, são contingentes, expostos à contradição e variáveis).

Uma comunidade ética, portanto, enquanto *igreja*, isto é, considerada unicamente como *representando* um Estado de Deus, não tem, propriamente falando, segundo seus princípios, uma constituição semelhante a uma constituição política. A sua não é nem *monárquica* (sob a autoridade de um papa ou de um patriarca), nem *aristocrática* (sob aquela de bispos e de prelados), nem *democrática* (como aquela de sectários iluminados). Poder-se-ia, melhor, compará-la com a comunidade doméstica (família), sob a direção de um pai moral comum, embora invisível, enquanto seu santo filho que conhece sua vontade e se acha ligado também pelas laços do sangue a todos os membros dessa família, o representa para fazer com que conheçam melhor sua vontade. Eles, portanto, honram o pai em sua pessoa, formando assim entre si uma associação de corações, voluntária, universal e duradoura.

V – A constituição de toda igreja é sempre fundada em alguma crença histórica (revelada) que pode ser denominada fé da igreja e à qual sagradas Escrituras haverão de fornecer a melhor base

A *pura fé religiosa* é seguramente a única que pode fundar uma Igreja universal, porque é uma simples fé da razão que pode ser comunicada a cada um para convencê-lo, ao passo que uma crença histórica, baseada unicamente em fatos, não pode estender sua influência para mais além que o limite em que podem, segundo as circunstâncias de tempo e de lugar, chegar os dados que permitem verificar sua autenticidade. Entretanto, decorre de uma fraqueza particular da natureza humana o fato de não poder contar, tanto quanto ela o merece, com essa fé pura, para poder constituir unicamente com ela o fundamento de uma igreja.

Os homens, conscientes de sua impotência para conhecer os objetos sensíveis, mesmo que prestem a essa fé (que deve ser persuasiva para eles de uma maneira geral) toda a honra devida, não podem contudo facilmente persuadir-se que a aplicação constante em vista de uma conduta moralmente boa é tudo o que Deus exige dos homens para que se tornem em seu império súditos que lhe sejam agradáveis. Não podem praticamente sentir sua obrigação de outra forma do que como um *serviço* qualquer que devem prestar a Deus, no qual trata-se menos do valor moral, interior das ações do que cumpri-las em honra de Deus para lhe agradar, por mais indiferentes moralmente que possam ser em si, pelo menos com relação a uma obediência passiva. De modo que, quando cumprem seus deveres para com os homens (isto é, para consigo mesmos e para com os outros), cumprem com isso os mandamentos de Deus e que, por conseguinte, em tudo o que fazem, que se relacione à moralidade, estão *constantemente a serviço de Deus*, sendo absolutamente impossível servir a Deus de outra maneira (porque não podem agir e ter influência sobre outros seres do que aqueles do mundo e, de modo algum, sobre Deus). Isso é o que não pode penetrar em seu cérebro.

Neste mundo, todo grande senhor sente a necessidade particular de ser honrado por seus súditos e *glorificado* por sinais de submissão, coisas sem as quais não pode esperar deles, com relação a suas ordens, a docilidade de que tem necessidade, sem dúvida, para poder dominá-los. Por outro lado, o homem, por mais sensato que seja, sempre encontra um prazer imediato ao prestar honras. É por isso que se trata o dever enquanto é também mandamento celestial, como se se tratasse de um negócio do interesse de Deus, não do homem, e assim se forma o conceito de uma religião *cultual*, em lugar do conceito de uma religião puramente moral.

Como toda religião consiste em considerar a Deus, com relação a todos os nossos deveres, como o legislador que é preciso honrar universalmente, importa, quando se define a religião do ponto de vista da conduta que devemos ter a seu respeito, saber *como Deus quer* ser honrado e obedecido. Ora, uma vontade divina legisladora ordena, tanto por meio de leis *simplesmente estatutárias* em si, quanto por meio de leis *puramente morais*.

Com relação a estas, cada um pode por si, graças à sua razão própria, reconhecer a vontade de Deus sobre a qual se baseia a religião, porque, na verdade, o conceito da divindade não resulta senão da consciência dessas leis e da necessidade que a razão tem de admitir um poder que possa produzir num mundo todo efeito possível, em harmonia com o fim moral supremo. O conceito de uma vontade divina, determinada segundo leis puramente morais, não nos permite conceber senão *um só Deus* e, por conseguinte, também *uma só* religião, puramente moral em si. Mas se acatarmos leis estatutárias de Deus e se fizermos consistir a religião na observância dessas, não podemos conhecê-las por meio de nossa simples razão, mas unicamente por uma revelação que, seja transmitida a cada indivíduo secreta ou publicamente para ser difundida entre os homens pela tradição ou pela Escritura, seria uma *fé histórica* e não uma *fé racional pura*.

Entretanto, não se pode admitir igualmente leis divinas estatutárias (que não podem ser reconhecidas como tais por si mesmas enquanto obrigatórias, mas somente enquanto vontade divina revelada). A pura legislação *moral*, contudo, graças à qual a vontade de Deus está inscrita na origem em nosso coração não é somente a condição decisiva de toda verdadeira religião em geral, mas é igualmente o que, na verdade, a constitui, uma vez que a religião estatutária não pode encerrar senão o meio destinado a aperfeiçoá-la e a difundi-la.

Ora, se é preciso dar à pergunta "Como Deus quer ser honrado?", uma resposta de valor geral, para todo homem, *considerado como homem somente*, não poderia haver hesitação sobre esse ponto, a de que a legislação querida por Deus não pode jamais ser senão simplesmente *moral*, pois a legislação estatutária (que supõe uma revelação) só pode ser considerada como contingente e como uma legislação que não chegou ou não pode chegar a todo homem; não pode, portanto e por conseguinte, ser considerada como obrigatória de uma maneira geral. Assim, "Não são aqueles que clamam Senhor, Senhor!, mas aqueles que fazem a vontade de Deus" (Evangelho de Mateus, VII, 21), não são, portanto, aqueles que o glorificam (ou a seu enviado enquanto ser de origem divina), segundo idéias reveladas que nem todos dispõem delas, mas sim aqueles que se esforçam para ser agradáveis a ele por uma boa conduta – e cada um em particular conhece a esse respeito a vontade de Deus – que lhe dão testemunho da verdadeira veneração que ele exige.

Se, no entanto, nos consideramos obrigados a nos comportar não somente como homens, mas também como *cidadãos*, num Estado divino na terra, e a contribuir para a existência de semelhante associação sob o nome de igreja, a pergunta "Como Deus quer ser honrado *numa igreja*?" (enquanto comunidade de Deus), não parece poder ser resolvida pela razão pura, mas parece necessitar de uma legislação estatutária que nos leve a conhecer somente uma revelação, por conseguinte uma fé histórica que pode ser denominada, em oposição à pura fé religiosa, a crença de igreja. De fato, para a primeira, trata-se simplesmente daquilo que constitui a matéria da adoração de Deus, isto é, a observância, efetuada numa intenção moral, de todos os deveres enquanto seus mandamentos. Mas uma igreja, associação de muitos homens inspirados nesses sentimentos em vista de prover a formação de uma cidade moral, exige que se absolva uma obrigação pública, impõe uma certa forma eclesiástica apoiada em condições empíricas, forma em si contingente e diversa que não pode, por conseguinte, ser reconhecida como um dever se não existirem leis divinas estatutárias. Não se deve, por essa razão, considerar de imediato a determinação dessa forma como uma tarefa reservada ao legislador divino. Pode-se antes admitir, não sem fundamento, que, segundo a vontade divina, deveríamos nós próprios realizar a idéia racional de uma cidade desse gênero. E embora os homens, é verdade, tenham feito a tentativa sem sucesso de muitas formas de igreja, não devem contudo cessar de perseguir esse fim por novas tentativas, segundo a necessidade, procurando evitar da melhor maneira as falhas das precedentes. Essa tarefa, que é também para eles um dever, compete, por outro lado, inteiramente a eles. Não há lugar, portanto, quando se trata da fundação e da forma de uma igreja, para considerar as leis precisamente como divinas, estatutárias; ao contrário, é temerário considerá-las como tais, a fim de evitar a dificuldade de continuar a melhorar a forma. Seria, aliás, usurpar um poder de ordem superior impor à multidão um jugo de normas eclesiásticas, sob pretexto de uma autoridade divina. Por outro lado, seria presunção negar realmente que a maneira pela qual uma igreja está organizada não poder ser igualmente uma organização particular de Deus se, até o ponto em que podemos julgar, se encontra em perfeito acordo com a religião moral e, além disso, não se poderia compreender como ela pôde aparecer de repente, sem que os progressos do público em questão de conceitos religiosos, tenham sido suficientemente preparados.

Ora, a dúvida que paira sobre o problema de saber se é Deus os próprios homens que devem fundar uma igreja demonstra o pendor desses últimos por uma religião cultual (*cultus*) e como esta repousa em prescrições arbitrárias para uma fé em leis divinas estatutárias, presumindo-se que deva acrescentar à melhor conduta (que o homem pode sempre adotar seguindo a prescrição da pura religião moral) e acima dela uma legislação divina que a razão não pode compreender e que necessita, ao contrário, uma revelação; pretende-se prestar assim uma homenagem direta ao ser supremo (mas não por obediência a suas leis que já nos foram prescritas pela razão). Desse modo, acontece que os homens não haverão de considerar jamais a união numa igreja, o acordo sobre a forma a lhe conferir e até mesmo as instituições *públicas* para a melhoria do elemento moral na religião, como necessárias em si, mas somente com o objetivo de servir seu Deus, como dizem, por meio de solenidades, confissões de fé referentes a leis reveladas e por meio da observância das prescrições relativas à forma da Igreja (que não é, contudo, senão um simples meio); essas observâncias não são realmente, é verdade, senão atos moralmente indiferentes, mas que são considerados como sendo tanto mais agradáveis a Deus que devem ser cumpridos somente por amor dele. Em decorrência, no esforço humano em vista da edificação de uma cidade ética, a crença de igreja precede naturalmente a pura fé religiosa. Houve, portanto, templos (edifícios consagrados ao culto público) antes de haver *igrejas* (locais de reuniões destinados ao ensino e à animação dos sentimentos morais, bem como sacerdotes (ordenados administradores de piedosos costumes) vieram antes dos eclesiásticos (mestres da pura religião moral), em que a multidão lhes atribui ainda, na maioria das vezes, o primeiro lugar com relação ao grau e à qualidade.

Se, portanto, não se pode impedir que uma crença de *igreja* estatutária se associe à pura fé religiosa como veículo e meio da associação pública dos homens para a melhoria dessa última fé, é necessário confessar também que sua conservação invariável, sua extensão geral uniforme e mesmo o respeito pela revelação que nela é admitida dificilmente podem ser assegurados por *tradição*, mas de uma forma satisfatória somente pela *Escritura* que ela mesma deve por sua vez tornar-se para os contemporâneos e seus descendentes um objeto de respeito, pois isso vem em proveito da necessidade que os homens têm de estar seguros de seu dever cultual. Um livro sagrado é adquirido mesmo por aqueles (e sobretudo por aqueles) que não o lêem ou que, pelo menos, não podem extrair dele um conceito religioso bem concatenado; a maior consideração e todos os arrazoados são inúteis diante dessa sentença soberana que faz cair todas as objeções: "*Está escrito*." É por isso que as passagens que devem expor um ponto da fé são chamadas precisamente *sentenças*. Aqueles que são destinados a comentar semelhante livro, em razão precisamente desse trabalho são pessoas de alguma forma sagradas e a história prova que nenhuma fé baseada na Escritura pôde ser extirpada, mesmo pelas mais devastadoras revoluções de Estado, enquanto que a fé que se havia baseado na tradição e em antigas observâncias públicas foi aniquilada com a ruína do Estado. Que felicidade[38], quando semelhante livro que chegou às mãos dos homens contém também, com seus estatutos como leis da fé, a doutrina religiosa mais pura em sua totalidade que pode harmonizar-se com esses estatutos (veículo de sua introdução) da maneira mais feliz. Nesse caso, tanto por causa da finalidade a atingir com isso, como pela dificuldade em dar-se conta, segundo leis naturais, da origem de semelhante iluminação do gênero humano efetuada por ele, esse livro pode pretender, de alguma forma, revestir-se da autoridade de uma revelação.

---

[38] É uma expressão que se aplica a tudo aquilo que, desejado ou desejável, não podemos contudo prever nem produzir por nossos próprios esforços, segundo as leis da experiência; se quisermos, portanto, destacar sua causa, não podemos indicar qualquer outra senão uma providencia benevolente.

Acrescentemos ainda algumas observações que se ligam a esse conceito de fé revelada.

Só existe *uma religião* (verdadeira), mas podem existir muitas formas de *crença*. Pode-se acrescentar que nas diversas igrejas que se separaram umas das outras por causa da diversidade de seu gênero de crença, pode-se, no entanto, encontrar uma só e mesma verdadeira religião.

Com maior propriedade (e é também mais usual) convém dizer "este homem é de tal ou qual confissão" (judaica, muçulmana, cristã, católica, luterana) do que "pertence a tal ou qual religião". Esta última expressão não deveria até mesmo ser empregada justamente quando alguém se dirige ao grande público (no catecismo ou nos sermões), pois, para ele, é muito elevado e ininteligível. Além do mais, as línguas modernas não oferecem um termo que seja equivalente a essa expressão. Por essa expressão o homem do povo entende sempre sua fé de igreja que lhe cai sob os sentidos, enquanto que a religião se oculta interiormente e depende de intenções morais. Para a maioria das pessoas é pomposo demais ao dizer deles: professam tal ou qual religião. De fato, eles não conhecem e não pedem nenhuma; a fé de igreja estatutária, é tudo o que eles entendem por essa expressão. É por isso que as pretensas querelas religiosas que muitas vezes abalaram o mundo, regando-o com sangue, jamais foram outra coisa senão disputas sobre a crença de igreja e o homem oprimido não se queixava na realidade porque era impedido de ficar ligado a sua religião (o que não pode nenhuma potência exterior), mas porque não lhe era permitido praticar publicamente a fé de igreja.

Ora, quando uma igreja, como usualmente ocorre, se faz passa ela própria como a única igreja universal (embora esteja estabelecida sobre uma fé revelada particular que, enquanto histórica, não pode ser exigida de nenhuma forma de todos), aquele que não reconhece essa fé de igreja (particular) é chamado por ela *descrente* e ela o odeia de todo o seu coração. Quanto àquele que só se afasta parcialmente (naquilo que é essencial), ela o denomina *heterodoxo* e o evita pelo menos como contagioso. Finalmente, se está ligado verdadeiramente à mesma igreja, afastando-se contudo das crenças dessa no essencial (isto é, aquilo que é tido como essencial), é designado, notadamente quando difunde sua heterodoxia, um *herege*[39] e é considerado, como

[39] Os mongóis chamam o Tibet (de acordo com George, Alphab. Thibet, p. 11) Tangout-Chadzar, isto

rebelde, como passível de punição muito mais que um inimigo de fora; é expulso da igreja por um anátema (como os romanos pronunciavam contra aquele que passava o Rubicão sem o consentimento do senado) e é entregue a todos os deuses infernais. A pretensa doutrina única e rigorosa, segundo os doutores ou os chefes de uma igreja em questão de fé de igreja, é denominada *ortodoxia* e poderia muito bem ser dividida em ortodoxia *despótica* (*brutal*) e em ortodoxia *liberal*.

Quando uma igreja declara que sua crença particular é obrigatória universalmente, deve ser chamada *católica*, mas aquela que contradiz essas pretensões de outras igrejas (embora lhe aprouvesse muitas vezes praticar ela própria semelhantes, se pudesse) é designada *protestante*; um observador atento constataria não poucos exemplos louváveis de católicos protestantes e, ao contrario, ainda mais exemplos escandalosos de protestantes arquicatólicos. O primeiro caso se refere a homens cuja mentalidade se alarga (embora não seja, sem dúvida, aquela de sua igreja); com eles, os outros apresentam, em razão de seu espírito *limitado*, um singular contraste que não retorna em seu benefício.

VI – A fé eclesial tem por supremo intérprete a pura fé religiosa

Observamos que, embora falte a uma igreja o sinal mais importante da verdade, ou seja, uma legítima pretensão à universalidade, quando essa igreja se baseia numa fé revelada que, enquanto histórica (ainda que difundida ao longe pela Escritura e assegurada assim para a posteridade mais distante) não é, contudo, suscetível de uma comunicação universalmente convincente, é necessário, no entanto, por causa da necessidade natural a todos os homens de reclamar sempre dos conceitos e dos princípios supremos da razão algum apoio para os sentidos, alguma confirmação pela experiência ou outra coisa desse gênero (o que é preciso realmente ter em conta quando se pensa em introduzir uma fé universal), colocar em ato alguma crença eclesiástica histórica que geralmente se encontra ao alcance.

é, o país dos habitantes das casas, para distingui-los deles próprios, nômades que vivem nos desertos sob tendas. Disso deriva o termo Chadzar, do qual se origina o de herege (Ketzer, em alemão), porque os primeiros aderiam à crença tibetana (dos lamas) que concorda com o maniqueísmo e, talvez, dele extraia realmente sua origem, e a difundiram em suas invasões na Europa. É por isso que por muito tempo foram usados os termos haeretici e manichaei como sinônimos.

Entretanto, para conciliar com uma fé empírica desse gênero que não devemos, ao que parece, senão ao acaso, o fundamento de uma fé moral (que seja simplesmente fim ou meio), é necessária uma análise da revelação que nos chegou, ou seja, uma explicação geral dessa, de modo que seu sentido esteja em harmonia com as regras práticas gerais de uma pura religião da razão. De fato, o que a fé de igreja tem de teórico não poderia nos interessar moralmente se não contribuir para o cumprimento de todos os deveres humanos enquanto mandamentos de Deus (o que constitui o essencial em toda religião). Este comentário pode até mesmo parecer muitas vezes forçado com relação ao texto (da revelação). Contanto, porém, que seja possível que o texto o admita, deve-se preferi-lo a uma explicação literal que não contém absolutamente nada em si para a moralidade ou pode até mesmo contrariar seus motivos[40]. Constatar-se-á também que assim foi em todos os tempos com os diversos gêneros de crença antigos ou modernos, em parte redigidos em livros sagrados e que povos sensatos e de bom espírito os interpretaram até os colocarem de acordo, aos poucos, em seu conteúdo essencial, com os princípios gerais da crença moral.

Os filósofos moralistas entre os gregos, e em seguida entre os romanos, fizeram aos poucos outro tanto com sua mitologia fabulosa. Concordaram finalmente em interpretar o politeísmo mais grosseiro como uma simples representação simbólica das qualidades próprias do ser divino único e em atribuir às múltiplas ações imorais, bem como

[40] Para mostrá-lo com um exemplo, basta tomar o Salmo LIX, 11-16, onde se encontra uma oração pela vingança que chega até a causar espanto. Michaelis (Moral, 2.ª parte, p. 202) aprova essa oração e acrescenta: "Os salmos são inspirados; se neles se pede um castigo, não pode ser injusto e não devemos ter uma moral mais santa que a Bíblia" Atenho-me aqui a essa última expressão e pergunto: Se a moral deve ser explicado segundo a Bíblia ou, melhor, a Bíblia segundo a moral? Sem questionar aqui essa passagem do Novo Testamento "Foi dito aos antigos, etc., mas eu vos digo amai vossos inimigos, bendizei aqueles que vos maldizem, etc." (Evangelho de Mateus, V, 43-44), nem procurar como pode, sendo também ele inspirado, conciliar-se com os precedentes, tentarei adaptá-lo a meus princípios morais que subsistem por si (dizendo, por exemplo, que nessa passagem entende-se não inimigos de carne e sangue, mas, sob esse simbolismo, esses inimigos invisíveis que nos são bem mais nefastos, ou seja, nossas más inclinações que devemos almejar reduzir inteiramente); ou, se essa leitura se revelasse impossível, admitiria antes que essa passagem não deve em absoluto ser entendida no sentido moral, mas segundo a relação em que os judeus pensavam encontrar-se frente a Deus, seu soberano político. Ocorre o mesmo com outra passagem da Bíblia, onde se diz: "A vingança me pertence, compete a mim castigar, diz o Senhor" (I Moisés, V, 32, 35). Geralmente é explicada como um aviso moral que proíbe a vingança privada, embora, de modo verossímil, não faça alusão senão à lei em vigor em todo Estado que quer, para obter satisfação em caso de ofensa, que se dirija ao tribunal do soberano; e não se deve considerar que a sede de vingança do pleiteante seja aprovada quando o juiz o autoriza a requerer um castigo por mais severo que seja.

aos sonhos bárbaros, belos no entanto, de seus poetas um sentido místico que aproximava uma crença popular (que não era até mesmo prudente erradicar porque poderia resultar disso um ateísmo ainda mais perigoso para o Estado) de uma doutrina moral que todos poderiam compreender e que lhes era unicamente vantajosa.

O *judaísmo* sob sua última forma e mesmo o cristianismo possuem interpretações desse gênero, em parte muito forçadas, mas, tanto num como noutro, em vista de fins incontestavelmente bons e necessários a todos os homens.

Os *maometanos* se entendem muito bem (como o demonstra Reland) em dar à descrição de seu paraíso, votado a todo tipo de sensualidade, um sentido espiritual e os hindus fazem outro tanto ao explicar seus *Vedas*, pelos menos para a porção mais esclarecida de seu povo.

Ora, se isso pode ser feito sem ferir em demasia o sentido literal da crença popular, deve-se atribuí-lo a que, muito antes dessa crença, a disposição à religião moral se encontrava oculta na razão humana. É certo que suas primeiras manifestações grosseiras se referiam unicamente para uso do culto, dando lugar, com essa mesma finalidade, a pretensas revelações. Por isso mesmo, porém, colocaram também alguma coisa que provém do caráter de sua origem supra-sensível nesses poemas, involuntariamente, a bem da verdade. Não se pode tampouco acusar de deslealdade semelhantes explicações, sob a condição, contudo, de não querer sustentar que o sentido que damos aos símbolos da fé popular ou mesmo aos livros sagrados seja absolutamente aquele que tiveram em vista, mas admitir somente sem aprofundar mais, a *possibilidade* de compreender assim os autores dessas obras. Com efeito, a própria leitura dessas Escrituras sagradas ou o estudo de seu conteúdo tem por finalidade tornar os homens melhores; mas o elemento histórico que não contribui em nada é em si uma coisa de todo indiferente, com o qual se pode fazer o que se quiser. (A fé histórica é "em si morta", isto é, que considerada em si como profissão de fé, não encerra nada que possa ter para nós qualquer valor moral).

Por conseguinte, embora um escrito tenha sido admitido como revelação divina, o critério supremo desse como tal será: "Toda Escritura inspirada por Deus é útil para instruir, castigar, tornar melhor, etc." (*Segunda Epístola a Timóteo*, 3-16). E como melhoramento moral do homem forma o fim próprio de toda religião racional, essa última encerrará por conseguinte o princípio superior de todo comentário das

Escrituras. Essa religião é "o espírito de Deus que nos guia em toda a verdade". Ora, esse espírito é aquele que, ao nos *ensinar*, nos *vivifica* também por princípios de ação e relaciona tudo o que a Escritura possa encerrar além disso, em questão de fé histórica, inteiramente às regras e aos motivos da pura fé moral que só ela constitui em qualquer fé de igreja o que essa contém de religião propriamente dita. Todo estudo e todo comentário da Escritura deve necessariamente partir do princípio que é necessário indagar sobre esse espírito e "não se pode encontrar nela a vida eterna a não ser enquanto der testemunho desse princípio".

Há ainda outro intérprete associado a esse comentador da Escritura, embora lhe seja subordinado, ou seja, o doutor da lei. A autoridade da Escritura, o instrumento mais digno e agora o único na parte do mundo mais esclarecida, para unir todos os homens numa igreja, constitui a crença de igreja que, enquanto fé popular não poderia ser negligenciada, porque nenhuma doutrina, baseada somente na razão, parece convir ao povo como norma invariável e que exige uma revelação divina e, conseqüentemente, uma atestação histórica da autoridade dessa última, deduzida de sua origem. Ora, como a arte e a sabedoria dos homens não podem subir aos céus para verificar por si a carta de crédito atestando a missão do primeiro Mestre, mas que devem contentar-se com os indícios que podem ser deduzidos, fora do conteúdo, da maneira também pela qual essa fé foi introduzida, isto é, por informações humanas que devem ser procuradas nos tempos muito antigos e em línguas hoje mortas, para apreciar sua credibilidade histórica. A *ciência da Escritura* é, pois, requerida para conservar a autoridade de uma igreja fundada em Escrituras sagradas, mas não para uma religião (pois essa deve sempre, para ser universal, basear-se na razão pura). Essa ciência, contudo, não tem outro resultado senão estabelecer que a origem dessa fé de igreja não encerra nada que torne impossível admiti-la como revelação divina imediata. Isso seria suficiente para não incomodar aqueles que imaginam encontrar nessa idéia uma afirmação de sua fé moral e a aceitam por conseguinte de boa vontade.

Pela mesma razão não somente a *verificação*, mas também a *exegese* da Escritura sagrada tem necessidade de ciência, pois, como o homem ignorante, que não pode lê-la senão em suas traduções, pode estar seguro de seu significado? Esse é o motivo porque o exegeta, que conhece a fundo também a língua original, deve possuir a mais um conhecimento e uma crítica históricos amplos para conferir, se necessário, aos costumes e às opiniões (a crença popular) da época de então os meios para esclarecer a inteligência da comunidade da igreja.

A religião da razão e a ciência da Escritura são, portanto, os verdadeiros exegetas e depositários competentes de um documento sagrado. Salta aos olhos que o braço secular não deve de modo algum impedi-los de usar publicamente suas idéias e suas descobertas nesse domínio, nem ligá-los a certos artigos de fé, pois então leigos obrigariam os clérigos a ter seus mesmos pontos de vista que, no entanto, eles tomam dos ensinamentos desses mesmos clérigos. É suficiente que o Estado se preocupe para que não faltem homens eruditos e de boa reputação em questão de moralidade, a fim de administrar em sua totalidade os negócios da igreja e a cuja consciência confia o cuidado, realizando desse modo tudo o que exigem seu dever e sua competência. Mas introduzir esses homens nas escolas e misturar-se a suas discussões (as quais, quando não são proferidas do alto da cátedra, deixam na mais completa paz o público da igreja) é o que o público não pode exigir do legislador sem indiscrição porque essa pretensão está abaixo da dignidade desse.

Apresenta-se um terceiro pretendente à função de intérprete que não tem necessidade nem de razão nem de ciência, mas somente de um *sentimento* interior, para captar o sentido verdadeiro da Escritura e, ao mesmo tempo, sua origem divina. É bem verdade que não se pode negar que "aquele que se conforma com a doutrina da Escritura, fazendo o que ela prescreve, acha sem dúvida nenhuma que ela vem de Deus" e que mesmo o impulso às boas ações e à honestidade da conduta que deve assumir o homem que a lê ou que entende sua exposição, deve convencê-lo de seu caráter divino, porque não é outra coisa senão o efeito da lei moral que enche o homem de um santo respeito e que tem direito, por essa razão, a ser considerado como um mandamento divino. Mas caso não se possa elevar-se por algum sentimento ao conhecimento das leis e de sua moralidade, menos ainda se pode deduzir por um sentimento ou descobrir, graças a ele, o sinal certo de uma influência divina imediata, porque um mesmo efeito pode ter mais de uma causa e, nesse caso, a simples moralidade da lei (e da doutrina) reconhecida pela razão é sua causa; e mesmo que não subsistisse aqui relação senão com a possibilidade dessa origem, é um dever interpretá-lo nesse sentido, se não se quiser abrir demasiadamente a porta ao entusiasmo e privar de toda dignidade o sentimento moral não equívoco, aproximando-o de todos os outros sentimentos fantasiosos. Quando a lei em virtude da qual ou, se se quiser, segundo a qual, o sentimento se produz é conhecida anteriormente, cada um só possui esse sentimento para si, sem poder atribuí-lo a outros, nem tampouco forçá-lo como a pedra de toque da autenticidade de uma revelação, pois não ensina absolutamente nada e não encerra senão a maneira pela qual o indivíduo, com relação a seu prazer ou à sua dor, está afetado e sobre esse fundamento nenhum conhecimento pode ser estabelecido.

Não existe, portanto, nenhuma outra norma da crença de igreja senão a Escritura, nem outro intérprete dessa fé fora da pura *religião da razão* e a *ciência da Escritura* (que considera o elemento histórico). Desses intérpretes, somente o primeiro é *autêntico* e válido para todos; o segundo é somente *doutrinal* e serve para transformar a crença de igreja por certo tempo e para um certo povo num sistema determinado que se mantém de uma forma constante. No que se refere a ele, não se poderia impedir que a fé histórica não se torne finalmente uma simples crença nos doutores da lei e em sua sabedoria. O que não é particularmente honroso para a natureza humana, por certo, o remédio, na verdade, se encontra na liberdade pública de consciência que se justifica tanto mais porquanto é unicamente por esse meio que os sábios, ao submeter suas explicações ao exame de todos, permanecendo também eles próprios dispostos a acatar concepções melhores, podem contar com a confiança da comunidade em suas decisões.

VII – A passagem gradual da fé eclesial para a única autoridade da pura fé religiosa é a aproximação do Reino de Deus

O sinal distintivo da verdadeira igreja é sua *universalidade* que, por sua vez, tem como características sua necessidade e sua determinabilidade, como não sendo possível senão de uma única maneira. Ora, a fé histórica (que está baseada na revelação, enquanto experiência) só tem um valor particular, isto é, somente para aqueles para os quais se realizou a história sobre a qual se apóia e, como todo conhecimento baseado na experiência, não contém a consciência que o objeto no qual se crê deve *necessariamente* ser desse modo e não de outro, mas somente que é desse modo em si; contém por conseguinte também a consciência de sua contingência. Pode, portanto, bastar, na verdade, para a crença de igreja, mas somente a pura fé religiosa, baseada inteiramente na razão, pode ser reconhecida necessária, como a única, por conseguinte, que distingue a *verdadeira* igreja.

Por isso, embora (em conformidade com os limites inevitáveis da razão humana) uma fé histórica afete a religião pura como um fio condutor, é todavia com a consciência que ela não é o que é e então essa fé, enquanto crença de igreja, possui em si um princípio para se aproximar de uma maneira contínua da pura fé religiosa e poder, finalmente, passar esse meio, de tal modo que uma igreja dessa natureza pode muito bem ser chamada a *verdadeira* igreja. Como, porém, quando se trata de dogmas históricos da fé, a discussão não pode jamais ser evitada, não pode ser denominada senão a igreja *militante*, com a perspectiva, contudo, de tornar-se um dia a igreja invariável, universal, conciliadora, a igreja *triunfante*! A fé de todo indivíduo que contém em si mesma a disposição (dignidade) moral para a felicidade eterna é chamada *fé santificante*. Não pode, portanto, haver senão uma só e é possível encontrá-la, apesar de todas as diferenças das crenças de igreja, em todos aqueles nos quais se refere a seu fim: a pura fé religiosa, que é prática. Em contrapartida, a crença de uma religião cultual é uma fé mercenária e *servil* (*fides mercenaria, servilis*) e não pode ser considerada como a fé santificante porque não é moral. Esta última deve ser livre, com efeito, unicamente baseada nas puras intenções do coração (*fides ingenua*). Uma julga tornar-se agradável a Deus por atos (do *culto – cultus*) que (embora penosos) não têm por si nenhum valor moral e não são, por conseguinte, senão atos arrancados pelo temor ou pela esperança e um homem mau pode realizá-los igualmente; mas a outra supõe como necessária a esse efeito uma intenção moralmente boa.

A fé santificante põe duas condições a essa esperança de felicidade; uma se refere ao que o homem não pode realizar por si, isto é, fazer com que os atos realizados por ele sejam como se não tivessem sido, juridicamente (diante de um juiz divino); a outra se refere ao que ele pode e deve fazer, ou seja, viver uma vida nova em conformidade com seu dever. A primeira dessas crenças é a crença numa satisfação (absolvição de sua falta, liberação, reconciliação com Deus); a segunda consiste em acreditar que ele pode tornar-se agradável a Deus por uma vida honesta que há de levar no futuro. Essas duas condições formam uma só fé e caminham necessariamente juntas; mas não é possível dar-se conta da necessidade de sua união de outro modo que admitindo que uma pode ser deduzida da outra, seja que da fé na absolvição do pecado que pesa sobre nós resulte a boa conduta, seja que da intenção sincera e ativa de ter sempre uma boa conduta resulte a fé nessa absolvição, segundo a lei das causas morais eficientes.

Ora, aqui aparece uma notável antinomia da razão humana consigo mesmo, cuja solução, ou no caso em que não houvesse alguma possível, o regulamento poderia, de modo amigável, pelo menos, só ele decidir se uma crença histórica (de igreja) deve de uma forma constante ser acrescida à pura fé religiosa, enquanto peça essencial da fé santificante, ou se essa crença, enquanto simples fio condutor, pode ser suprimida como pura fé religiosa, por mais distante que esteja esse futuro.

1) Supondo-se que satisfação tenha sido dada pelos pecados dos homens, é seguramente compreensível que todo pecador queira adotá-la para si. E se for suficiente *crer* (o que, a guisa de explicação, significa que quer que tenha sido dada também a ele), não poderia haver então um só momento de hesitação. Entretanto, não se pode de forma alguma compreender como um homem sensato, que se reconhece passível de punição, possa pensar seriamente que só tenha que acreditar na mensagem de uma satisfação dada a ele e aceitá-la *utiliter*, como dizem os juristas para considerar sua falta como extirpada, e nesse ponto na verdade (até em sua raiz) que para o futuro também uma boa conduta, coisa para a qual até o momento sequer se preocupou, resulte infalivelmente dessa fé e do fato de aceitar o benefício que lhe é oferecido. Ninguém que se dê à reflexão poderia realizar em si mesmo semelhante fé, por maior que seja muitas vezes a tendência do amor de si para transformar o simples desejo de um bem pelo qual não se faz ou não se pode nada fazer na esperança que seu objeto, atraído pela simples apetência, se apresente espontaneamente. Não se pode imaginar isso como possível, a não ser que o homem considere essa fé como inspirada pelo céu e como uma coisa que não é necessário justificar perante a razão. Se não o puder e se ainda for demasiado sincero para fingir semelhante confiança como simples meio de insinuação, não poderá agir de outra forma, apesar de todo o seu respeito por uma satisfação tão transcendente e todo o seu desejo de auferir também seu benefício, do que considerá-la como condicionada, enquanto somente uma melhoria anterior de sua conduta, dentro dos limites de suas forças, poderia conceder-lhe um débil motivo de esperar que um mérito tão superior pudesse conferir-lhe alguma vantagem. Se, portanto, o conhe-

cimento histórico desse mérito exige fé de igreja, enquanto que a boa conduta depende da pura fé religiosa como condição, *essa fé deveria necessariamente preceder a outra*.

2) Ora, se o homem é corrompido por natureza, como poderá crer em se transformar, por mais que se esforce, num homem novo agradável a Deus, quando, consciente das transgressões das quais até então se tornou culpado, se encontra ainda submisso ao poder do princípio mau e não encontra em si mesmo uma força suficiente para fazer melhor no futuro? Se não puder considerar a justiça que levantou contra ele, como reconciliada por uma satisfação estranha, e ele mesmo, de algum modo, como regenerado por essa fé e se não puder assim, antes de tudo, inaugurar uma nova vida que seria então a conseqüência da união com ele do princípio bom, em que haveria, pois, de basear a esperança que possui de tornar-se um homem agradável a Deus? Em decorrência disso, a fé num mérito que não é o seu e que o reconcilia com Deus deve preceder no homem todo esforço para as boas obras, o que contradiz a tese precedente. Esse conflito não pode ser resolvido pelo conhecimento da determinação causal da liberdade do ser humano, isto é, das causas que fazem com que alguém se torne bom ou mau, não podendo, portanto, ser resolvido teoricamente. De fato, esse problema ultrapassa totalmente a faculdade especulativa de nossa razão. Mas no que se refere à prática em que não se trata daquilo que vem em primeira linha fisicamente, mas daquilo que vem em primeira linha moralmente para o exercício de nosso livre-arbítrio e de onde, por conseguinte, devemos partir, ou seja, da fé naquilo que Deus fez por nós ou daquilo que nós devemos fazer para nos tornarmos dignos (em qualquer coisa que isso possa consistir), é necessário decidir-se, sem hesitação possível, pela segunda parte da alternativa.

Com efeito, a admissão da primeira condição requerida para a salvação, aquela da fé numa satisfação substituída, é a rigor necessário para o conceito teórico. Não podemos nos tornar *inteligível* de outra forma a remissão. Em contrapartida, porém, a necessidade do segundo princípio é prático e puramente moral; não podemos certamente esperar participar na própria imputação de um mérito estranho satisfatório e assim na felicidade que se nos qualificarmos a isso por nosso esforço para nos desincumbir de todo dever humano, esforço que deve ser o efeito de nossa própria aplicação à exclusão de toda influência estranha que nos deixa passivos. De fato, a partir do momento em que esse último mandamento não é condicionado, é necessário que o homem faça dele, como máxima, o fundamento de sua fé e que comece por melhorar sua vida, condição suprema que somente ela pode tornar possível a fé santificadora.

A fé de igreja, enquanto histórica, começa realmente pelo primeiro princípio, mas como não contém senão o veículo da pura fé religiosa (em que encontra o fim propriamente dito), é necessário que aquilo que nessa fé, enquanto prática, constitui a condição, ou seja, a máxima do *fazer*, seja posta no começo e que aquela do *saber*, ou da fé teórica, não vise senão a confirmação e o cumprimento da primeira.

Pode-se a esse propósito acrescentar ainda que, de acordo com o primeiro princípio (numa satisfação por substituição), a fé é imposta ao homem como um dever, enquanto que a fé numa boa conduta, devida a uma influência superior, lhe é atribuída como graça. Mas de acordo com o segundo princípio, ocorre o inverso. Segundo este, com efeito, a *boa conduta* é, enquanto condição suprema da graça, um dever incondicional, e, ao contrário, a satisfação superior é uma simples questão de graça. No primeiro princípio, recrimina-se (muitas vezes sem razão) a *superstição* do culto que sabe conciliar uma conduta repreensível com a religião; mas no segundo, a *incredulidade natural* que associa a uma conduta pode ser exemplar, por outro lado, a indiferença ou mesmo a oposição a toda revelação. Desse modo se cortaria o nó (por uma máxima prática), em vez de resolver (teoricamente) a questão, o que é, no entanto, permitido para os problemas religiosos. Entretanto, o que se segue poderia satisfazer essa última exigência.

A fé viva no arquétipo da humanidade agradável a Deus (o Filho de Deus) se refere em *si* a uma idéia moral da razão enquanto essa nos serve não somente como linha de conduta, mas também como motivo, e pouco importa, por conseguinte, se parto dessa fé como *racional* ou do princípio da boa conduta. Ao contrário, a fé nesse mesmo arquétipo na área dos *fenômenos* (no Homem-Deus), enquanto fé *empírica* (histórica), não se confunde com o princípio da boa conduta (que deve ser de todo racional) e seria de todo diferente se se quisesse partir de semelhante crença e dela deduzir a boa conduta. Desse modo haveria contradição entre as duas proposições mencionadas há pouco. Entretanto, na aparição do Homem-Deus, não é o que cai sob os sentidos, nem o que pode ser conhecido pela experiência, mas ao contrário o arquétipo que se encontra em nossa razão e que damos a esse Homem-Deus como fundamento (porque na medida em se pode observá-lo por seu exemplo, constata-se que lhe é conforme) que é, propriamente falando, o objeto da fé santificadora e essa fé se confunde com o princípio de uma conduta agradável a Deus.

Não se trata, portanto, de dois princípios diferentes em si, de modo que, segundo se começasse por um ou por outro, poder-se-ia tomar duas vias opostas, mas partimos de uma só e mesma idéia prática, porque em primeiro lugar representa o arquétipo enquanto que se encontra em Deus e dele procede, depois enquanto reside em nós, mas cada vez, porque ela representa a linha de conduta que temos a seguir. A antinomia é, portanto, só aparente. Com efeito, toma por erro a mesma idéia prática, considerada sob uma relação deferente por dois princípios diversos. Entretanto, se se quisesse fazer da crença histórica, à luz de semelhante fenômeno aparecido no mundo, a condição da única fé santificadora, haveria então de existir seguramente dois princípios totalmente diferentes (um empírico e outro racional), a respeito dos quais haveria questionamentos entre as máximas para saber qual dos dois seria preciso tomar como ponto de partida e como início de um verdadeiro debate que não seria possível a nenhuma razão sequer resolver.

Esta proposição: "Deve-se crer que uma vez existiu um homem que, por sua santidade e seu mérito, satisfez tudo tanto para ele (com relação a seu dever) como para os outros (e sua deficiência sob o aspecto do dever) (coisa sobre a qual a razão não nos diz nada), a fim de esperar poder, mesmo ao conduzir bem nossa vida, tornar-se bem-aventurado unicamente em virtude dessa fé."

Essa proposição diz algo totalmente diferente da seguinte: "Deve-se perseguir com todas as forças a intenção santa de uma vida agradável a Deus para poder crer que seu amor pela humanidade (que já nos é assegurado pela razão), enquanto essa se conforma à sua vontade com todas as forças, complete levando em consideração a honestidade da intenção, a deficiência da ação, pouco importando de que maneira."

O primeiro desses princípios não está ao alcance de todo homem (mesmo iletrado). A história prova que esse conflito dos dois princípios de fé subsistiu em todas as formas religiosas e todas as religiões conheceram as expiações, qualquer que tenha sido, por outro lado, a forma que lhes aprouve atribuí-las. Por seu lado, a disposição moral do homem não deixava de dar a entender suas exigências. Mas os padres sempre se queixaram mais que os moralistas, e seguramente em alta voz (juntando-se às autoridades para reprimir o escândalo), da deserção do culto que foi instituído para reconciliar o povo com o céu e para afastar o estado da desgraça. Os moralistas se queixam da decadência dos costumes que levavam realmente em conta com esses meios de expiação, pelos quais os padres facilitavam a todos a reconciliação com a divindade, mesmo se se tratasse dos mais grosseiros vícios. Com efeito, quando existe um fundo inesgotável para o pagamento das dívidas feitas ou a fazer, no qual basta haurir (e no qual qualquer um se desvelará em haurir, apesar de todas as reclamações da consciência) para ser absolvido, enquanto que a resolução de ter uma boa conduta pode ser adiada até que se esteja em dia com esse fundo. Não é praticamente possível imaginar outras conseqüências de semelhante fé.

Mas, mesmo se essa fé fosse apresentada como se tivesse uma virtude particular e uma influência mística (ou mágica), de modo que, mesmo quando se devesse, enquanto se soubesse, considerá-la simplesmente como histórica, ela seria capaz, mesmo que houvesse um abandono somente aos sentimentos que a ela se ligam, melhorar todo o homem de forma essencial (fazer dele um homem novo); assim mesmo seria necessário que fosse considerada como separada e inspirada imediatamente pelo céu (com e sob a forma da fé histórica), caso em que tudo converge finalmente, compreendida a constituição moral do homem, a um decreto absoluto de Deus: "Ele tem *compaixão* de quem quer e *obstina* quem quer" (*Epístola aos Romanos*, IX, 18)[41]. Esta proposição, tomada ao pé da letra, constitui o *salto mortal* da razão humana.

É, portanto, uma conseqüência necessária de nossa disposição física e ao mesmo tempo de nossa disposição moral, que é o fundamento e também o intérprete de toda religião, que esta última seja

[41] Esta passagem pode sem dúvida ser explicada desse modo. Ninguém pode dizer com certeza porque esse homem é bom e aquele é mau (ambos comparativamente), porquanto muitas vezes a disposição para essa diferença parece encontrar-se já no nascimento e que muitas vezes os acasos da vida, contra os quais nada se pode fazer, são nesse caso preponderantes; não se pode dizer mais sobre o que possa ocorrer com cada um. A esse respeito, devemos deixar o poder de julgar àquele que tudo vê, o que é expresso nessa passagem como se, antes do nascimento, seu decreto tivesse pronunciado, sobre cada um, prescrevendo-lhe o papel que tivesse que desempenhar um dia. Prever está na ordem dos fenômenos para o Criador, mesmo quando ele é imaginado de forma antropomórfica, de igual modo predeterminar. Na ordem supra-sensível das coisas, porém, seguindo leis de liberdade quando o tempo se esvai, não é mais que um saber que vê tudo, sem que seja possível explicar porque um age assim e outro segundo princípios opostos, nem ao mesmo tempo estabelecer uma conciliação com a liberdade da vontade.

enfim libertada aos poucos de todos os princípios de determinação empírica, de todos os estatutos que se apóiam na história e que, por meio de uma fé de igreja, unam provisoriamente os homens para o avanço do bem e que assim reine finalmente sobre todos a pura religião da razão "a fim de que Deus seja tudo em todos". Os véus nos quais o embrião para tornar-se homem começou a formar-se devem ser retirados para que possa vir à luz. As orlas da santa tradição com seus apêndices, estatutos e observâncias, que a seu tempo renderam bons serviços, tornam-se aos poucos supérfluas e mesmo por fim uma corrente, quando chega à adolescência. Por todo o tempo que "ele (o gênero humano) foi criança, tinha a inteligência de criança (*1.ª Epístola aos Coríntios*, 13, 11), sabendo associar às regras que lhe foram impostas, sem que se tenha envolvido nelas, ciência e talvez até mesmo uma filosofia útil para o serviço da Igreja; "tornando-se homem agora, depõe o que é pueril" (*1.ª Epístola aos Coríntios*, 13, 11). A distinção aviltante entre *leigos* e *clérigos* cessa, a igualdade tem sua fonte na verdadeira liberdade, sem anarquia no entanto, porque cada um obedece, na verdade, à lei não estatutária que se prescreve a si próprio, mas que deve ao mesmo tempo também considerar como a vontade do soberano do universo revelada pela razão, soberano que une invisivelmente todos os homens sob um governo comum, num Estado que tinha sido antes pobremente representado e preparado pela Igreja visível.

Tudo isso não deve levar a prever uma revolução externa que, de maneira tempestuosa e violenta, atinja seu efeito, o qual depende de muitas circunstâncias eventuais e em que as faltas cometidas, quando do estabelecimento de uma constituição nova, são mantidas, não sem pesar, durante longos séculos, porque nada mais se pode mudar nelas ou pelo menos não de outra forma que não seja por uma nova revolução (sempre perigosa). No princípio da pura religião da razão, enquanto revelação divina (ainda que não empírica), ao se efetuar de maneira constante para todos os homens, deve encontrar-se o fundamento dessa passagem para uma nova ordem de coisas que, desde que foi compreendido a partir de uma reflexão pura, chega a realizar-se graças a uma reforma gradualmente progressiva, enquanto deve ser obra humana, pois, para as revoluções que podem abreviar esse progresso, recorre-se à providência e não se poderia introduzi-las segundo um plano, sem prejudicar a liberdade.

Entretanto, somos levados a dizer "que o reino de Deus veio a nós" (*Evangelho de Lucas*, IX, 11), ainda que somente o princípio da passagem gradual da fé de igreja à religião universal da razão e assim a um Estado ético (divino) na terra, tenha tomado raízes de uma maneira geral e em algum lugar também publicamente; a edificação real, contudo, desse Estado se encontra ainda a uma distância infinita de nós. Com efeito, desde que esse princípio contém o fundamento de um progresso contínuo para essa perfeição, nele se encontra, como num germe que se desenvolve e por conseguinte semeia a seu redor, a totalidade (de maneira invisível) que um dia deverá iluminar e dominar o mundo. Mas o verdadeiro e o bem, que todo homem em virtude de suas disposições naturais pode captar com a inteligência, bem como com o coração, não deixam, uma vez tornados públicos, de comunicar-se universalmente, graças a sua afinidade natural com a disposição moral dos seres racionais. Os obstáculos que provêm de causas políticas e sociais, que podem opor-se de tempos em tempos a sua extensão, servem antes a tornar muito mais íntima a união dos espíritos para o bem (e uma vez que o captaram com o olhar, seu pensamento não se separa nunca mais dele)[42].

[42] Pode-se conservar para a fé de igreja, sem cessar por outro lado de servi-la e sem combatê-la, sua influência útil de veículo, tirando-lhe contudo como a uma ilusão do dever cultual, toda influência sobre o conceito da religião propriamente dita (isto é, moral); e assim, apesar da divergência das crenças estatutárias, poder-se-á instituir uma tolerância recíproca de seus aderentes, graças aos princípios da única religião da razão, de acordo com a qual os doutores devem explicar todas essas regras e observâncias até que, com o tempo, graças ao triunfo das luzes verdadeiras (ou seja, de uma legalidade que deriva da liberdade moral) se poderá, com o consentimento de todos, trocar a forma de uma fé imposta aviltante por uma forma de Igreja, conforme a dignidade de uma religião moral, ou seja, aquela de uma fé livre. A conciliação da unidade de crença eclesiástica com a liberdade nas coisas da fé constitui um problema, para cuja solução a idéia da unidade objetiva da religião racional nos impele constantemente por causa do interesse moral que tomamos por ela. Há pouca esperança, porém, de chegar a isso numa igreja visível, se consultarmos a esse respeito a natureza humana. É uma idéia da razão que nos é impossível representar numa intuição que lhe seria conforme, mas que, no entanto, como princípio prático regulador, possui uma realidade objetiva que lhe permite agir em vista desse fim, que é a unidade da pura religião racional. Ocorre com essa idéia o mesmo que ocorre com a idéia política do direito público, enquanto deve relacioná-la também com um direito dos povos universal e soberano. A experiência nos recusa qualquer esperança a respeito. Um pendor parece ser inculcado (de propósito, talvez) ao gênero humano que quer que cada Estado particular, quanto as coisas se conformam com seus anseios, procure submeter a si os outros e procure erigir uma monarquia universal; mas ele se divide, contudo, espontaneamente em Estados menores quando tiver atingido certa extensão. Assim é que cada igreja alimenta a pretensão orgulhosa de tornar-se universal, mas quando atingiu determinada extensão e se tornou reinante, um princípio de dissolução e de separação em diversas seitas logo aparece. A fusão precipitada e, portanto, funesta dos Estados (se ocorrer antes que os homens se tenham tornado moralmente melhores) fica entravada, se nos for permitido admitir nesse caso um desígnio da providência, notadamente por duas causas que exercem uma poderosa ação, ou seja, a diferença de línguas e a diferença de religiões.

Esse é, portanto, o trabalho, despercebido pelos olhos dos homens, mas continuamente buscado pelo princípio bom, a fim de constituir, no gênero humano enquanto comunidade regida por leis da virtude, um poder e um reino que afirme sua vitória sobre o mal e que assegure ao mundo sob seu domínio uma paz eterna.

Segunda Seção

Representação histórica do estabelecimento progressivo da soberania do princípio bom na terra

Não se pode exigir da religião na terra (no sentido mais estrito da palavra) uma *história universal* do gênero humano, pois, fundada na pura fé moral, não é um estado de coisas público, não podendo cada um em particular ter consciência senão por si próprio dos progressos que nela realizou. Não se pode, portanto, agarrar-se senão a um relato histórico geral da fé de igreja, comparando-a em sua forma diversa e variável com a pura fé religiosa, única e invariável. A partir do momento em que a fé de igreja reconhece publicamente que ela depende das condições restritivas da segunda e da necessidade de um acordo com essa, a *Igreja universal* começa a se constituir num Estado ético divino e a progredir em direção ao aperfeiçoamento desse Estado, segundo um princípio firmemente estabelecido, idêntico para todos os homens e para todos os tempos. Pode-se supor que essa história não seria outra coisa senão o relato da constante luta entre a fé religiosa cultual e a fé religiosa moral. Para a primeira, que é fé histórica, o homem se inclinaria sempre em colocá-la no alto, quando a segunda nunca renunciou a suas pretensões de ser preferida, o que retorna a ela enquanto única fé que melhora as almas e seguramente as levará finalmente a triunfar.

Essa história não poderia apresentar unidade a não ser que seja limitada a essa parte do gênero humano, na qual presentemente está próxima de seu desenvolvimento a disposição para a unidade da Igreja universal, porquanto ela pelo menos já colocou publicamente a questão da diferença da fé racional e da fé histórica e confere à sua solução a maior importância moral. Com efeito, a história dos diversos povos, cujas crenças não possuem entre si nenhum laço, não apresenta, por outro lado, nenhuma unidade eclesiástica. Não se pode levar em conta para essa unidade o fato que num mesmo povo tenha surgido um dia uma nova fé que se distinguisse notavelmente da fé que reinava anteriormente, embora essa tivesse trazido em si as causas *ocasionais* dessa produção nova. De fato, é necessário que haja unidade de princípio se se quiser considerar a sucessão das diversas maneiras de crer como modificações de uma só e mesma Igreja. Ora, é propriamente da história desta última que nos ocupamos no momento.

Só podemos, portanto, desse ponto de vista, tratar da história dessa igreja que, desde seu início, trazia em si o germe e os princípios da unidade objetiva da fé religiosa verdadeira e geral, da qual se reaproxima aos poucos. Constata-se então, em primeiro lugar, que a fé *judaica* não tem com essa fé de igreja, da qual haveremos de considerar a história, nenhuma relação essencial, ou seja, nenhum laço de unidade de conceitos, embora a tenha precedido imediatamente e que tenha fornecido para fundar essa Igreja (cristã) a ocasião material.

A fé *judaica* é, segundo sua instituição primitiva, um conjunto de leis unicamente estatutárias, sobre o qual estava estabelecida uma constituição de Estado. Quanto aos complementos morais que lhe foram *acrescentados* já nessa época, ou mesmo a seguir, não interferem de modo algum no judaísmo como tal. Este, na verdade, não é uma religião, é simplesmente constituído pela reunião de uma multidão de pessoas que, pertencendo a um mesmo tronco particular, formou um Estado comum, sob leis puramente políticas e, de alguma maneira, por conseguinte, uma igreja. Este *devia* ser antes um Estado temporal, de forma que a esse Estado, no caso em que fosse fragmentado em decorrência do acaso de circunstâncias contrárias, lhe restasse pelo menos a fé (que era parte integrante) de seu restabelecimento futuro (com a aparição do Messias). O fato de que essa constituição estática tenha por fundamento uma teocracia (representada ostensivamente por uma aristocracia de sacerdotes ou de chefes que se gloriavam de ter recebido suas instruções diretamente de Deus) e que conseqüentemente o nome de Deus, honrado aqui somente como soberano temporal, que não tem a pretensão de reger a consciência, tudo isso não lhe confere o caráter de uma constituição religiosa. A prova de que não deva ter sido é evidente.

Em primeiro lugar, todos os mandamentos são de natureza a servir de base para uma constituição política e para poder impô-las como leis coercitivas, porquanto não se referem senão a atos externos e, ainda que os dez mandamentos também, sem haver necessidade de ser promulgados, já possuem um valor ético para a razão, são transmitidos nessa legislação sem que a *intenção* moral seja exigida em sua execução (o que foi a seguir exigido pelo cristianismo como ponto essencial), mas não têm em absoluto em vista senão a observância exterior.

É o que se descortina também do fato que, em segundo lugar, todas as conseqüências que decorrem do cumprimento ou da transgressão dessas leis, todas as recompensas ou todos os castigos, se limitam àqueles que podem neste mundo ser reservados a cada um e até mesmo sem seguir necessariamente conceitos éticos, porquanto recompensas e penas deviam atingir também a posteridade que praticamente não havia participado a esses atos ou faltas, sem dúvida alguma procedimento prudente numa constituição política para obter docilidade, mas que numa constituição ética seria contrária a toda equidade. Ora, como sem a fé numa vida futura, nenhuma religião pode ser concebida, o judaísmo, por conseguinte, como tal não contém fé religiosa. Isso é confirmado melhor ainda pela observação seguinte. Não há como duvidar, de fato, que os judeus, bem como outros povos, até mesmo os mais bárbaros, não devam ter tido também uma crença numa vida futura, conseqüentemente em seu céu e em seu inferno, porquanto essa crença, em virtude da disposição moral geral da natureza humana, se impõe espontaneamente a todos. Foi certamente *de propósito*, portanto, que o legislador desse povo, embora representado como o próprio Deus, não *tenha querido* levar em consideração de modo algum a vida futura, o que prova que não quis fundar senão um corpo político e não, uma sociedade ética. Ora, falar num corpo político, de recompensas e castigos que não podem ser tornados visíveis na vida na terra, foi, nessa hipótese, um procedimento de todo inconseqüente e deslocado. Embora não se possa duvidar que, a seguir, os judeus, cada um por si, tenha constituído uma certa fé religiosa e a tenham acrescentado aos artigos de sua fé estatutária, não constituiu jamais, no entanto, uma parte integrante da legislação do judaísmo.

Em terceiro lugar, é outro tanto errôneo pensar que o judaísmo tenha constituído uma época que se revestia da condição da *Igreja universal* ou que tenha até mesmo constituído essa Igreja em sua época, quando na realidade, pelo contrário, excluiu da comunidade que formava a totalidade do gênero humano, uma vez que ele representava o povo particularmente escolhido por Javé, e que, hostil a todos os povos, ele próprio era alvo da hostilidade de todos. A esse propósito, não se deve superestimar de tal modo o fato que esse povo se tenha conferido, como soberano universal do mundo, um Deus único que não devia ser representado por qualquer imagem visível. Com efeito, constata-se que entre a maioria dos outros povos sua doutrina da fé tendia também a esse resultado e não se tornava suspeito de politeísmo senão em conseqüência do culto prestado a poderosos deuses secundários, subordinados a esse grande Deus. De fato, um deus só exige a obediência a seus mandamentos, sem exigir nenhuma melhoria da intenção moral, não é, na verdade, esse Ser moral, cujo conceito nos é necessário para uma religião. Esta se realizaria antes numa crença num grande número desses poderosos seres invisíveis do que se a fé se concentrasse num ser único, fazendo do culto mecânico a obra essencial. Bastaria para isso que um povo os imagine de maneira que, a despeito da diversidade de suas respectivas competências, concorde me honrar para sua satisfação e de todo o coração somente aquele que estivesse ligado à virtude.

Não podemos, portanto, começar a história geral da Igreja, se ela deve constituir um sistema, senão a partir da origem do cristianismo que, abandonando inteiramente o judaísmo que lhe deu origem e baseado num princípio totalmente novo, provocou uma completa revolução em questão de dogmas. O empenho a que se deram os doutores do cristianismo ou ao qual puderam se dedicar bem no início para ligar essas duas religiões por um fio condutor coerente, ao querer que se considerasse a nova fé precisamente como um prolongamento da antiga que teria contido, prefigurados, todos os fatos, só deixa entrever de modo bem evidente que aquilo que os interessava unicamente não era senão dispor dos meios mais convenientes para *introduzir*, no lugar de um antigo culto ao qual o povo estava firmemente apegado, uma pura religião moral, evitando, contudo, bater de frente com suas posições. Já a supressão subseqüente do sinal corporal que servia para distinguir esse povo inteiramente dos outros permite julgar que a nova fé não se ligava aos estatutos da antiga e mesmo a nenhum tipo de estatutos de uma maneira geral e devia encerrar uma religião válida para todo o universo e não para um povo somente.

É do judaísmo, portanto, de um judaísmo, no entanto, que não era mais patriarcal e puro, uma vez que não tinha por fundamento senão sua própria constituição política (que, por outro lado, já estava muito abalada), mas que já estava, ao contrário, misturado de fé religiosa, graças a doutrinas morais que se haviam tornado aos poucos públicas, numa época em que esse povo ainda ignorante acabava de receber forte influência de filosofia estrangeira (grega) que contribuiu também, sem dúvida, a iluminá-la pelos conceitos da virtude e a prepará-la, ele que oprimia o peso de sua fé por observâncias, a revoluções, por ocasião do enfraquecimento do poder dos sacerdotes submetidos à soberania de um povo que considerava com indiferença todas as crenças estrangeiras. É desse judaísmo que surgiu de repente, embora não sem ter sido preparado, o cristianismo. O mestre do Evangelho se anunciou como enviado do céu, declarando ao mesmo tempo como pessoa digna de semelhante mensagem que a fé servil (a dias de culto, confissões e costumes) é em si vã, mas que a fé moral, pelo contrário, que só ela santifica o homem "como é santo seu Pai nos céus" (*1.ª Epístola de Pedro*, I, 16), e prova por uma boa conduta sua autenticidade, é a única que dá a salvação. Mas depois que deu, por sua doutrina e seus sofrimentos até sua morte imerecida mas ao mesmo tempo meritória[43], em sua pessoa, um exemplo conforme ao arquétipo da única humanidade agradável a Deus é representado como voltando ao céu de onde havia vindo, deixando de viva voz sua última vontade (como um testamento) e podendo, no entanto, dizer, no que se refere à força da lembrança ligada a seu mérito, a sua doutrina e a seu exemplo,

[43] Por ela termina sua histórica pública (que a seguir pôde também servir em geral de exemplo a imitar). A história mais secreta, acrescida de um apêndice e que se passou unicamente em presença de seus discípulos, isto é, aquela de sua ressurreição e de sua ascensão (que, consideradas somente como idéias da razão significariam o começo de uma outra vida e o acesso à morada da felicidade, ou seja, na comunhão de todos os outros seres) não pode, sem que se trate de não dar razão a seu valor histórico, ser de alguma utilidade para a religião nos limites da simples razão. A causa não está, sem dúvida, no fato que é um relato histórico (pois a história que a precede o é também), mas porque, tomada literalmente, admite um conceito, muito bem adaptado certamente ao modo de representação sensível dos homens, mas muito incômodo para a razão em sua fé no futuro: aquele da materialidade de todos os seres do universo, bem como o materialismo da personalidade do homem (materialismo psicológico) que não poderia realizar-se a não ser na condição da conservação do próprio corpo, e também aquele da presença num mundo em geral (materialismo cosmológico) que, de acordo com esse princípio, não poderia ser senão espacial; enquanto que a hipótese da espiritualidade dos seres racionais do universo, que quer que o corpo possa ficar morto sob a terra, mesmo que a própria pessoa possa ser viva e igualmente o homem, segundo o espírito (em sua qualidade não sensível), chegar à morada dos bem-aventurados, sem ser transportado para algum local do espaço infinito que cerca a terra (e que denominamos também o céu), essa hipótese, repito, é mais favorável à razão, não somente por causa da impossibilidade de poder compreender uma matéria pensante, mas sobretudo por causa da contingência à qual nossa existência está exposta depois da morte, se ela deve unicamente depender da coerência de um certo bloco de matéria sob certa forma, quando pode conceber a permanência de uma substância simples como fundada sobre sua própria natureza. Nesta última hipótese (que é aquela do espiritualismo), a razão não pode encontrar nenhum interesse em carregar após si para a eternidade um corpo que, por mais purificado que seja, deve no entanto consistir sempre da mesma matéria (se a personalidade repouse em sua identidade) que constitui a base da organização do homem e que este sequer apreciou durante sua vida, e ela não pode tampouco chegar a compreender o que essa terra calcária, da qual se compõe, poderia fazer no céu, ou seja, em outra parte do universo, onde outras matérias verossimilmente poderiam muito bem ser a condição da existência e da conservação dos seres vivos.

“que ele permaneceria contudo (ele, o ideal da humanidade agradável a Deus) junto com seus discípulos até o fim do mundo” (*Evangelho de Mateus*, 28, 20). A esse ensinamento que, se por exemplo se tratasse de uma *crença histórica* relativa à origem e à classe talvez sobrenatural de sua pessoa, tinha realmente necessidade de uma confirmação por milagres, mas que, enquanto essa se liga unicamente à fé moralizadora que melhora as almas pode ocorrer, quanto à sua verdade própria, de todas as provas desse tipo se acrescentam ainda, num livro sagrado, milagres e mistérios, cuja divulgação é ela própria, por sua vez, um milagre e exige uma fé histórica que não pode ser verificada e de igual modo assegurada pela importância e pelo sentido, de outra forma que não seja pela erudição.

Ora, toda fé que se baseia, como crença histórica, em livros tem necessidade para ser garantida por um público instruído, em que poderia, de alguma maneira, ser controlada por escritores contemporâneos que não fossem suspeitos de conivência particular com seus primeiros propagadores e cuja ligação com nossa literatura atual tivesse sido mantida sem interrupção. Pelo contrário, a pura fé racional não tem necessidade de semelhante confirmação, mas se prova por si. Ora, na época dessa revolução, havia entre o povo que dominava os judeus e que se havia difundido nos locais em que residiam, um público instruído, pelo qual também a história dessa época, no tocante aos acontecimentos que tinham ligação com a organização política, nos foi transmitida graças à seqüência ininterrupta de escritores. E esse povo, embora se preocupasse muito pouco com as crenças religiosas de seus súditos que não fossem romanos, não era de modo nenhum incrédulo com relação a milagres que poderiam ter ocorrido entre eles; entretanto, esses autores contemporâneos nada mencionaram sobre desses milagres, nem sobre a revolução, ainda que realizada publicamente, que esses milagres haviam provocado (sob o ponto de vista religioso) nesse povo que lhes era sujeito. Foi somente mais tarde, depois de mais de uma geração, que se preocuparam em pesquisar a natureza dessa mudança de crença que até então havia permanecido para eles desconhecida (e que não se havia realizado sem agitação pública), mas não fizeram nenhuma pesquisa relativa à história de seus inícios, reduzindo-se a indagar em seus próprios anais.

Desde seu início até a época em que o cristianismo constituiu para si próprio um público instruído, sua história é conseqüentemente obscura e ignoramos o efeito de sua doutrina sobre a moralidade daqueles que professavam essa religião e se os primeiros cristãos eram verdadeiramente homens moralmente emendados ou pessoas de têmpera comum. Mas desde que o cristianismo constituiu um público sábio ou desde que pelo menos fez sua entrada no universal, sua história, no que se refere ao efeito benéfico que se está no direito de esperar de uma religião moral, não lhe serve de modo algum de recomendação. Com efeito, quantos entusiasmos místicos na vida dos eremitas e dos monges e a glorificação da santidade do celibato tornaram inúteis para o mundo um grande número de homens, quantos pretensos milagres que a eles eram ligados oprimiram o povo sob as pesadas correntes de uma superstição cega, como por meio de uma hierarquia que se impunha a homens livres surgiu a terrível voz da *ortodoxia* na boca de exegetas pretensiosos, só eles autorizados, e dividiu o mundo cristão em partidos exasperados, com relação a opiniões religiosas (onde nenhum acordo universal pode ser celebrado, se não se apela para a razão pura, na qualidade de exegeta). Como no oriente, onde o Estado se ocupava ridiculamente dos estatutos religiosos dos sacerdotes e das coisas do clero, em lugar de manter esse clero dentro dos estreitos limites de uma simples função de ensinamento (da qual está sempre disposto a sair para passar a uma função dirigente), como, repito, esse Estado devia enfim tornar-se inevitavelmente presa de inimigos externos que puseram fim a sua crença dominante. E ainda, como no ocidente, onde a fé havia sido elevado a um trono particular, independente do poder temporal, a ordem civil bem como as ciências (que a conservam) foram transtornadas e privadas de sua força por um pretenso vigário de Deus. Como as duas partes do mundo cristão, semelhantes às plantas e aos animais que, prestes a decompor-se em decorrência de doença, atraem insetos destruidores que devem extingui-los, foram atacados pelos bárbaros. Como no cristianismo do ocidente o chefe espiritual dominava e castigava reis bem como crianças, graças à varinha mágica da excomunhão com a qual os ameaçava, os incitava a guerras externas (as cruzadas) que despovoavam a outra parte do mundo e a combater-se uns contra os outros, fomentando a revolta dos súditos contra a autoridade real e inspirando ódios sangrentos contra seus contemporâneos, adeptos de um só e mesmo cristianismo supostamente universal, mas que pensavam diversamente; como a raiz desse estado de discórdia, do qual hoje ainda somente o interesse político forma um baluarte contra as manifestações violentas, se encontra oculto no princípio de uma fé de igreja de uma autoridade despótica e leva a temer sempre cenas similares: essa história do cristianismo, repito (que não poderia ser apresentada de outra forma, porquanto este deveria ser edificado sobre uma crença histórica), quando vista com um só olhar, como um quadro, poderia muito bem justificar a exclamação: "*Tantum religio potuit suadere malorum!*" (Lucrécio, *De Natura Rerum*, V, 101), se a instituição do cristianismo não mostrasse sempre, de uma maneira suficientemente clara, que não teve originalmente outro fim verdadeiro senão o de introduzir uma pura fé religiosa, a respeito da qual não poderia haver opiniões opostas e que todo esse tumulto, que transtornou o gênero humano e que o divide ainda, provém unicamente daquilo que, em decorrência de um pendor da natureza humana, o que no início devia servir para a introdução dessa fé, ou seja, para conquistar a nação habituada a sua antiga crença histórica para a nova, por meio até mesmo de sua própria intolerância, tornou-se a seguir o fundamento de uma religião mundial universal.

Ora, pode-se perguntar: Qual foi a melhor época em toda a história da Igreja, conhecida até hoje? Não hesito em responder: *É a época atual*, no sentido que se pode deixar desenvolver sempre mais livremente o germe da verdadeira fé religiosa, como foi depositado somente por alguns, é verdade, mas publicamente, hoje na cristandade, para esperar com isso uma aproximação contínua em direção à Igreja que deve sempre associar todos os homens e que constitui a representação visível (o esquema) de um reino invisível de Deus na terra.

A razão, ao libertar-se do peso de uma crença constantemente exposto ao capricho dos comentadores, nas coisas que, segundo sua natureza, devem ser morais e melhorar a alma, admitiu universalmente, em todos os países de nossa parte do mundo, entre aqueles que veneram verdadeiramente a religião (embora não publicamente e em toda parte), *primeiramente*, o princípio de uma *moderação* justa nos julgamentos que se referem a tudo aquilo que se denomina revelação; é assim que, porquanto ninguém poderia contestar um escrito que, sob o aspecto de seu conteúdo prático só encerra coisas puramente divinas, a possibilidade de realmente poder (no que contém de histórico) ser considerado como uma revelação divina e que igualmente a união dos homens por meio de uma religião não poderia efetuar-se e se estabilizar convenientemente sem um livro sagrado e uma fé de igreja fundada nele; que, por outro lado, considerando o estado atual da sabedoria humana, dificilmente se haverá de encontrar alguém que espere uma nova revelação, introduzida por novos milagres, de modo que a opção mais razoável e mais justa é continuar a utilizar esse livro, porquanto existe, como fundamento do ensinamento da Igreja, sem enfraquecer seu valor por ataques inúteis ou maliciosos, mas por outra parte também sem impor a fé nele como indispensável para a felicidade.

O *segundo* princípio é o seguinte: Como a história sagrada, que é simplesmente instituída para o uso da fé da Igreja, não pode e não deve ter em absoluto nenhuma influência sobre a admissão de máximas morais, não tendo sido conferida a essa fé senão em vista da viva representação de seu verdadeiro objeto (a virtude que tende à santidade), deve sempre ser ensinada e explicada visando a moralidade, mas é necessário ao mesmo tempo insistir com cuidado e reiteradamente (porque o homem tem em si geralmente e sobretudo a tendência constante a passar para a crença passiva)[44] sobre o fato que a verdadeira religião não deve consistir no conhecimento ou na confissão daquilo que Deus faz ou fez para nos conceder a salvação, mas, pelo contrário, naquilo que se deve fazer para nos tornarmos dignos dela, o que jamais poderia ser outra coisa senão aquilo que tem em si um indubitável valor incondicional que, por conseguinte, só ele pode tornar-nos agradáveis a Deus e cuja necessidade é uma coisa da qual cada um pode adquirir a perfeita certeza sem recurso algum à ciência das Escrituras.

O dever dos soberanos é o de não criar obstáculos a esses princípios para que se tornem públicos. Arriscamos muito, ao contrário, e assumimos quase total responsabilidade, se interviermos nesse caso nos caminhos da providência divina e se, em favorecimento a certas doutrinas históricas da Igreja, que não têm mais que certa verossimilhança a ser discutida entre sábios, induzirmos em tentação[45] a consciência dos

[44] Uma das causas desse pendor se encontra no princípio de segurança que os defeitos de uma religião, na qual nasci e fui educado, na qual não depende de minha escolha ser instruído e que em nada modifiquei por minhas posições, não devem me ser imputados, mas àquele que me educou ou aos mestres designados publicamente para essa tarefa; é também um motivo pelo qual não se costuma facilmente dar aprovação a alguém que muda abertamente de religião. É verdade que se acrescenta também outra razão (mais profunda) e que consiste, considerando a incerteza de que cada um se ressente, em saber qual crença (entre as crenças históricas) é a verdadeira, quando a crença moral é a mesma em toda parte, considera-se como perfeitamente inútil chamar a atenção a esse respeito.

[45] Quando um governo não quer que se considere como uma coerção exercida sobre a consciência a simples interdição de declarar publicamente sua opinião religiosa, uma vez que não pode impedir a ninguém de pensar secretamente o que acha bom, critica-se geralmente o gato, dizendo que desse

indivíduos, oferecendo ou recusando certas vantagens civis, geralmente acessíveis a todos, medida que, sem contar o prejuízo que dela resulta para a liberdade nesse aspecto sagrado, não pode dar, senão com dificuldade, bons cidadãos ao Estado. Quem, portanto, entre aqueles que se empenham em impedir o livre desenvolvimento de disposições divinas para o maior bem do mundo ou que propõem até mesmo em impedi-lo, assumiria para si a responsabilidade, depois de ter pensado nisso ao consultar sua consciência, de todo o mal que poderia resultar dessas intervenções violentas, capazes de barrar por muito tempo talvez o progresso no bem querido pelo governo do universo e poderia até mesmo levá-lo a retrogredir, ainda que não possa jamais ser supresso inteiramente por um poder ou por uma instituição humana qualquer.

Finalmente, o reino dos céus é representado nessa história, no que se refere à direção da providência, não somente como aproximando-se, de modo lento na verdade, de certas épocas, sem no entanto interrupção completa, mas também de sua ocorrência. Pode ser explicado como uma representação simbólica que tem simplesmente por objetivo animar de maneira mais intensa a esperança, a coragem e a aspiração ao reino, se a esse relato histórico se acrescenta ainda uma profecia (como nos livros sibilinos), com relação ao advento dessa grande transformação do mundo na figura de um reino visível de Deus na terra (sob o governo de seu representante e delegado, descido novamente do céu), com relação ainda à felicidade que, depois da separação e da expulsão dos

---

modo não concede nenhuma liberdade de fato, porquanto é uma coisa que não pode impedir. Mas o que o poder temporal supremo não pode, a autoridade espiritual pode, ou seja, proibir até mesmo o pensamento e barrá-lo realmente. Mais ainda, é capaz de impor a seus poderosos chefes a interdição de até mesmo pensar diversamente do que prescreve. Com efeito, por causa do pendor que os homens têm pela fé cultual servil, à qual estão dispostos a conferir não somente, de preferência à fé moral (que consiste em servir a Deus de uma forma geral, cumprindo todos os seus deveres), a maior importância, mas até mesmo a única, aquela que compensa toda deficiência, é sempre fácil para os guardiões da ortodoxia inspirar como pastores das almas a seu rebanho um piedoso terror com relação à menor falha referente a certas afirmações da fé com base histórica; e ainda de aderir a ela, sem qualquer indagação, a ponto de não ousar deixar surgir neles, mesmo em pensamento, uma dúvida contra as afirmações que lhes são impostas, porque isso significaria, de alguma maneira, dar atenção ao maligno. É verdade que, para se desembaraçar dessa coerção, é suficiente querer (o que não é o caso para a coerção imposta pelo soberano com relação à confissão pública), mas esse querer é justamente aquele em que interiormente se recua. Ora, essa intolerância é em si bastante incômoda (porque conduz à hipocrisia interior), mas o é menos, contudo, que a barreira posta à liberdade de consciência exterior, porque deve necessariamente desaparecer aos poucos, graças ao progresso da inteligência moral e à consciência da liberdade, da qual unicamente pode surgir o verdadeiro respeito do dever, enquanto que a coerção externa cria obstáculo a todos os progressos voluntários na comunidade ética dos crentes, que constitui a essência da verdadeira Igreja, e subordina sua forma a ordenações de todo políticas.

rebeldes que tentam uma vez mais resistir, se deve usufruir na terra, desde que, após o aniquilamento completo desses rebeldes e de seu chefe (no *Apocalipse*), o fim *do mundo* constitua a conclusão da história.

O mestre do Evangelho só mostrou a seus discípulos o reino dos céus na terra do lado magnífico, sublime, moral, ou seja, a dignidade de ser cidadão de um Estado divino e lhes indicou o que teriam de fazer não somente para eles próprios chegar a esse reino, mas também nele reunir-se com outros indivíduos igualmente intencionados e, se possível, com todo o gênero humano. Entretanto, no tocante à felicidade, que constitui a outra parte dos anseios humanos inevitáveis, lhes diz de antemão de não contar com isso durante sua vida terrena. Preparou-os, pelo contrário, a esperar as maiores aflições e sacrifícios. Acrescentou, contudo (pois não se poderia pretender que o homem, enquanto viver, renuncie completamente ao fator físico da felicidade): "Fiquem contentes e confiantes, pois sereis recompensados no céu" (*Evangelho de Mateus*, V, 12). O scolie acrescenta à história da Igreja, que se refere ao destino futuro e último, a apresenta finalmente como triunfante, ou seja, coroada mesmo na terra de felicidade, após ter sobrepujado os obstáculos.

A separação dos bons dos maus que, durante o progresso da Igreja para a perfeição não teria sido conveniente a um fim similar (porque precisamente a mistura de uns e outros era necessária tanto para servir a uns de pedra para aguçar a virtude, como para desviar por seu exemplo os outros do mal), é representada, uma vez concluída a edificação do Estado divino, como se fosse a conseqüência final; e acrescenta-se ainda a isso como última prova de sua solidez, como poder, sua vitória sobre todos os inimigos do exterior que são considerados também como parte de um Estado (o Estado infernal), e ocorre então o fim de toda a vida terrestre, porquanto o último inimigo (homens de bem), a morte, é aniquilada e começa para as duas partes a imortalidade, salvação para uns e perdição para outros; a própria forma de uma Igreja se dissolve e o delegado divino na terra entra na mesma classe dos homens que são elevados até ele como cidadãos do céu. Desse modo, Deus é tudo em tudo (*1.ª Epístola aos Coríntios*, XII, 6)[46].

[46] Essa expressão (se não se levar em conta o elemento misterioso, que ultrapasse todos os limites da experiência possível, que se refere unicamente à história sagrada da humanidade e que, portanto, não nos diz respeito praticamente) pode ser compreendida no sentido que a crença histórica que, como fé de igreja, tem necessidade de um livro sagrado, modelo para os homens, mas barreira no entanto para a

Essa representação de um relato histórico do mundo futuro, que não constitui em si uma história, é um belo ideal da época moral do universo, devido à introdução da verdadeira religião universal, época *vista de antemão* na fé até sua perfeição, que nosso *olhar não capta* em seu fim empírico, mas para a qual *podemos dirigir nossos olhares*, caminhando e progredindo sem cessar para o bem mais alto possível na terra (no qual não há nada de místico, mas tudo ocorre naturalmente, de uma forma moral), ou seja , dispor-se a isso. A aparição do anticristo, o quiliasmo, a notícia de que o fim do mundo se aproxima, podem assumir um significado simbólico válido para a razão e esse fim do mundo, representado como um acontecimento imprevisível (semelhante ao término da vida, próximo ou distante) exprime muito bem a necessidade de estar pronto para isso sempre, mas na realidade (se for conferido a esse símbolo o significado intelectual) a de nos considerar constantemente como cidadãos designados de um Estado divino (ético). "Quando haverá de chegar o reino de Deus?" – "O reino de Deus não haverá de vir sob forma visível. Tampouco se haverá de dizer: Aqui está ele ou acolá, *pois convém observar que o reino de Deus está dentro de vocês*" (*Evangelho de Lucas*, XVII, 21-22)[47].

---

unidade e a universalidade da Igreja, haverá de definir um fim em si, transformando-se numa fé religiosa igualmente evidente para todos; é para essa finalidade que devemos trabalhar assiduamente hoje para separar com constância a pura religião da razão, dessa liga de que atualmente não pode ainda prescindir. Não se trata para ela de cessar (pois como veículo pode sempre ser útil e necessária), mas de poder cessar e, com isso, só se compreende a firmeza interior da pura fé moral.

[47] Desse modo se representa então um reino de Deus que não foi estabelecido segundo um pacto particular (messiânico), mas moral (reconhecido somente pela razão). O primeiro desses reinos devia extrair suas provas da história (regnum divinum pactitium) e então é distinguido em reino messiânico que segue a antiga ou a nova aliança. Ora, é notável que aqueles que seguem a antiga aliança (os judeus) se tenham conservado tais, embora dispersos no mundo inteiro, enquanto que os adeptos de outras religiões confundiram geralmente suas crenças com aquelas dos povos em que foram dispersos. O fenômeno aparece a um número tão surpreendente de pessoas que não o julgam verdadeiramente possível segundo o curso da natureza, mas, ao contrário, como uma disposição extraordinária em vista de um desígnio especial de Deus. Um povo, contudo, que possui uma religião escrita (livros sagrados) não se funde jamais numa só fé com um povo que (como aquele do império romano, na época, todo o mundo civilizado) não tem uma semelhante, mas somente costumes; consegue, antes, depois de um período mais ou menos longo, prosélitos. É por isso que os judeus, antes do cativeiro da Babilônia, depois do qual, quanto parece, seus livros sagrados começaram a tornar-se objeto de leitura pública, não foram mais acusados da tendência que possuíam de correr atrás dos deuses estrangeiros, tanto mais que a cultura Alexandrina, que deve ter tido sobre eles também sua influência, poderia ser-lhes propícia para conferir a esses livros uma forma sistemática. Foi assim que os parsis, seguidores da religião de Zoroastro, conservaram sua crença até hoje, apesar de sua dispersão, porque seus destur conservavam o Zend-Avesta. Os hindus, ao contrário, que, sob o designativo de tsiganes se dispersaram em locais distantes, não puderam fugir de uma fusão de suas crenças com crenças estrangeiras, porque pertenciam ao substrato do povo (os párias, aos quais é vetado até mesmo de ler seus livros sagrados).O

Observação Geral

Em todos os tipos de crença que se referem à religião, o pesquisador encontra inevitavelmente, em sua constituição intrínseca, um *mistério*, isto é, alguma coisa de *sagrado* que pode ser conhecido, na verdade, por cada um em particular, mas que não pode ser publicamente reconhecido ou, se assim se quiser, não pode ser geralmente comunicado. Enquanto *sagrado*, deve ser um objeto moral, portanto, um objeto da razão, e esse objeto deve poder ser conhecido interiormente de uma forma suficiente para o uso prático, se não para o uso teórico enquanto mistério. De fato, nesse último caso, deveria ser comunicável a todos e até mesmo poder ser conhecido externa e publicamente.

A fé numa coisa que devemos também considerar como um santo mistério pode ser vista como uma fé *inspirada por Deus* ou como *pura fé da razão*. A menos que uma extrema necessidade nos obrigue a admitir a primeira dessas crenças, decidimos ficar com a segunda. Sentimentos não são conhecimentos e não indicam, portanto, mistérios e, como o mistério se relaciona com a razão sem poder, no entanto, ser comunicado a todos, cada um só tem que procurá-lo (se realmente nela subsistir) em sua própria razão.

É impossível estabelecer *a priori* e objetivamente se existem ou não semelhantes mistérios. Será necessário, portanto, realizar pesquisas diretas no que nossa disposição moral tem de interior, de subjetivo,

que os judeus, porém, não poderiam ter realizado somente por si, a religião cristã o fez e, mais tarde, a religião muçulmana, mas especialmente a primeira, porque supõem, uma e outra, a fé judaica e os livros sagrados que a ela se ligam (ainda que a segunda acredite que sejam falsificados). Os judeus, de fato, poderiam sempre encontrar seus antigos documentos entre os cristãos que derivaram deles, sob a única condição que, em suas peregrinações, durante as quais freqüentemente tenham perdido o costume de lê-los, tenham conservado a lembrança de tê-lo possuído outrora. Por isso, não são encontrados judeus fora das regiões mencionadas, a não ser o reduzido número deles que residem na costa de Malabar e ainda uma comunidade na China (e desses, os primeiros poderiam estar em constantes relações comerciais com seus correligionários da Arábia), embora não haja motivo para colocar em dúvida que se espalharam nessas ricas regiões, mas sua crença, uma vez que não se aproximava de forma alguma das crenças dessas regiões, foi esquecida completamente. É, no entanto, incômodo basear considerações edificantes sobre essa conservação do povo judeu e de sua religião em circunstâncias que lhes eram desfavoráveis, porque cada uma das duas partes interessadas julga encontrar aí a própria solução. Um pode ver, na conservação do povo ao qual pertence e aquela de sua antiga crença, tendo ficado livre de toda mistura, apesar dessa dispersão no meio de tantos povos diversos, a prova de uma providência particularmente benevolente que lhe reserva um futuro reino terrestre; outro não vê nisso senão ruínas,levando a pensar num Estado destruído, que se opõe ao advento do reino celestial que uma providência particular ainda conserva, no entanto, seja para manter na memória a antiga predição de um messias, saído desse povo, seja para dar um exemplo de sua justiça temida, porque gostaria elaborar para si com obstinação um conceito político e não moral desse Messias.

para ver se em nós se encontram. Entretanto, não poderíamos classificar entre o número dos santos mistérios os *fundamentos* insondáveis que dispõem à moralidade, os quais podem, na verdade, ser comunicados publicamente, embora sua causa não nos seja dada a saber, mas, pelo contrário, somente o que nos é dado pelo conhecimento, ao mesmo tempo que não é suscetível de comunicação pública. Desse modo é que a liberdade, propriedade revelada ao homem graças à determinabilidade de seu arbítrio pela lei moral incondicionada, não é um mistério, porque seu conhecimento pode ser *comunicado* a cada um; mas o insondável fundamento dessa propriedade é um mistério, porque não nos *é dado* como objeto de conhecimento. Entretanto, essa liberdade é precisamente só o que nos conduz infalivelmente, quando é aplicada ao supremo objeto da razão prática a realização da idéia do fim moral a santos mistérios[48].

Como o homem não pode realizar ele próprio a idéia do soberano bem, inseparavelmente ligada à pura intenção moral (não somente com relação à felicidade a ela inerente, mas também com relação à união indispensável dos homens em vista do fim integral), mas que, no entanto, encontra em si o dever de trabalhar para isso, se vê levado à crença pela colaboração de um soberano do mundo ou por uma disposição tomada por ele. Ora, somente estas podem tornar possível esse fim e então se abre diante do homem o abismo de um mistério, ou seja, qual é a ação de Deus, se em suma de deve atribuir a ele *alguma*

[48] Assim é que a causa do peso universal de toda a matéria no mundo nos é desconhecida, a ponto de, além do mais, nos darmos conta de que não poderemos jamais conhecê-la, porque seu próprio conceito pressupõe uma primeira força motriz que lhe é absolutamente inerente. Ela não é, contudo, um mistério, mas pode tornar-se manifesta a todos porque sua lei é suficientemente conhecida. Quando Newton a apresenta de alguma forma como a onipresença divina no fenômeno (omnipraesentia phaenomenon), nisso não reside uma tentativa de explicação (pois a presença de Deus no espaço encerra uma contradição), mas antes uma sublime analogia em que não se tem em vista senão a união dos seres corporais numa totalidade universal, conferindo-lhe como fundamento uma causa incorporal. Ocorreria igualmente o mesmo com a tentativa de ver num Estado ético o princípio autônomo da união dos seres racionais do universo e com a tentativa de explicaressa união. Não conhecemos outra coisa a não ser o dever que nos impele a isso, mas a possibilidade do efeito projetado, ainda que lhe obedeçamos, está além dos limites de nossa inteligência. Há mistérios, segredos (arcana) da natureza, pode haver mistérios (coisas mantidas em segredo, secreta) em política que não devem ser de conhecimento público, mas não podemos, contudo, conhecer uns e outros, na medida em que dependem de causas empíricas. No que se refere ao conhecimento do dever universal dos homens (ou seja, a moralidade), não poderia haver mistério, mas no tocante às coisas que só Deus pode fazer e que ultrapassa nossa própria faculdade de agir e, por conseguinte, também nosso dever, não poderia haver senão um mistério (mysterium) propriamente dito, isto é, um mistério sagrado da religião, com relação ao qual poderia, a rigor, ser útil somente saber que existe um similar, o de compreendê-lo, mas não, para dizer a verdade, de penetrá-lo.

ação, e a Deus em particular *o que*, portanto, sabendo-se que em todo dever o homem só reconhece o que ele próprio tem a fazer para tornar-se digno dessa intervenção complementar que lhe é desconhecida ou, pelo menos, ininteligível.

Essa idéia de um soberano moral do universo é uma tarefa de nossa razão prática. Importa menos saber o que Deus é em si (em sua natureza), do que é para nós como seres morais. Embora devêssemos, em vista dessa relação, imaginar a admitir a natureza divina, como o exige essa condição com toda a perfeição necessária para a realização de sua vontade (por exemplo, imaginá-lo como um ser imutável, onisciente, todo-poderoso, etc.), e que, fora dessa relação, nada poderíamos saber a respeito dele.

Ora, em conformidade com essa necessidade da razão prática, a verdadeira fé religiosa universal é a fé em Deus, 1) enquanto Criador todo-poderoso do céu e da terra, ou seja, sob o ponto de vista moral enquanto legislador *sagrado*; 2) nele, o Conservador do gênero humano, enquanto seu soberano benevolente e seu protetor moral; 3) nele, administrador de suas próprias leis santas, isto é, Juiz íntegro.

Essa fé não contém, para dizer a verdade, nenhum mistério, porque exprime unicamente a atitude moral de Deus em relação ao gênero humano. Ela se apresenta também espontaneamente a toda razão humana e se encontra, por conseguinte, na religião da maioria dos povos civilizados[49]. Ela se encontra no conceito de um povo enquanto comunidade, em que se deve constantemente pensar num tríplice poder superior desse tipo, salvo se essa comunidade for aqui representada como ética. Disso decorre que essa tríplice qualidade do chefe moral do gênero humano pode ser concebida como unida num só e mesmo ser, mas num Estado jurídico civil ela deveria dividir-se necessariamente em três aspectos diferentes[50].

---

[49] Na sagrada história profética das coisas derradeiras, o juiz do universo (propriamente falando, aquele que haverá de tomar sob sua soberania e separará como seus aqueles que são egressos do reino do bom princípio) não é representado e chamado como Deus, mas como o Filho do Homem. Isso parece indicar que a própria humanidade, consciente de seus limites e de sua fragilidade, será o árbitro dessa escolha, o que é um efeito de bondade que não prejudica, contudo, a justiça. Ao contrário, o juiz dos homens, representado em sua divindade, isto é, desde que fale à nossa consciência, de acordo com a lei, reconhecida por nós como santa, e de acordo com nossa própria responsabilidade (ou seja, o Espírito Santo), não pode ser imaginado senão como aquele que julga no rigor da lei, porque nós mesmos nada sabemos de tudo aquilo que, imputado à nossa fragilidade, pode nos favorecer, só tendo diante dos olhos nossa transgressão com a consciência de nossa liberdade e do descumprimento do dever que nos é inteiramente imputado e, por conseguinte, não tendo nenhuma razão para admitir benevolência a nosso favor na sentença do juiz.

[50] Não se pode mesmo explicar porque tantos povos antigos concordaram sobre esse ponto, a menos

Entretanto, uma vez que essa fé, que havia purificado de antropomorfismos prejudiciais a relação no interesse de uma religião em geral moral do homem com o ser supremo e a havia adaptado à pura moralidade de um povo de Deus, havia sido apresentada em primeiro lugar publicamente ao mundo numa dogmática (a cristã) e nessa somente, não se pode realmente designar a promulgação uma revelação daquilo que, até esse momento, havia sido para os homens um mistério por sua própria culpa.

Com efeito, foi dito *em primeiro lugar*, pois não se deve representar-se o legislador supremo enquanto tal como *clemente*, portanto, *indulgente* para com a fraqueza humana, nem como *despótico*, mandando unicamente segundo seu direito ilimitado, nem suas leis como arbitrárias, sem nenhuma afinidade com nossas idéias de moralidade, mas como leis que visam a santidade do homem. *Em segundo lugar*, não se deve fazer consistir sua bondade numa *benevolência* incondicionada com relação a suas criaturas, mas em que considera em primeiro lugar seu caráter moral, que pode torná-las a ele *agradáveis* e então não supre senão a impotência em que se encontram para conseguir satisfazer por si mesmas a essa condição. *Em terceiro lugar*, sua justiça não pode ser representada como *bondade* e *perdão* (o que contém uma contradição) e menos ainda como se fosse exercida em conformidade com a *santidade* do legislador (na visão da qual nada é justo), mas somente como limitando a bondade à condição em que subsistir harmonia entre os homens e a lei sagrada, na medida em que *como filhos dos homens*, podem conformar-se ao que ela exige. Numa palavra, Deus quer que o sirvamos respondendo a uma tríplice qualidade moral, especificamente

que se admita que essa idéia se encontra na razão humana universal e se manifesta desde que se queira imaginar o governo de um povo e (por analogia com esse), um governo do universo. A religião de Zoroastro conhecia essas três pessoas divinas: Ormuzd, Mitra e Arìman; a religião hindu: Brahma, Vischnu e Siwa (com a diferença que a primeira dessas religiões representa a terceira pessoa não somente como autora do mal, enquanto castigo, mas mesmo do mal moral, pelo qual o homem é punido; a segunda a representa somente como alguém que julga e castiga). A religião egípcia tinha seus Phta, Kneph e Neit, dos quais, o primeiro, na medida em que as informações obscuras dos tempos mais antigos desse povo permitem adivinhar, devia representar o espírito distinto da matéria, enquanto criador do universo; mas o segundo princípio, a bondade que conserva e reina, e o terceiro, a sabedoria que limita a última, ou seja, a justiça. A religião dos godos reverenciava seu Odin (o pai universal), sua Freya (também Freyer, a bondade) e Tor, o deus que julga (pune). Parece que os próprios judeus tenham cultivado essas idéias nos últimos tempos de sua constituição hierárquica. Com efeito, na acusação apresentada pelos fariseus contra Cristo de que se teria chamado Filho de Deus, parece que não conferem uma importância particular na condenação da doutrina que Deus tenha um Filho, mas somente ao fato de que Cristo quis ser o Filho de Deus.

diversa e à qual convém, portanto, a denominação de uma personalidade distinta (não física, mas moral) de um só e mesmo ser e esse símbolo da fé exprime também a pura religião moral por inteiro, a qual, sem essa distinção, correria o risco de imaginar, de acordo com o pendor natural do homem, a divindade como um chefe supremo humano (que, em seu governo, não separa geralmente essa tríplice qualidade de seus diversos aspectos, mas muitas vezes os mistura e confunde), degenerando assim numa fé servil antropomórfica.

Se, no entanto, precisamente essa fé (numa Trindade divina) fosse considerada não somente como representação de uma idéia prática, mas como tendo de representar o que Deus é em si, então haveria um mistério que ultrapassa todos os conceitos humanos e, por conseguinte, não suscetível de uma revelação para a compreensão humana e não poderia ser anunciado como tal a esse respeito. A fé nesse mistério enquanto desenvolvimento do conhecimento teórico da natureza divina não poderia ser outra coisa senão a confissão de uma fé de igreja inteiramente inteligível para os homens e, no caso em que imaginassem compreendê-la, não passaria de um símbolo antropomórfico da fé de igreja e, dessa maneira, não se obteria absolutamente nada para o melhoramento moral. Somente aquilo que se pode compreender muito bem e penetrar sob o ponto de vista prático, mas que teoricamente (se se trata de determinar a natureza do objeto em si) ultrapassa todos os nossos conceitos, é um mistério (num sentido) e pode, no entanto, ser revelado (em outro sentido). O mistério mencionado há pouco é desse tipo e podemos distinguir três mistérios que nos são revelados por nossa própria razão.

1) O mistério da *vocação* (dos homens como cidadãos de um Estado ético). Não podemos imaginar a submissão geral *incondicional* do homem à legislação divina de outra forma senão ao nos considerarmos ao mesmo tempo como suas *criaturas*. É assim que Deus não pode ser considerado como o autor de todas as leis da natureza, a não ser porque é o criador das coisas da natureza. Entretanto, é para nossa razão absolutamente inconcebível que seres possam ser criados em vista do livro uso de suas forças, porque, segundo o princípio da causalidade, não podemos atribuir a um ser considerado como prudente nenhum outro motivo interior de seus atos senão aquele que pôs a causa produtora, motivo que determina a seguir (é, portanto, uma causa externa) todas as ações desse ser, do que decorre que esse mesmo ser não seria livre. Desse

modo, as luzes de nossa razão não podem conciliar a legislação divina, santa, só se referindo por conseguinte a seres livres, com o conceito de uma criação desses seres; deve-se, ao contrário, considerá-los desde já como seres livres, existentes, determinados não por sua dependência da natureza, em virtude de sua criação, mas por uma obrigação simplesmente moral, possível segundo leis de liberdade, o que significa uma vocação a ser cidadão no Estado divino. Dessa forma, moralmente, a vocação a esse fim é perfeitamente clara; pela especulação, contudo, a possibilidade desses eleitos é um mistério impenetrável.

2) O mistério da *satisfação*. O homem, como o conhecemos, é pervertido e em nada adaptado por si próprio a essa lei sagrada. Entretanto, se a bondade de Deus de alguma maneira o chamou à existência, isto é, o convidou a uma forma particular de existência (como membro do reino dos céus), é necessário que haja um meio para suprir a deficiência da capacidade, aqui requerida, pela plenitude de sua própria santidade. Ora, aí está algo que é contrário à espontaneidade (supõe-se que em todo bem ou em todo o mal moral o homem pode apresentar por si), segundo a qual um bem semelhante deve provir do próprio homem e não de outro, se se quiser imputá-lo a ele. Logo, enquanto a razão puder julgar isso, nenhum ser diferente desse homem pode substituí-lo graças a um excedente de boa conduta e de mérito, ou ainda, se isso for admitido, não pode ser necessário admiti-lo a não ser por um fim moral, porque, para o raciocínio, é um mistério inacessível.

3) O mistério da *eleição*. Mesmo que se aceite como possível, esta satisfação por substituição, sua aceitação, em virtude da fé moral, é contudo uma determinação voluntária para o bem, pressupondo no homem uma intenção agradável a Deus que não pode, contudo, em decorrência de sua corrupção natural produzir nele espontaneamente. Entretanto, que uma *graça* celestial deva agir nele, que conceda esse auxílio, não segundo o mérito das obras, mas em virtude de um *decreto* incondicional, o conceda a um e o recuse a outro e que uma parte de nossa espécie seja eleita para a felicidade e a outra para a condenação eterna, aí está novamente algo que não confere nenhuma idéia de uma justiça divina e deveria ser, a rigor, relacionada a uma sabedoria, cuja regra constitui de qualquer maneira para nós um mistério.

Ora, a respeito desses mistérios, enquanto se referem à história da vida moral de todo homem, como pode ocorrer que um bem ou um mal moral em geral se encontrem no mundo (e se o mal existe em todos e em todo o tempo)? Como do mal pode resultar o bem e se instala num indivíduo qualquer, ou ainda, por que, se isso ocorre com alguns, outros são, no entanto, excluídos? Deus nada nos revelou e não pode tampouco nos revelar, porque não o haveríamos de compreender[51]. Seria como se quiséssemos explicar o que ocorre, por meio de sua liberdade, ao homem e tornar assim compreensível a coisa para nós. Deus certamente nos revelou, a esse respeito, sua vontade pela lei moral em nós, mas deixou na sombra as causas, em virtude das quais um ato livre ocorre ou não no mundo, sombra na qual deve permanecer, para todas as buscas humanas, o que, enquanto história, deve também ser compreendido como a partir da liberdade, em virtude até mesmo da lei das causas e efeitos[52]. Entretanto, no que se refere à regra objetiva de nossa conduta, tudo aquilo de que temos necessidade nos é revelado de modo suficiente (pela razão e pela Escritura) e essa revelação é igualmente inteligível para todos os homens.

Que o homem seja chamado pela lei moral a uma boa vida que, graças a seu respeito inalterável por essa lei que está nele, encontre em si uma promessa que permita ter confiança nesse Espírito benevolente e esperar dar-lhe satisfação de alguma maneira qualquer, que, enfim, aproximando essa esperança do severo mandamento da lei, deva constantemente examinar-se como assinalado diante de um juiz para se justificar, isso é o que nos ensinam e a que ao mesmo tempo nos convidam a razão, o coração e a consciência. Seria pouco discreto exigir que nos fosse comunicado mais a respeito e, se isso pudesse ser feito, não se deveria incluir essa revelação entre as necessidades gerais da humanidade.

---

[51] Geralmente não se tem nenhum escrúpulo em exigir dos novatos na religião a crença nos mistérios, porque o fato de não podermos compreendê-los, isto é, de não podermos captar a possibilidade de seu objeto, não pode tampouco autorizar-nos a refutar a admissão como, por exemplo, aquela da faculdade de reprodução que possuem as matérias orgânicas, o que ninguém tampouco compreende e que não se pode deixar de admitir, embora isso seja para nós um mistério que haverá de perdurar. Entretanto, entendemos muito bem o que quer dizer essa expressão e temos um conceito empírico de seu objeto com a consciência de que nisso não há contradição. Pode-se legitimamente exigir de todo mistério, proposto à fé, poder entender o que se quer significar com ele. Ora, para nada serve nesse aspecto entender separadamente as palavras que o designam, ou seja, conferir-lhe um sentido, mas é necessário que, unidas num conceito, essas palavras permitam captar um sentido, sem que o pensamento nisso se esgote. Não se pode crer que Deus nos permita chegar a esse conhecimento por inspiração, mesmo que de nossa parte tenhamos o sério desejo para tanto. Com efeito, toda inerência é, nesse caso, impossível, porque a natureza de nosso entendimento é incapaz com relação a isso..

[52] Esse é o motivo pelo qual compreendemos muito bem, sob o aspecto prático, o que é a liberdade (quando se trata de dever), ao passo que, sob o ponto de vista teórico, sob o aspecto de sua causalidade (de sua natureza, de alguma forma), não podemos sequer sonhar sem contradição em querer compreendê-la.

Embora esse grande mistério, que compreende todos aqueles de que se tratou numa fórmula, possa ser tornado compreensível a todo homem como idéia religiosa praticamente necessária, pode-se dizer, no entanto, que, para tornar-se o fundamento moral da religião, notadamente de uma religião pública, tenha sido em primeiro lugar revelado no momento em que foi ensinado *oficialmente* e em que foi constituído como símbolo de uma época religiosa de todo nova. *Fórmulas solenes* dispõem geralmente de uma linguagem que lhes é própria, reservada àqueles que fazem parte de uma sociedade particular (corporativa ou comunitária), linguagem determinada, por vezes mística, que nem todos compreendem, e da qual, a justo título, não se deveria fazer uso (por respeito), senão em vista de um ato solene (como, por exemplo, quando alguém deve ser admitido na qualidade de membro numa sociedade, distinguindo-se dos outros). Entretanto, o objetivo supremo que os homens jamais poderão atingir plenamente, ou seja, a perfeição moral das criaturas finitas, é o amor da lei.

De acordo com essa idéia, seria um princípio de fé na religião que "Deus é amor". Nele pode-se *honrar* aquele que ama (com esse amor que surge da *satisfação* moral que lhe proporcionam os homens quando se conformam com a sagrada lei), o *Pai*, e mais ainda nele honrar, enquanto é representado em sua idéia que conserva todas as coisas, o arquétipo da humanidade, gerado por ele e amado por ele, seu *Filho*; enfim, pode-se honrar nele, enquanto faz depender essa satisfação do acordo dos homens com a condição desse amor que repousa na satisfação, provando assim que esse amor se baseia na sabedoria, o *Espírito Santo*[53]. Na realidade, porém, não se pode *invocá*-lo numa

[53] (19) Esse Espírito pelo qual o amor de Deus, como santificador (na realidade o amor que em troca temos por ele) se une ao temor de Deus, na qualidade de legislador, isto é, o condiciona à condição, esse Espírito que, por conseguinte, pode ser representado como "precedendo de um e de outro", é também, além de "conduzir em toda a verdade" (à observância da lei), propriamente falando, o juiz dos homens (diante de sua consciência). De fato, o ato de julgar pode ser interpretado de duas maneiras: pode ser deferido com relação ao mérito ou à falta de mérito ou ainda com relação à culpabilidade e à inocência. Deus considerado como amor (em seu Filho) julga os homens na medida em que, cumpridas suas obrigações, certo mérito pode ainda beneficiá-los e sua sentença se formula então entre dignos e indignos. Coloca de lado, como seus, aqueles aos quais um mérito desse tipo pode ainda ser imputado; quanto aos outros, partem de mãos vazias. Pelo contrário, a sentença do juiz de acordo com a justiça (daquele que deve propriamente ser chamado juiz sob o nome de Espírito Santo), relativa àqueles que mérito algum pode favorecê-los, se formula em culpado ou inocente, ou seja, condenação ou absolvição. Julgar significa, no primeiro caso, separar os merecedores dos não merecedores, uns e outros aspirando a um mesmo prêmio (a beatitude). Entretanto, com o termo mérito não se entende aqui uma vantagem da moralidade com relação à lei (com referência à qual não pode ser-nos concedido nenhum excedente na observância do dever, além de nossas obrigações), mas em comparação com outros homens, sob o aspecto de sua

personalidade tão complexa (pois isso seria indicar uma diferença de essência quando é sempre um único objeto), mas antes em nome do objeto que honra e ama acima de tudo e com o qual se tem o desejo e também o dever de estar unido moralmente. Por outro lado, a confissão teórica da fé na natureza divina sob essa tríplice qualidade se realiza na simples fórmula clássica de uma fé de igreja para distingui-la de outras espécies de crenças derivadas de fontes históricas, uma vez que poucos homens são capazes de elaborar para si um conceito claro e determinado (que não se exponha a uma falsa interpretação). Compete melhor aos doutores (como intérpretes filosóficos e eruditos de um livro sagrado), em suas relações mútuas comentá-la, em vista de chegar a um acordo sobre sua significação, uma vez que nem tudo é acessível à inteligência comum, nem mesmo apropriado à necessidade da época, e a pura fé literal corrompe mais do que melhora o verdadeiro pensamento religioso.

intenção moral. A dignidade não tem senão um significado negativo (não indigno), isto é, o de ser moralmente suscetível de semelhante sinal de bondade. Aquele, portanto, que julga em primeira instância (como brabeuta) dá uma sentença sobre a escolha entre duas pessoas (ou duas partes) que manobram o prêmio (a beatitude); mas aquele que julga em segunda instância (o juiz propriamente dito) profere a sentença a respeito de uma só e mesma pessoa, diante de um tribunal (a consciência) que se pronuncia entre o acusador e o advogado. Ora, se for admitido que todos os homens estão marcados pela mancha do pecado, mas que para alguns certo mérito pode ser proveitoso, é então que a sentença do juiz intervém por amor, sentença cuja falta implicaria em um julgamento de adiamento, que teria como conseqüência inevitável um julgamento de condenação (uma vez que o homem seria então entregue ao juiz de acordo com a justiça). Desse modo, se poderia conciliar, segundo meu parecer, essas proposições que aparentemente se contradizem: "O Filho há de vir para julgar os vivos e os mortos" (Atos dos Apóstolos, X, 42). E por outro lado: "Deus não o enviou ao mundo para julgar o mundo, mas para que o mundo seja salvo por ele" (Evangelho de João, III, 17). Essas poderiam concordar com esta, em que se diz: "Aquele que não crer no Filho já está julgado" (Evangelho de João, III, 18), ou seja, por esse Espírito, do qual se diz: "Ele há de julgar o mundo por causa do pecado e em nome da justiça" (Evangelho de João, XVI, 8). O cuidado inquieto conferido a semelhantes distinções no domínio da razão pura, no interesse da qual são aqui estabelecidas, na verdade, poderia facilmente ser considerada como uma sutileza inútil e incômoda. Com efeito o seria se tivesse por objetivo perscrutar a natureza divina. Mas como os homens, no tocante à sua religião, têm a tendência constante de dirigir-se, em razão de suas faltas, à bondade divina, sem poder evitar contudo sua justiça, e que, por outro lado, um juiz benevolente numa só e mesma pessoa é uma contradição, vê-se claramente que, mesmo sob o aspecto prático, seus conceitos devem a esse respeito ser bastante oscilantes e sem harmonia entre eles e que, por conseguinte, é de grande importância prática retificá-los e determiná-los com exatidão.

QUARTA PARTE

O VERDADEIRO E O FALSO CULTO SOB A SOBERANIA DO PRINCÍPIO BOM OU A RELIGIÃO E O SACERDÓCIO

Já é um começo da soberania do princípio bom e um sinal que "o reino de Deus está chegando entre nós", mesmo se forem somente os princípios da constituição desse reino que começam a tornar-se *públicos*, por que é no mundo do entendimento que as causas, que somente elas podem produzi-lo, tomaram raiz de maneira universal, embora seu inteiro desenvolvimento fenomenal no mundo sensível esteja ainda em retrocesso num afastamento imenso. Vimos que unir-se numa cidade ética constitui um dever de um tipo particular (*officium sui generis*) e que, embora cada um obedeça a seu dever privado, pode-se muito bem extrair disso uma *harmonia contingente* de todos em vista de um bem comum, mesmo sem que uma instituição particular seja necessária, mas essa harmonia universal não pode ser esperada, se não for feito algo próprio dessa união mútua em vista de um mesmo objetivo, instituição de uma *comunidade* submetida a leis morais, cujas forças associadas são tanto mais eficazes para resistir aos ataques do princípio mau (ao qual os homens, por outro lado, tentados, uns pelos outros, de servir de instrumento). Vimos também que o estabelecimento de semelhante comunidade, como *reino de Deus*, não pode ser empreendido pelos homens a não ser por meio da *religião* e que, finalmente, para que essa seja pública (coisa necessária a uma cidade), é necessário que esse reino possa ser representado sob a forma sensível de uma *Igreja* que compete aos homens criar sua organização, pois essa é uma obra deixada a seus cuidados e que pode ser exigida deles.

Uma Igreja, contudo, enquanto comunidade a ser edificada, segundo leis religiosas, parece exigir mais sabedoria (tanto sob o ponto de vista da inteligência como da boa intenção) do que se pode sem dúvida atribuir aos homens; já o bem moral que se propõe atingir por semelhante instituição parece a esse respeito já ser pressuposta neles. É com certeza uma expressão absurda quando se diz que *homens* deveriam *fundar* um reino de Deus (como se pode facilmente dizer que podem instituir o reino de um monarca humano). O próprio Deus deve ser o fundador de seu reino. Entretanto, como não sabemos o que Deus faz de maneira imediata, para expor na realidade a idéia de seu reino, quando encontramos em nós o destino moral de ser cidadãos e súditos dele, mas que sabemos bem o que temos de fazer para nos tornarmos próprios para ser inseridos como seus membros, essa idéia, que tenha sido sugerida ao gênero humano e que se tenha tornado *pública* por causa da razão ou da Escritura, nos haverá de associar, no entanto, em vista de organizar uma Igreja; e nesse caso, o próprio Deus como fundador será o autor da *constituição* dessa Igreja, mas os homens, na qualidade de membros e de cidadãos livres desse reino, são, em qualquer caso, os autores de sua *organização*. E entre eles, aqueles que, segundo essa organização, ao administrar seus negócios públicos, constituem a *administração* como servidores da Igreja. As outras pessoas formam uma associação submetida a suas leis, isto é, a *comunidade*.

Como uma pura religião da razão, enquanto fé religiosa pública, não admite senão a única idéia de uma Igreja (a saber, invisível), e que a Igreja visível, fundada em dogmas, não é suscetível senão de uma organização estabelecida pelos homens e a ela é apta, o culto sob a autoridade do princípio bom, não poderá ser considerado na primeira como um culto de Igreja, e essa religião não tem servidores legais, funcionários de uma cidade moral. Todo membro nela recebe as ordens diretamente do legislador supremo. Entretanto, como com relação a todos os nossos deveres (que devemos considerar também em seu conjunto como mandamentos de Deus), estamos constantemente a serviço de Deus, a *pura religião da razão* terá como *servidores* todos os homens bem intencionados (os quais, no entanto, não seriam *funcionários*); é verdade que não poderiam, nesse caso, ser chamados servidores de uma igreja (de uma igreja visível, a única de que se trata aqui). Ora, como toda Igreja, fundada em leis estatutárias não pode ser a Igreja verdadeira, a não ser que contenha em si o princípio de se aproximar constantemente da pura fé da razão (aquela que, quando é prática, constitui, propriamente falando, em toda fé, a religião), permitindo-lhe poder, com o tempo, mostrar-se como a fé de igreja (isto é, de seu conteúdo histórico), poderíamos atribuir a essas leis e aos funcionários da Igreja estabelecida nessa base um *serviço* (*cultus*) da Igreja enquanto estiverem em conformidade o tempo todo com seu ensinamento e sua organização para esse fim último (uma fé religiosa pública). De modo bem diverso, os servidores de uma igreja que não levam em conta essas considerações e declaram antes que a máxima, que convida a aproximar-se constantemente desse fim, é condenável e que, em contrapartida, o apego ao elemento histórico e estatutário da fé de igreja é o único capaz de conceder a salvação, podem ser acusados com razão de *praticar o falso culto* na igreja ou na comunidade ética (o que essa representa) sob a autoridade do princípio bom. Por falso culto (*cultus spurius*), entende-se a persuasão de servir alguém por ações que, na realidade, o levam a falhar no objetivo a que se propõe. É o que acontece numa comunidade quando se deixa passar aquilo que não tem senão o valor de um meio próprio a dar satisfação à vontade de um superior por aquilo que nos torna *imediatamente* agradável a ele e com isso se acaba frustrando as intenções desse superior.

Primeira Seção

O serviço de Deus numa religião em geral

A *religião* (considerada subjetivamente) é o conhecimento de todos os nossos deveres *como* mandamentos divinos[54]. Aquela em que devo saber de antemão que alguma coisa é um mandamento divino, para reconhecê-lo como meu dever, é a religião *revelada* (ou que exige uma revelação). Ao contrário, aquela em que devo saber de antemão que alguma coisa é um dever antes que possa reconhecê-lo como mandamento de Deus, é a *religião natural*. Aquele que declara que somente a religião natural é moralmente necessária, ou seja, um dever, pode ser chamado também *racionalista* (em matéria de fé). Se negar a realidade de toda revelação divina sobrenatural, é chamado *naturalista*. Mas

[54] Graças a essa definição, evita-se muita interpretação errônea do conceito de religião em geral. Em primeiro lugar, ela não exige no tocante ao conhecimento teórico e à confissão de fé uma ciência assertiva (nem mesmo aquela da existência de Deus), pois, considerando nossa deficiência no que se refere ao conhecimento de objetos supra-sensíveis, essa confissão poderia muito bem representar uma impostura; pressupõe somente, do ponto de vista especulativo, a respeito da causa suprema das coisas, uma aceitação problemática (uma hipótese), mas com relação ao objeto em vista do qual nossa razão, comandando moralmente, nos convida a agir, uma fé prática, que prometa um efeito quanto ao objetivo final dessa razão, seguida por uma fé assertiva e livre que não tem necessidade senão da idéia de Deus, para a qual deve convergir inevitavelmente todo esforço moral sério (e, portanto, sustentado pela fé) em vista do bem, sem pretender poder com isso garantir a realidade objetiva por meio de um conhecimento teórico. Para o que pode ser imposto a cada um como dever, o mínimo de conhecimento (possibilidade da existência de Deus) já deve bastar subjetivamente. Em segundo lugar, previne-se, graças a essa definição de uma religião em geral a representação errônea de que constitui um conjunto de deveres particulares, reportando-se diretamente a Deus, e desse modo se evita admitir (ao que os homens, por outro lado, estão muito dispostos), além dos deveres humanos morais e cívicos (homens para com os homens), serviços de corte, procurando talvez até mesmo a seguir compensar por esses últimos a carência dos primeiros. Numa religião universal, não há deveres especiais para com Deus, pois Deus nada pode receber de nós e não podemos agir nem sobre ele, nem por ele. Se quisermos fazer do respeito que lhe é devido um dever desse tipo, não levaríamos em conta aquilo de que não se pudesse ver nele um ato religioso particular, mas sim a intenção religiosa que acompanha todos os nossos atos que estão em conformidade com o dever. Ainda que se diga "Deve-se obedecer a Deus antes que aos homens", isso não significa outra coisa senão isso: se mandamentos estatutários, com relação aos quais os homens pode ser legisladores e juízes estão em conflito com deveres que a razão prescreve de uma maneira absoluta e cujo cumprimento e transgressão não podem ter senão Deus por juiz, a autoridade dos primeiros deve ceder a esses últimos. Mas, se fosse entendido realmente que se deve obedecer a Deus antes que aos homens, o respeito dos mandamentos estatutários que uma igreja classifica como ordens divinas, esse princípio poderia facilmente tornar-se um grito de guerra, ouvido muitas vezes da parte de padres hipócritas e ávidos de poder, que impeliria à insurreição contra a autoridade civil. De fato, as ações lícitas que essa última ordena constituem certamente deveres. Entretanto, que uma coisa em si realmente lícita, mas conhecida por nós somente por revelação divina, seja verdadeiramente ordenada por Deus, aí está uma coisa que é muito incerta (pelo menos, na maioria das vezes).

se admitir a revelação, sustentando que conhecê-la e admiti-la como verdadeira não é para a religião uma condição necessária, pode-se então designá-lo um *racionalista puro*; finalmente, se acreditar que a fé nela é necessária à religião universal, poder-se-ia denominá-lo puro *supranaturalista* em matéria de fé.

Em virtude de seu título, o racionalista deve por sua iniciativa manter-se nos limites da sabedoria humana. Por esse motivo é que não haverá de negar jamais como naturalista e nunca haverá de contestar a possibilidade intrínseca da revelação em geral, nem a necessidade de uma revelação como meio divino para introduzir à verdadeira religião, pois essa é uma maneira sobre a qual ninguém pode decidir qualquer coisa por meio da razão. O debate não pode, portanto, incidir senão sobre as pretensões recíprocas do racionalista e do supranaturalista em matéria de fé, ou seja, sobre aquilo que um e outro admite como necessário e suficiente para a única religião verdadeira ou somente como contingente nela.

Se em religião são estabelecidas divisões não segundo sua origem primeira e sua possibilidade intrínseca (pois nesse caso seria dividida em natural e revelada), mas unicamente de acordo com a disposição que a torna suscetível de *uma comunicação externa*. Pode ser de duas espécies: é a religião *natural*, da qual (desde o momento em que existe) cada um pode estar convencido por sua razão, ou uma religião *sábia*, sobre a qual se pode convencer a outrem por meio da erudição somente (na qual e pela qual é preciso ser guiado). Essa distinção é muito importante, pois unicamente da origem de uma religião não se pode concluir nada no que se refere a sua aptidão ou inaptidão em tornar-se uma religião humana universal, mas pode-se muito bem concluir por sua constituição se é ou não comunicável universalmente. Ora, a primeira dessas qualidades constitui a característica essencial da religião que deve obrigar a todo homem.

Disso decorre que uma religião pode ser a religião *natural* ao mesmo tempo que é também revelada, se for constituída de tal modo que os homens *pudessem ou devessem* chegar a ela graças unicamente ao uso de sua razão, embora não *tivessem* chegado a ela tão cedo e tão numerosos quanto seria almejável. Disso decorre que uma revelação dessa religião num tempo e num local determinado poderia ser sábia e muito proveitosa para o gênero humano, na condição contudo que, a religião assim introduzida tendo sido uma vez estabelecida e tornada pública, cada um possa se convencer daí em diante da verdade que ela comporta para si e para sua própria razão. Nesse caso, a religião é *objetivamente* religião natural, embora *subjetivamente* seja revelada. É por isso que a primeira denominação lhe convém, propriamente falando. De fato, na seqüência, poderia cair em total esquecimento que semelhante revelação sobrenatural tenha algum dia ocorrido, sem que com isso essa religião perca o mínimo de sua inteligibilidade, de sua certeza ou de seu poder sobre os espíritos. Ocorre, porém, de outra forma com a religião que, em decorrência de sua constituição interna, não pode ser considerada senão como revelada. Se não fosse conservada por uma tradição de todo segura ou em livros sagrados como documentos, desapareceria do mundo e deveria ser produzida uma revelação sobrenatural que se renovaria de tempos em tempos ou se perpetuaria interiormente em cada um, e sem a qual a extensão e a propagação de uma fé desse tipo não seria possível.

Entretanto, por um lado pelo menos toda religião, mesmo a religião revelada, deve conter também certos princípios da religião sobrenatural. De fato, a revelação não pode ser acrescentada pelo pensamento ao conceito de uma *religião* senão pela razão, porque esse conceito, mesmo enquanto deduzido de uma obrigação submetida à vontade de um legislador moral, é um puro conceito racional. Desse modo, poderíamos considerar, examinar uma religião revelada como *natural* por um lado, mas por outro também como uma religião *sábia*, e poderíamos distinguir os empréstimos passados a uma ou outra dessas fontes ou ainda a respectiva importância desses empréstimos.

Mas isso não pode ser feito muito bem, quando tivermos por objetivo falar de uma religião revelada (pelo menos de uma religião considerada como tal), sem tomar um exemplo na história, caso contrário seria necessário imaginar precisamente certos casos, como exemplos, para nos levar a compreender, casos cuja possibilidade poderia, no entanto, ser contestada. Não podemos, portanto, fazer outra coisa melhor que tomar algum livro que apresenta esses casos, nos quais se encontram em particular estreitamente ligados preceitos morais, próximos por conseguinte à razão, a fim de nos servir de meio para explicar nossa idéia de uma religião revelada em geral; estudaríamos a seguir como um desses numerosos livros que tratam de religião e de virtude, abrigados sob o crédito de uma revelação, para procurar neles, como exemplo do procedimento útil em si, aquilo que podemos considerar neles como pura religião racional, universal por conseguinte, sem intervir no trabalho daqueles aos quais foi confiada a exegese desse mesmo livro como soma de doutrinas positivas reveladas, e sem querer com isso atacar sua interpretação que se baseia na erudição. É antes vantajoso para esta última, porquanto se propõe o mesmo fim único que os filósofos, ou seja, o bem moral, o de levar esses por seus próprios motivos racionais para onde ela própria pensa chegar por outro caminho. Esse livro, portanto, nesse caso pode ser o Novo Testamento, enquanto fonte da dogmática cristã. De acordo com nosso objetivo, vamos apresentar em dois capítulos, primeiramente a religião cristã enquanto religião natural, e em segundo lugar, enquanto religião sábia, segundo seu conteúdo e os princípios que nela se encontram.

I - A religião cristã, religião natural

A religião natural enquanto moral (com relação à liberdade do indivíduo), unida ao conceito daquilo que pode conferir um valor efetivo a seu fim último (o conceito de Deus como autor moral do mundo) e relacionada a uma duração do homem conforme, portanto, a esse fim (à imortalidade), é um puro conceito prático da razão que, apesar de sua fecundidade infinita, supõe no entanto para uma parte tão fraca a faculdade da razão teórica, se pode convencer a cada um praticamente de uma maneira suficiente e exigir também de cada um o efeito ao menos como dever. Ela possui em si a condição capital da verdadeira Igreja, qualificada com efeito por sua universalidade, se com isso se entender que é válida para todos (*universalitas vel omnitudo distributiva*), ou seja, a unanimidade universal. Para propagá-la e conservá-la nesse sentido como religião do mundo, é necessário certamente um conjunto de servidores (*ministerium*), apegados simplesmente à Igreja invisível, mas não funcionários (*officiales*), ou seja, mestres e não administradores, porque a religião da razão de alguém em particular não forma ainda uma igreja, em outros termos, uma associação universal (*omnitudo collectiva*) e o próprio objetivo, para dizer a verdade, não está compreendido nessa idéia.

Ora, como semelhante unanimidade não se manteria por si e, por conseguinte, não se haveria de propagar em sua universalidade, a menos que se junta a ela uma universalidade coletiva, isto é, uma associação de crentes numa Igreja (visível) que segue os princípios de uma pura religião da razão e que essa não se forme por si, em virtude dessa unanimidade, ou mesmo, uma vez estabelecida, não poderia adquirir, por meio de seus adeptos livres (como foi visto anteriormente) uma condição *permanente*, enquanto comunhão dos crentes (pois nenhuma dessas pessoas esclarecidas pensa que suas intenções religiosas tenham necessidade da participação de outrem numa religião desse tipo); haverá de faltar sempre, se às leis naturais cognoscíveis pela razão pura não se acrescentam também certas regras estatutárias acompanhadas pela autoridade legislativa (*Auctoritas*), o que constitui um dever particular dos homens e um meio para atingir seu mais elevado objetivo, ou seja, sua associação estável para formar uma Igreja visível universal, ou a autoridade que deve ter o fundador dessa igreja pressupõe um fato e não somente o puro conceito da razão.

Ora, se admitirmos que houve um mestre, sobre o qual uma história (ou, pelo menos, a opinião geral que não há como discutir a fundo) diz que anunciou uma religião pura, universalmente inteligível para o mundo inteiro (natural), penetrante e da qual nós mesmos podemos examinar os dogmas por essa razão como se nos estivessem reservados; que anunciou em primeiro lugar publicamente e mesmo a despeito de uma fé de igreja dominante, incômoda e que não tinham em vista o fim moral (que por seu culto servil pode servir de modelo a toda crença nos pontos fundamentais da fé essencialmente estatutária, geralmente difundida no mundo nessa época). Se constatarmos que faz dessa religião geral da razão a condição suprema indispensável de toda fé religiosa, tendo acrescentado a seguir certos estatutos que contêm formas e observâncias para servir de meios a fim de instituir uma igreja fundada sobre esses princípios, não se pode, apesar daquilo que há de contingente e arbitrário nas regras que estabeleceu para esse fim, contestar a esse igreja o nome de Igreja universal, nem a ele próprio a grandeza de ter convidado os homens a unir-se nela, sem sobrecarregar a fé de novas ordens incômodas, nem querer fazer dessas disposições tomadas, em primeiro lugar por ele, ações obrigatórias em si, enquanto elementos constitutivos da religião.

Não se pode, depois dessa descrição, enganar-se com relação à pessoa que pode ser reverenciada, não propriamente como *fundadora* da *religião* pura de toda prescrição inscrita no coração de todos os homens (pois a origem dessa religião não tem nada, de fato, de arbitrário), mas da primeira *Igreja* verdadeira.

Para comprovar a dignidade de sua missão divina, vamos citar algumas de suas doutrinas, incontestáveis documentais de uma religião em geral. Pouco importa, por outro lado, o que diz a história (pois a própria idéia já contém a razão suficiente dessa admissão). Essas doutrinas, na verdade, não poderiam ser senão puros ensinamentos da razão; com efeito, somente esses se demonstram por si e é deles que deve, de preferência, depender a confirmação dos outros.

Em primeiro lugar, para ele não é a observância dos deveres civis exteriores ou dos deveres de igreja estatutários, mas somente a pura intenção moral do coração, que pode tornar agradável a Deus (*Evangelho de Mateus*, V, 20-48); o pecado em pensamento deve ser considerado diante de Deus como equivalente ao ato (versículo 28); de uma maneira geral, a santidade é o objetivo para o qual se deve tender (versículo 48); odiar em seu coração, por exemplo, é o mesmo que matar (versículo 22); a injustiça feita ao próximo não pode ser reparada senão pela satisfação dada a esse, mas não por atos cultuais (versículo 24); no que se refere à veracidade, o meio civil usado para fazer coerção[55], isto é, o juramento, prejudica a própria verdade (versículo 34-37); segundo ele, o mau pendor natural do coração humano deve inverter-se totalmente; o doce sentimento da vingança deve mudar-se em paciência (versículos 39-40) e o ódio para com os inimigos deve mudar em benevolência (versículo 44). Julga, diz ele, satisfazer perfeitamente a lei judaica (versículo 17), mas nesse caso visivelmente não deve ser a ciência das Escrituras, mas a pura religião que é encarregada da interpretação, pois, ao pé da letra, a lei autorizava exatamente o contrário. Além disso, não deixa de assinalar as expressões "porta estreita" e "caminho estreito",

[55] Não se compreende muito bem porque essa clara interdição de um meio de coerção, baseado na superstição pura e não na integridade da consciência, para obrigar à confissão diante de um tribunal civil, seja considerada pelos doutores da religião como tão pouco importante. Que nesse caso se conte sobretudo com o efeito da superstição, é aquilo que se pode reconhecer no momento em que se pensa que um homem, ao qual não se concede dizer a verdade numa declaração solene da verdade, da qual depende a decisão do direito dos homens (o que há de mais sagrado no mundo), será levado a dizê-lo em virtude de uma fórmula que, além dessa declaração, não contém outra coisa senão chamar sobre si os castigos divinos (dos quais, por outro lado, depois de semelhante mentira, não poderia escapar); como se dependesse ou não dele prestar contas diante de um tribunal supremo. Na passagem citada das Escrituras, essa forma de afirmação solene é representada como uma desmedida absurda, para conferir, de algum modo, a coisas que não estão em nosso poder, realidade por meio de palavras mágicas. Entretanto, observamos muito bem o sábio Mestre dizer que tudo aquilo que vai além de "Sim, sim, não, não", como afirmação da verdade, vem do mal. Viu muito bem as conseqüências deploráveis que os juramentos arrastam após si, isto é, que a grande importância que lhes é atribuída, autoriza praticamente a mentira usual.

a falsa interpretação da lei que os homens se permitem para não se incomodar com seu verdadeiro dever moral, desimpedindo-se dele pela observância do dever cultual (VII, 13)[56]. Exige, no entanto, que essas intenções puras devem ser provadas por *atos* (versículo 16) e tira, ao contrário, a esperança pérfida daqueles que pensam em substituir a deficiência pela invocação e glorificação do legislador supremo na pessoa de seu mensageiro e ganhar seus favores por lisonjas (versículo 21). Deseja que essas obras sejam realizadas também publicamente, por causa do exemplo a imitar (V, 16) e, na verdade, com entusiasmo jovial e não como atos servilmente extorquidos (VI, 16), de modo que, partindo de uma comunicação e de uma propagação, modestas no início de semelhantes intenções, como uma semente num bom terreno ou como fermento do bem, a religião, em virtude de sua força interior, se desenvolveria aos poucos num reino de Deus (XIII, 31-33).

Finalmente, resume todos os deveres: 1.º numa só regra *geral* (que compreende em si a condição moral interior como condição moral exterior do homem), isto é, "Cumpre teu dever sem invocar outro motivo que seu valor imediato, ou seja, ama a Deus acima de tudo" (o legislador de todos os deveres); 2.º numa regra *particular*, ou seja, aquela influencia, enquanto dever universal, as relações externas com outros homens: "Ama teu próximo como a ti mesmo, ou seja, adianta seu bem com uma benevolência que, imediata, não deriva de motivos egoístas." Esses mandamentos não são somente leis de virtude, mas prescrições da *santidade* que devemos perseguir e, nesse aspecto, o simples esforço é designado *virtude*. Para aqueles, portanto, que esperam passivamente esse bem moral, de mãos nos bolsos, como um dom que cai do céu, lhes tira toda a esperança de chegar a ele algum dia. Àquele que deixa sem utilizar a disposição natural para o bem que se encontra na natureza humana (como um talento que lhe foi confiado) com essa confiança preguiçosa que uma influência moral superior há de vir para completar as qualidades e a perfeição morais de que carece, dirige-lhe esta ameaça, ou seja, que mesmo o bem que poderia ter feito em virtude de suas disposições inatas não lhe haverá de trazer nenhum benefício por causa dessa negligência (*Evangelho de Mateus*, XXV, 19).

[56] A porta estreita e a via estreita que conduzem à vida são aquelas da boa conduta. A porta ampla e a via larga que muita gente segue são a igreja. Certamente não é culpa sua, nem de seus estatutos, se os homens se perdem, mas aquela da crença que entregar-se à igreja, seguir seus estatutos e celebrar seus costumes é, propriamente falando, a maneira pela qual Deus quer ser servido.

Ora, no que se refere à espera muito natural para o homem com relação à felicidade, de um destino em conformidade com a conduta moral, considerando-se sobretudo que teve de fazer muitos sacrifícios em matéria de felicidade, em proveito dessa conduta, ele promete (Evangelho de Mateus, V, 11-12) em troca a recompensa de um mundo futuro. Mas, de acordo com a diversidade das intenções que inspiram essa conduta, o prêmio daqueles que cumpriram seu dever *por causa da recompensa* (ou para serem excluídos de um castigo merecido) deverá diferir do prêmio reservado aos homens de melhor vontade que cumpriram seu dever pelo próprio amor do dever. Aquele que é dominado pelo egoísmo, o deus deste mundo, nos é representado, quando sem desligar-se dele lhe é suficiente purificá-lo pela razão e estendê-lo para além dos limites estreitos do presente, como um homem que engana seu mestre (Evangelho de Lucas, XVI, 3-9), servindo-se desse próprio mestre, e lhe impõe sacrifícios no próprio interesse do dever. Com efeito, quando compreende que deverá um dia, e logo talvez, deixar o mundo, que não poderá para o além nada do que possuía na terra, poderá decidir-se em suprimir por sua conta, ou por aquela de seu mestre, aquilo que o interesse pessoal podia legalmente destinar a pessoas necessitadas, obtendo em troca, de algum modo, promissórias pagáveis em outro mundo. Ao fazer isso, procede, na verdade, com mais prudência que moral, no que se refere ao motivo de ações beneficentes desse gênero, em conformidade, no entanto, com a lei moral, ao menos segundo a letra, e lhe é lícito esperar que essa maneira de agir não haverá de ficar no futuro sem recompensa[57]. Se for observado o que se diz da benevolência com relação aos necessitados, em virtude de sérios motivos do dever (Evangelho de Mateus, XXV, 35-40), ou seja, que o juiz do mundo proclama como os verdadeiros eleitos de seu reino aqueles que socorreram os indigentes, sem mesmo imaginar que semelhante ato merecesse ainda uma recompensa, precisamente porque o fizeram sem essa segunda intenção, poder-se-á ver que o mestre do Evangelho, quando fala de recompensas no mundo futuro, não quis fazer

[57] Do futuro não sabemos nada e tampouco podemos prever mais do que aquilo que se relaciona racionalmente aos motivos da moralidade e a seu objetivo. É a isso que se refere igualmente a crença de que não existe boa ação que não tenha no mundo futuro conseqüências felizes para aquele que as realiza e que, por conseguinte, o homem, por mais condenável que possa parecer no fim de sua vida, não deve deixar-se deter por essa razão de realizar ainda, pelo menos, uma boa ação, se lhe for possível, tendo lugar, dessa forma, de esperar que ela terá sempre mais valor, na medida em que sua intenção era pura e boa, do que essas absolvições ociosas que, sem contribuir de algum modo a uma diminuição da culpabilidade, devem compensar a ausência de boas ações.

disso o motivo de nossas ações, mas somente (enquanto representação edificante da perfeição, da bondade e da sabedoria divinas na conduta do gênero humano) o objeto da maior veneração e da maior satisfação moral por uma razão que julga em seu conjunto o destino do homem.

Aqui estamos, portanto, diante de uma religião completa que pode ser exposta a todos os homens, recorrendo à sua própria razão, de maneira clara e persuasiva, e cuja possibilidade e mesmo necessidade de tornar-se para nós o arquétipo de nossa imitação (segundo a capacidade dos homens) foram, por outra parte, tornadas intuitivamente evidentes por um exemplo, sem que nem a verdade desses ensinamentos, nem a autoridade e a dignidade do Mestre tenham necessidade de qualquer outra informação (para a qual seriam necessários ciência e milagres, o que não é o caso de qualquer um). Se chega a reclamar para si legislação e cultura primitiva anteriores (mosaicas), para servir-lhe de alguma forma de atestação, deve-se dizer que o faz não para estabelecer a verdade de seus ensinamentos, mas somente para servir de introdução para as pessoas que permaneciam inteira e cegamente agarradas às antigas tradições; empresa que, para homens, com a cabeça recheada de dogmas estatutários, perderam de algum modo toda compreensão da religião da razão, deve ser sempre mais difícil do que se tivesse a ocasião de propô-la à razão de homens ignorantes, mas que tivessem conservado toda a sua candura. Por esse motivo é que ninguém maravilhar-se se encontra uma exposição acomodada aos preconceitos do tempo, enigmática para nossa época e necessitando de uma exegese minuciosa, embora, na verdade, permita a uma doutrina religiosa de aparecer em toda parte, doutrina que deve ser, para todo homem, inteligível e convincente sem nenhum aparato de erudição.

II - A religião cristã, religião sábia

Enquanto uma religião expõe como necessários dogmas que não podem ser reconhecidos como tais pela razão, mas que devem, no entanto, ser admitidos em sua integridade (em seu conteúdo integral) a todos os homens e em todos os tempos vindouros, deve ser considerada (se não quisermos admitir um milagre contínuo da revelação) como um bem sagrado confiado à guarda dos sábios. De fato, embora acompanhada *desde o início* por milagres e fatos, pôde ter acesso em toda parte, mesmo no que se refere ao que não é precisamente confirmado pela razão. A própria relação desses milagres, bem como os dogmas que deles tinham necessidade para ser atestados, haverão de tornar necessário, *no decorrer dos tempos*, para a posteridade, um ensinamento derivado das Escrituras, documentado e invariável.

Confere-se de forma excelente o designativo de fé (*fides sacra*) à admissão dos princípios de uma religião. Devemos, portanto, considerar a fé cristã de um lado como pura *fé da razão* e, de outro, como *fé revelada* (*fides statutaria*). Ora, a primeira pode ser considerada como aceita livremente por cada um (*fides elicita*), a segunda como uma fé imposta (*fides imperata*). Cada pode convencer-se por sua própria razão do mal que reside no coração humano e do qual ninguém está isento, da impossibilidade também de nos considerarmos jamais justificados perante Deus por nossa conduta, e da necessidade, apesar disso, de possuir uma justiça válida diante dele; da inutilidade do meio de compensação que substitui a honestidade deficiente, observâncias cultuais e piedosas corvéias, e, em contrapartida, da obrigação indispensável de tornar-se um homem novo. Convencer-se de tudo isso faz parte integrante da religião.

Ora, desde o momento que a doutrina cristã se edifica sobre fatos e não sobre simples conceitos da razão, não se denomina mais somente *religião* cristã, mas *fé* cristã, fé que foi estabelecida como fundamento de uma Igreja. O culto de uma Igreja consagrada a essa fé é, portanto, duplo. De um lado, compreende aquele que deve ser prestado segundo a fé histórica e, de outro, aquele que lhe convém segundo a fé racional, prática e moral. Na Igreja cristã, nenhum desses dois cultos pode ser separado do outro, como subsistente em separado. O segundo não pode ser separado primeiro, porque a fé cristã é uma fé religiosa, nem o primeiro do segundo, porque é uma fé erudita.

A fé cristã, enquanto erudita, se apóia na história e não é, na medida em que a ciência (objetivamente) lhe serve de fundamento, uma *fé livre* em si, cuja fonte seria a inteligência de provas teóricas suficientes (*fides elicita*). Se fosse uma fé racional pura, deveria ser considerada como uma fé livre, embora as leis morais sobre as quais se baseia como fé num legislador divino, ordenem de maneira incondicional; foi assim que essa fé foi apresentada, aliás, no primeiro capítulo. Mesmo que não se faça da fé um dever, poderia ser, como fé histórica, uma fé livre teoricamente, se todos fossem sábios. Se, porém, deve ser válida para todos, mesmo para os ignorantes, não é somente uma fé imposta, mas também uma fé que obedece cegamente ao mandamento, isto é, sem analisar se se trata de um verdadeiro mandamento de Deus (*fides servilis*).

Entretanto, a doutrina cristã da revelação não pode iniciar pela *fé incondicional* em dogmas revelados (ocultos à própria razão), continuando a seguir pelo conhecimento da sabedoria, que não seria, nesse caso, senão uma espécie de proteção contra um inimigo que atacasse pela retaguarda. De fato, então a fé cristã não seria somente *fides imperata*, mas até mesmo *fides servilis*. Deve sempre, portanto, ser ensinada ao menos como *fides historice elicita*, isto é, que nela, como doutrina revelada, a ciência deveria formar não a retaguarda, mas a vanguarda, e o reduzido número dos doutores da fé (clérigos) que não pudessem tampouco dispensar a ciência profana, atrairia após si a longa fila dos ignorantes (leigos) que, no que lhes toca, não conhecem a Escritura (desse grupo fazem parte mesmo os soberanos, cidadãos do mundo). Para que isso não ocorra, é necessário que a razão humana universal, o elemento da religião natural, seja reconhecida e honrada na dogmática cristã como o supremo princípio soberano, mas que a doutrina da revelação, sobre a qual se funda uma igreja e para a qual são necessários sábios na qualidade de exegetas e conservadores, seja amada e cultivada como simples meio, profundamente estimado, aliás, para tornar a primeira dessas doutrinas acessível, mesmo para a inteligência dos ignorantes e para dar-lhe difusão e permanência.

Esse é o verdadeiro *culto* da Igreja sob o domínio do princípio bom, mas o culto, sempre que a fé revelada deve preceder a religião, é designado *falso culto*, pelo qual a ordem moral se acha invertida e não passa de um meio, ordenado de uma maneira absoluta (por assim dizer, como um fim). A fé em dogmas, sobre os quais o ignorante não pode se convencer nem pela razão, nem pela Escritura (da qual se deve em primeiro lugar demonstrar a autenticidade), se tornaria um dever absoluto (*fides imperata*) e seria elevado desse modo, com as outras observâncias que a eles se ligam, ao patamar de uma fé santificadora como culto servil, na falta até de motivos morais que determinem as ações.

Uma igreja fundada sobre esse último princípio não tem, na realidade, servidores (*ministri*) como eram aqueles da instituição precedente, mas funcionários de alto grau que ordenam (*officiales*) e que, mesmo quando não aparecem em todo o brilho da hierarquia (como na igreja protestante), na qualidade de dignitários eclesiásticos, revestidos do poder externo, mais ainda, contestando em palavras semelhante pretensão, querem, no entanto, ser considerados como os únicos exegetas autorizados das sagradas Escrituras, após ter despojado a pura religião da razão da dignidade que lhe compete por ser sempre o supremo intérprete e por ter ordenado de não utilizar a ciência das Escrituras a não ser no interesse da fé da igreja. Desse modo, transformam o *serviço* da Igreja (*ministerium*) numa *dominação* sobre seus membros (*imperium*), embora, para dissimular essa usurpação, se sirvam do título modesto de servidores. Entretanto, essa dominação, que foi facilitada pela razão, lhes custa caro, pois precisam se desdobrar numa grande erudição. Com efeito, "cega sob o aspecto da natureza, essa ambição toma sobre a cabeça a carga de toda a antiguidade e se enterra por baixo dela". Este é o curso que tomam as coisas, quando são postas desse modo.

Em primeiro lugar, considera-se o procedimento prudentemente observado pelos primeiros propagadores da doutrina de Cristo para dar-lhe acesso ao povo, como se fosse parte integrante da religião, válida para todos os tempos e para todos os povos, de maneira a inspirar a crença *que todo cristão é um judeu, cujo Messias veio*. Com isso não está absolutamente ligado o fato de, propriamente falando, não estar submetido a nenhuma lei (estatutária) do judaísmo, embora se deva admitir integralmente o livro santo desse povo, de modo muito fiel, como revelação divina transmitida aos homens[58]. Ora, logo a seguir, a autenticidade desse livro (que não é demonstrada, longe disso, porquanto passagens deste e mesmo toda a história sagrada que nele se encontra são empregadas nos livros dos cristãos no interesse do fim a que se propunham) cria muitas dificuldades. O judaísmo, antes do

[58] Mendelssohn utiliza de maneira muito hábil esse lado fraco da forma usual de representar o cristianismo para afastar a idéia de pedir a um filho de Israel de mudar de religião, pois, dizia ele, porquanto a fé judaica, mesmo de acordo com a afirmação de cristãos, é o estágio inferior sobre o qual repousa o cristianismo, enquanto estágio superior. Seria como se fosse exigida de alguém a demolição do térreo para que possa se instalar no primeiro andar. Sua verdadeira opinião transparece de modo bastante claro. Quer dizer: Se vocês eliminarem em primeiro lugar o judaísmo de sua religião (é licito que permaneça sempre como uma peça de antiguidade em seu dogmatismo histórico), poderemos então refletir sobre a proposta de vocês. (Com efeito, não restaria, nesse caso, sem dúvida, senão uma religião puramente moral sem mistura de estatutos). Sacudir o jugo das observâncias exteriores não haverá de aliviar minimamente nosso peso e, em contrapartida, não nos for imposto outro, ou seja, aquele das confissões de fé numa história sagrada que oprime de modo muito mais duro que um homem escrupuloso. Por outro lado, os livros sagrados desse povo serão sempre, sem dúvida, conservados e honrados, se não for no interesse da religião, pelo menos no interesse da ciência, pois a história de nenhum povo remonta com alguma aparência de credibilidade tão longe nas épocas passadas, onde se possa situar toda a história profana por nós conhecida, do que essa (mesmo até o começo do mundo) que supre assim a imensa lacuna que a outra história teve de deixar.

aparecimento do cristianismo e antes mesmo da difusão considerável deste, não tinha penetrado no público sábio, ou seja, não era conhecido entre os outros povos pelos sábios contemporâneos. A história dos judeus não havia sido de alguma forma controlada. É assim que seu livro sagrado tinha atingido, por causa de sua antiguidade, à autenticidade histórica. Devemos admiti-la, contudo. Não basta conhecer esse livro por meio de traduções e transmiti-lo à posteridade. Para a garantia da fé de igreja, porém, que se apóia nele, exige-se que subsista também para todas as épocas futuras e para todos os povos sábios que conhecem a língua hebraica (quanto isso seja possível para uma língua, da qual se possui um só livro); isso não é certamente uma peripécia que se refere somente à ciência histórica em geral, mas algo de que depende a felicidade dos homens que haja pessoas que conheçam suficientemente essa língua para assegurar ao mundo a verdadeira religião.

A religião cristã tem um destino análogo no sentido que, embora os acontecimentos agrados que lhe dizem respeito se tenham passado publicamente sob os olhos de um povo instruído, sua histórica, no entanto, retardou em mais de uma geração antes de penetrar no público sábio desse povo. Disso se segue que sua autenticidade é privada de qualquer confirmação pelos contemporâneos. Ela leva, contudo, essa grande vantagem sobre judaísmo, ou seja, de ser representado como que tendo saído *da boca de seu primeiro Mestre*, sob a forma de uma religião não estatutária, mas moral. Desse modo, ligando-se mais estreitamente possível à razão, pôde ser propagada por ela espontaneamente, mesmo sem erudição histórica, em todos os tempos e em todos os povos com a maior segurança. Entretanto, os primeiros fundadores de *comunidades* acharam necessária evocar a história dos judeus, o que significava agir com prudência, considerando sua situação nessa época. Talvez somente com relação a essa situação, porém, e é assim que esse método chegou até nós com sua herança sagrada. Os fundadores da igreja adotaram esses procedimentos de glorificação episódicos entre os artigos essenciais da fé, ampliando-os pela tradição ou por comentários aos quais os concílios conferiram força legal ou que já haviam sido confirmados pela erudição. Além do mais, não se poderia prever quantas modificações deve ainda esperar a fé com relação a essa última ou à sua antípoda, a luz interior, à qual também todo leigo pode aspirar. Essas são coisas inevitáveis ao longo dos tempos que deveríamos procurar a religião não em nós, mas fora de nós.

Segunda Seção

O falso culto de Deus numa religião estatutária

A verdadeira e única religião só contém leis, ou seja, princípios práticos de uma necessidade incondicional, necessidade de que podemos ter consciência e que reconhecemos, por conseguinte, como reveladas pela razão pura (e não de maneira empírica). Não é senão no interesse de um igreja, da qual podem existir diferentes formas igualmente boas, que pode haver estatutos, ou seja, normas consideradas como divinas, mas que para nosso julgamento puramente moral são arbitrários e contingentes. Ora, considerar de uma maneira geral essa fé estatutária (que, sempre limitada a um povo, não pode encerrar a universal religião do mundo) como essencial para o serviço de Deus e fazer dela a condição suprema para que o homem seja agradável a Deus, aí está uma *ilusão religiosa*[59] e conformar-se a ela constitui um falso culto, ou seja, uma pretensa adoração de Deus que é, na realidade, um ato contrário ao culto verdadeiro exigido pelo próprio Deus.

I – O fundamento subjetivo geral da ilusão religiosa

O antropomorfismo, que os homens podem dificilmente evitar em sua representação teórica de Deus e de sua essência e que é, por outro lado, bastante inofensivo (quando não influi nos conceitos do dever), é realmente muito perigoso no que diz respeito a nossa relação prática com a vontade de Deus e mesmo para nossa moralidade. De fato, nesse

[59] Uma ilusão é esse tipo de erro que consiste em considerar a simples representação de uma coisa como equivalente a essa própria coisa. Assim, na parábola do rico avarento, a ilusão da avareza consiste em manter a representação de poder para um dia, se quisesse, servir-se de suas riquezas, como que compensando suficientemente o fato de nunca mais servir-se delas. A ilusão das honras coloca nos elogios que os outros nos dirigem, na realidade simples representação externa de uma consideração (que talvez eles não sintam sequer interiormente), o valor que não se deveria atribuir senão a esta última; nesse tipo de ilusão incluo também a mania dos títulos e das distinções, porque não passam de representações exteriores de uma vantagem sobre outros. A própria demência só é designada desse modo por causa do costume de tomar uma simples representação (da imaginação) pela própria presença da coisa, atribuindo-lhe o valor dessa. Ora, ter consciência da posse de um meio em vista de certo fim (antes de ter-se servido dele) equivale a possuir esta última somente na representação. Contentar-se, portanto, com essa consciência, como que podendo substituir essa posse, constitui uma ilusão prática; é somente dessa que aqui se trata.

caso, *nós nos fabricamos um Deus*[60], de tal modo que pensamos em conquistá-lo mais facilmente para nossos interesses, ao mesmo tempo que nos dispensamos do penoso esforço ininterrupto necessário para agir no profundo íntimo de nossa intenção moral. O princípio que o homem geralmente forja em vista dessa relação é este: por tudo o que fazemos unicamente para agradar à divindade (contanto que isso não se oponha diretamente à moralidade, sem, no entanto, contribuir em absoluto com ela), provamos a Deus nosso empenho de pessoas obedientes e, por esse motivo, agradáveis, servindo a Deus em decorrência (*in potentia*).

Nem sempre com sacrifícios é que o homem acredita cumprir esse serviço para com Deus. Festas solenes também, jogos públicos, como entre gregos e romanos, serviram muitas vezes e ainda servem para tornar a divindade favorável a um povo ou mesmo a um cidadão privado, de acordo com sua ilusão. Os sacrifícios, todavia (penitências, mortificações, peregrinações, etc.), têm sido sempre considerados como se contivessem mais virtude, mais ação no favorecimento celestial, e mais eficácia para a purificação, porque servem para assinalar mais intensamente a submissão ilimitada (embora não moral) à sua vontade. Mais esses tormentos voluntários se demonstram inúteis, menos cooperam para o objetivo de melhoria moral geral do homem e mais parecem transmitir a impressão de santidade. De fato, precisamente porque são perfeitamente inúteis no mundo, ao extrair o bem do mal, parecem ter unicamente por objetivo testemunhar a devoção a Deus. Embora desse modo, como se diz, não se tenha prestado por atos nenhum serviço a Deus, nisso ele vê, contudo, a boa vontade, o coração que, muito fraco sem dúvida para obedecer a seus mandamentos morais, compensa essa deficiência pelo empenho que demonstra dessa maneira. É bem visível aqui a tendência em usar de um procedimento que não tem em si nenhum valor moral, salvo talvez o de ser um meio para elevar a faculdade sensível de representação

[60] Na verdade, é perigoso, mas de modo algum condenável, dizer que todo homem fabrica um deus para si, ainda mais que, segundo conceitos morais, é necessário que ele próprio fabrique um para si (provido dessas qualidades imensamente grandes que dependem da faculdade de representar no mundo um objeto conveniente com esses conceitos), a fim de honrar nele aquele que o fez. De fato, qualquer que seja a maneira pela qual outro nos levou a conhecer e descreveu um ser como deus e mesmo a maneira pela qual esse ser tenha podido lhe aparecer (se fosse possível), é necessário, contudo, que compare em primeiro lugar essa representação com seu ideal para julgar se tem o direito de considerá-la e honrá-la como uma divindade. Por simples revelação, sem tomar como base anteriormente esse conceito em sua pureza, como se fosse pedra de toque, não poderia haver religião e todo culto divino seria idolatria.

até acompanhar as idéias intelectuais da finalidade ou, no caso em que pudesse agir ao contrário, para aviltá-la[61]. Em nossa opinião, atribuímos a esse modo de proceder o valor da própria finalidade ou, o que é idêntico, atribuímos à disposição do espírito que o tornar suscetível de submissão com relação a Deus (isto é, de devoção) o valor da intenção. Disso decorre que esse modo de proceder é uma pura ilusão religiosa que pode revestir-se de toda espécie de formas. Pode ocorrer que numa pareça mais moral que em outra, em todas essas formas, contudo, não se trata somente de uma simples ilusão não premeditada, mas encontra-se, ao contrário, a máxima que atribui ao meio e não ao fim um valor intrínseco. Em virtude dessa máxima, essa ilusão, sob todas as suas formas, é igualmente absurda e condenável como tendência secreta à fraude.

II – O princípio moral da religião que se opõe à ilusão religiosa

Admito *primeiramente* a proposição seguinte como princípio que não necessita de prova: *Tudo o que o homem pensa poder fazer, exceto a boa conduta, para se tornar agradável a Deus é simplesmente ilusão religiosa e falso culto de Deus*. Afirmo o que o *homem* pensa poder fazer, pois não se trata de negar que, além de tudo o que *nós* possamos fazer, não haja ainda nos segredos da mais elevada sabedoria alguma coisa que somente Deus pode fazer para que nos tornemos homens que lhe sejam agradáveis. Entretanto, no caso em que a Igreja anunciasse como revelado um mistério desse gênero, a opinião, no entanto, que, *acreditar* nessa revelação, como a relata a história sagrada e *confessá*-la

[61] Para aqueles que, constantemente, quando as distinções entre o sensível e o intelectual não lhes são muito familiares, imaginam encontrar contradições da Crítica da Razão Pura consigo mesma, observaria que, ao falar de meios sensíveis para realizar o intelectual (da pura intenção moral), ou do impedimento que os momentos sensíveis opõem a este último, essa influência de dois princípios tão heterogêneos nunca deve necessariamente ser concebida como direta. Com efeito, como seres sensíveis, podemos agir sobre os fenômenos do princípio intelectual, ou seja, sobre a determinação de nossas forças físicas pelo livre-arbítrio que se manifesta em atos, contra a lei ou a seu favor, de modo que causa e efeito sejam de fato representados como homogêneos. Mas no que se refere ao supra-sensível (o princípio subjetivo da moralidade em nós, incluído na propriedade incompreensível da liberdade), por exemplo, a pura intenção religiosa, não vemos, salvo sua lei (o que, na verdade, é suficiente), nada que possa se referir à relação no homem de causa e efeito, ou seja, não podemos explicar a possibilidade das ações imputáveis ao homem, enquanto acontecimentos do mundo sensível, devidos à sua disposição moral, precisamente porque são atos livres e os princípios de explicação de todos os acontecimentos devem ser extraídos do mundo sensível.

(interna ou externamente), seja uma coisa em si, pela qual nos tornamos agradáveis a Deus, seria uma perigosa insensatez religiosa. Com efeito, essa fé, enquanto profissão de fé interior, é tão verdadeiramente um ato extorquido pelo temor, que um homem sincero poderia aceitar qualquer outra condição em vez dessa última, porque, em todos os outros serviços servis, nunca parece senão algo de supérfluo, enquanto que, numa declaração da qual não está convencido (quanto à sua verdade), faria uma coisa contrária à sua consciência. A profissão, portanto, da qual se persuade que em si (como aceitação de um bem que lhe é oferecido) pode torná-lo agradável a Deus, é uma coisa que pensa poder fazer, fora da boa conduta, isto é, da obediência às leis morais que se deve praticar no mundo, dirigindo-se por seu culto imediatamente a Deus.

Com relação à deficiência de nossa própria justiça (que conta perante Deus), a razão, *em primeiro lugar*, não nos deixa em absoluto sem esperança. A razão diz que todo aquele que, numa intenção verdadeiramente submissa ao dever, faz tudo o que está em seu poder para cumprir suas obrigações (pelo menos procurando aproximar-se constantemente da perfeita conformidade ao dever) pode ter a esperança que a sabedoria suprema haverá de suprir o que não estiver em seu poder cumprir, de uma *maneira qualquer* (que pode tornar inabalável a intenção dessa melhoria constante), sem pretender, contudo, determiná-la e saber em que consiste. De fato, poderia ser misteriosa, a ponto de que não seria possível a Deus revelá-la a nós senão por uma representação simbólica, da qual captaríamos no máximo somente o elemento prático, enquanto que, teoricamente, não poderíamos em absoluto compreender o que é em si essa relação de Deus com o homem, nem ligar a ela conceitos, mesmo se Deus consentisse em nos desvendar semelhante mistério.

Supondo-se, portanto, que certa igreja sustente que conhece de maneira segura a forma pela qual Deus supre essa insuficiência moral do gênero humano e condena ao mesmo tempo ao castigo eterno todos aqueles que ignoram esse meio de justificação desconhecido naturalmente pela razão e não podem, por conseguinte, admiti-lo como princípio religioso, nem fazer dele profissão, qual é, pois, nesse caso o infiel? Aquele que tem confiança, sem saber como haverá de chegar aquilo que espera, ou aquele que supõe conhecer de modo total essa espécie de salvação que deve livrar o homem do mal, sem a qual deverá renunciar a toda esperança de salvação? Na realidade, o conhecimento desse segredo pouco lhe importa (pois sua razão já lhe ensina que saber uma coisa com a qual nada pode, lhe é perfeitamente inútil). Quer simplesmente conhecê-lo para poder fazer (mesmo quando esse acontecimento fosse puramente interior) da *fé* em toda essa revelação, de sua aceitação, de sua confissão e de sua glorificação, um culto suscetível de levá-lo a conquistar os favores celestiais, antes mesmo de trabalhar com todas as suas forças para ter uma boa conduta, por conseguinte, de uma maneira absolutamente gratuita; suscetível até mesmo de produzir essa boa conduta de uma forma sobrenatural ou, se por vezes agisse contrariamente a ela, poder ao menos reparar sua transgressão.

Em segundo lugar, quando o homem se afasta por menos que seja da máxima citada anteriormente, o falso culto de Deus (a superstição) não conhece *mais limites*, pois no além, tudo é arbitrário (se não estiver diretamente em oposição com a moralidade). Desde o sacrifício simples que lhe custa menos até aquele dos bens naturais que poderiam ser melhor utilizados no interesse dos homens e mesmo até o sacrifício de sua própria pessoa (no estado de eremita, de faquir ou de monge), da qual se priva desse modo o mundo, oferece tudo a Deus, com exceção de sua intenção moral; e quando diz que lhe entrega também seu coração, não entende com isso a intenção de uma conduta que lhe seria agradável, mas o desejo proveniente do fundo do coração que esses sacrifícios sejam aceitos em pagamento em lugar dessa última (*natio gratis anhelans, multa agendo nihil agens* – Fedro).

Finalmente, quando se chegou a esse ponto de um pretenso serviço em si agradável a Deus, reconciliando-o mesmo a rigor, não puramente moral contudo, não há nas maneiras de servi-lo mecanicamente diferença essencial de modo a conferir a preferência a uma em detrimento da outra. Todas são semelhantes sob o aspecto do valor (melhor, de não-valor) e é pura afetação ser considerada, porque nos afastamos de uma maneira *mais* elegante do único princípio intelectual do verdadeiro culto divino, como mais distinto para as pessoas culpadas de se humilharem de uma forma mais *tosca* ao que se pretende, à sensibilidade. Que o devoto vá à igreja conforme os estatutos ou, embora empreenda uma peregrinação aos santuários de *Loreto* ou da Palestina, que apresente à autoridade celestial suas fórmulas de oração pronunciadas somente pelos *lábios* ou como o tibetano (que acha que esses votos atingem de igual modo sua finalidade, mesmo postos por escrito, contanto que sejam *agitados* por alguma coisa, por exemplo pelo vento, se forem inscritos em pavilhões ou pela mão se forem colocados numa caixa, como algo móvel) que faz uso de um moinho de orações. Qualquer que seja, enfim, o equivalente que substitui o culto moral de Deus, todos são semelhantes e se equivalem.

O que importa aqui é menos a diversidade na forma exterior do que a admissão ou o abandono do único princípio de se tornar agradável a Deus, unicamente pela intenção moral que se apresenta viva nos atos que a manifestam, ou também por piedosos brinquedos e uma preguiça devota[62]. Mas não existe também uma extravagante *ilusão da virtude* que se eleva acima dos limites do poder humano e que poderia muito bem com a ilusão servil religiosa ser incluída na classe geral das ilusões espontâneas? Não, a intenção virtuosa se preocupa de algo *real* que é em si agradável a Deus e que concorda com o bem universal. Pode-se juntar a isso, é verdade, uma ilusão de suficiência, se for considerado como adequado à idéia de seu dever sagrado, mas isso só ocorre por acaso. Entretanto, atribuir-lhe o mais alto valor não é uma ilusão, como por exemplo a ilusão dos exercícios cultuais na igreja, mas uma contribuição efetiva ao bem universal.

Por outro lado, é costume (ao menos da Igreja) designar natureza o que pode por efeito do princípio moral ser cumprido pelos homens e, em contrapartida, denominar graça o que só serve para completar a deficiência de todo nosso poder moral e que, porquanto o dever exige que seja suficiente, só pode ser almejada ou ainda esperada e obtida por orações. Considerá-las uma e outra como causas eficientes de uma mentalidade que basta para uma conduta agradável a Deus, mas, por outro lado, não somente distingui-las também uma da outra, e até mesmo talvez colocá-las em oposição.

Estar persuadido de poder distinguir os efeitos da graça daqueles da natureza (da virtude) ou mesmo poder produzi-los em si é o *entusiasmo*. De fato, não podemos reconhecer em qualquer sinal um objeto supra-sensível na experiência e muito menos influir sobre ele

[62] É um fenômeno psicológico que aqueles que aderem a uma confissão, na qual se encontra um pouco menos de crença estatutária, se sintam com isso, de alguma forma, enobrecidos e mais esclarecidos, embora tenham ainda conservado de modo suficiente para não ter (como fazem efetivamente, aliás), do alto de sua pretensa pureza, de olhar com desprezo seus coirmãos em situação de ilusão eclesiástica. A causa disso é que se consideram como mais próximos, por pouco que seja, da pura religião moral, embora permaneçam sempre agarrados à ilusão de querer aperfeiçoá-la por piedosas observâncias, em que a razão se acha somente um pouco menos passiva.

de maneira a fazê-lo descer em nós, embora se produzam às vezes na alma movimentos que agem positivamente no sentido moral, que não podemos explicar e a respeito dos quais nossa ignorância deve confessar que "O vento sopra para o lado que quiser, mas ninguém sabe de onde vem, etc." (*Evangelho de João*, III, 8). Querer *perceber* em si mesmo influências celestes é uma forma de ilusão em que pode haver método (porque essas pretensas revelações interiores devem se ligar sempre a idéias morais e, portanto, a idéias da razão), mas que sempre permanece uma ilusão pessoal, prejudicial à religião. Tudo o podemos dizer da graça é acreditar que os efeitos podem existir e talvez que é necessário que existam para suprir a insuficiência de nosso esforço virtuoso, mas somos incapazes de determinar de alguma maneira suas características e mais incapazes ainda de fazer alguma coisa para produzi-los.

A ilusão, consistindo em acreditar que pelos atos religiosos do culto se pode fazer alguma coisa para a própria justificação perante Deus, é a superstição religiosa. De igual modo, o *entusiasmo* religioso consiste na ilusão de atingir esse objetivo, mediante o esforço para ter um pretenso comércio com Deus. Querer tornar-se agradável a Deus por atos que cada um pode realizar sem ser por isso um homem de bem (por exemplo, professando dogmas estatutários, conformando-se às observâncias e à disciplina da igreja, etc.) é uma ilusão supersticiosa. Chama-se supersticiosa porque escolhe por si mesma simples meios naturais (em nada morais) que em si não podem de modo algum agir sobre o que não é da natureza (ou seja, o bem moral). Uma ilusão é designada quimérica, quando o meio imaginário, enquanto supra-sensível, não está ao alcance do homem e não leva em conta também a impossibilidade de atingir o fim supra-sensível que foi visto. De fato, esse sentimento da presença imediata do ser supremo e a distinção desse sentimento com qualquer outro, incluído até mesmo o sentimento moral, indicaria uma receptividade para uma intuição, para a qual não existe nenhum sentido na natureza humana. A ilusão supersticiosa, porque contém em si um meio prático para muita gente que tornar ao menos possível combater os obstáculos que uma intenção agradável a Deus encontra, é sob esse aspecto próxima da razão e unicamente condenável por acaso, por fazer do que só pode ser um meio um objeto imediatamente agradável a Deus. Ao contrário, a ilusão religiosa quimérica é a morte moral da razão, sem a qual não pode haver religião que, como toda moralidade em geral, deve estar baseada em princípios.

Em decorrência disso, a fé de igreja que quiser fazer desaparecer as ilusões religiosas ou prevenir-se contra elas deve ter por princípio conter, além dos dogmas estatutários dos quais no momento não pode prescindir em absoluto, uma máxima suscetível de fazer surgir a religião da boa conduta, que é o verdadeiro objetivo que permite poder um dia prescindir desses dogmas.

III – O SACERDÓCIO[63] CONSIDERADO COMO UM MINISTÉRIO A SERVIÇO DO FALSO CULTO DO PRINCÍPIO BOM

A adoração de seres poderosos e invisíveis, que foi imposta ao homem desprovido de todo auxílio pelo temor natural baseado na consciência de sua impotência, não começou logo por uma religião, mas por um culto servil da divindade (ou de ídolos). Esse culto, após ter assumido uma forma legal pública, se tornou um *culto de templo*. E somente um *culto de igreja* quando, aos poucos, foi sendo ligada a essas leis a cultura moral dos homens. Essas duas espécies de culto se baseavam numa fé histórica até o momento em que, finalmente, se começou a perceber que essa não era provisória e não constituía senão a representação simbólica de uma pura fé religiosa e o instrumento de sua melhoria.

De um *xamã* de Tonga a um *prelado* da Europa governando ao mesmo tempo a Igreja e o Estado ou também (se só quisermos considerar, em lugar dos chefes e dos dirigentes, aqueles que aderem à fé, seguindo a forma pela qual cada um se representa as coisas), do *vogul* nórdico de todo material, que põe sobre a cabeça, pela manhã, a pata de uma pele de urso, pronunciando a breve oração "Não me mates", até o puritano, todo sublime, e do independente de *Connecticut*, a diferença é certamente considerável na *maneira*, mas não no *princípio* da crença. De fato, com relação ao último, todos se incluem numa só e mesma classe, a daqueles que fazem de seu culto o que não torna em

[63] Essa denominação, que designa somente a autoridade de um pai espiritual, só adquire, graças à idéia secundária de um despotismo espiritual que pode ser encontrado em todo tipo de igrejas, por mais modestas e populares que sejam suas declarações, o significado de uma recriminação. Não desejo, portanto, em absoluto ser entendido como se quisesse, opondo as seitas, depreciar umas em relação às outras, ao comparar os costumes e as disposições. Todas são igualmente dignas de estima, enquanto suas formas são tentativas de pobres mortais para representar de maneira sensível na terra o reino de Deus, mas são igualmente dignas de recriminação quando tomam a forma representativa dessa idéia (numa Igreja visível) para a própria coisa.

si o homem melhor (isto é, a crença em certas proposições estatutárias ou o cumprimento de certas observâncias arbitrárias). Somente aqueles que concordam que consiste unicamente na intenção de uma boa conduta se distinguem dos primeiros pela passagem a um princípio totalmente diverso e bem superior ao precedente e, por meio dele, professam pertencer a uma Igreja (invisível) que compreende todos aqueles que pensam com retidão e que somente ela pode, em virtude de sua constituição essencial, ser a verdadeira Igreja universal.

Todos se propõem a dirigir em seu benefício o poder invisível que rege o destino dos homens, mas sobre a maneira de chegar a isso, suas opiniões diferem. Se consideram esse poder como um ser racional, atribuindo-lhe por conseguinte uma vontade, da qual fazem depender sua sorte, todo o seu esforço se limitará a escolher o meio, graças ao qual poderão se submeter à sua vontade, tornar-se agradáveis a ele por sua conduta. Se pensam que é um ser moral, sua própria razão haverá de convencê-los facilmente que a condição para conquistar sua aprovação deve ser necessariamente uma boa conduta moral e notadamente a intenção pura que é seu princípio subjetivo. Pode ocorrer, contudo, que o ser supremo queira talvez ser servido também de uma maneira que a simples razão não pode nos dar a conhecer, ou seja, por atos nos quais não percebemos nada de moral, mas que cumprimos, apesar disso, voluntariamente como se ele os ordenasse ou simplesmente para testemunhar nossa submissão para com ele.

De um modo geral, considera-se que existe um *culto* de Deus quando essas duas maneiras de proceder constituem um conjunto de ocupações ordenadas sistematicamente. Se os dois procedimentos devem combinar, é necessário admitir que cada um, imediatamente, é a maneira de agradar a Deus, ou que um dos dois deverá servir simplesmente de meio ao outro, que seria então o verdadeiro culto divino. É evidente de per si que o culto moral de Deus lhe agrada imediatamente (*officium liberum*). Não pode, todavia, ser reconhecido como condição suprema de todo o agrado que Deus encontra no homem (o que já contém, no entanto, o princípio de moralidade), se o serviço interessado (*officium mercenarium*) pudesse ser considerado por si mesmo como agradável a Deus. De fato, em tal caso ninguém saberia qual culto deveria ser preferido numa situação específica para determinar, de acordo com isso, seu dever, nem como esses dois cultos se completam reciprocamente. Disso decorre que ações, que não têm em si nenhum valor moral, não deveriam ser admitidas como agradáveis a Deus a não ser que sirvam de meio para a melhoria daquilo que em ações é imediatamente bom (da moralidade), ou seja, *por causa do culto moral de Deus.*

Ora, o homem que se serve de ações que não têm em si nada de agradável a Deus (ou seja, de moral), como meios para obter para si a imediata satisfação divina e, dessa maneira, a realização de seus desejos, tem a ilusão de possuir uma arte que lhe permite de produzir por meios puramente naturais um efeito sobrenatural. Costuma-se denominar *magia,* tentativas desse tipo. Substituiremos, contudo, esse termo (que compreende o conceito secundário de uma associação com o princípio mau, quando se pode considerar que essas tentativas podem de resto também ser feitas com uma boa intenção moral, por mal-entendido) pelo termo, por outro lado conhecido, *fetichismo.* Ora, um efeito sobrenatural obtido pelo homem seria um efeito possível em seu pensamento, unicamente pelo motivo que pretende agir sobre Deus, servindo-se dele como de um meio para produzir esse efeito no mundo, ação pela qual nem suas forças, nem mesmo sua inteligência, por mais agradável que possa ser a Deus, poderiam bastar, o que, em seu próprio conceito, contém um absurdo.

Se o homem, contudo, além daquilo que o torna imediatamente objeto da satisfação divina (ou seja, na intenção ativa de uma boa conduta), procura tornar-se *digno* de um auxílio sobrenatural, completando sua insuficiência por meio de certas formalidades, e desconta, para esse fim, tornar-se somente *suscetível* de atingir o objeto de seus bons desejos morais, por exemplo, por observâncias que não possuem certamente valor imediato, mas que servem de meios para melhorar essa intenção moral, se apóia, para suprir sua insuficiência natural, em alguma coisa de sobrenatural, não todavia em algo realizado pelo homem (influindo na vontade divina), mas, pelo contrário, em algo que é aceito por ele que pode esperar não produzir.

Se, no entanto, ações que em si, segundo podemos julgar, não contêm nada de moral, nada de agradável a Deus, devem servir, apesar disso, de meio e mesmo de condição para esperar diretamente de Deus a realização de seus anseios, assim agindo deve estar mergulhado na ilusão. Essa consiste, embora não haja para esse sobrenatural nem faculdade física nem receptividade moral, em que possa no entanto produzi-lo por ações *naturais*, em si sem relação contudo com a moralidade (porquanto o exercício não exige nenhuma intenção agradável a Deus e que, por conseguinte, o pior homem bem como o melhor pode executar), fórmulas de encantamento, profissões de fé mercenária, observâncias ordenadas pela Igreja, etc., e *provocar assim magicamente*, de algum modo, o auxílio de Deus. De fato, não existe nenhum laço que ligue meios puramente físicos a uma causa que age moralmente, em conformidade a uma lei que a razão poderia conceber e, segundo a qual, essa última causa poderia ser representada como determinante por esses meios em vista de certos efeitos.

Conseqüentemente, aquele que coloca em primeiro plano, como necessária à religião, a observância das leis estatutárias, que exigem uma revelação, e à verdade, não somente como meio para realizar a intenção moral, mas como condição objetiva para agradar com isso imediatamente a Deus, subordinando a essa crença histórica o esforço em vista de uma boa conduta (enquanto essa observância como coisa que não pode ser agradável a Deus a não ser *condicionalmente*, deve conformar-se a esse esforço que somente ele lhe agrada *de modo absoluto*), esse transforma o serviço de Deus num simples *fetichismo*, prestando assim um culto mentiroso que leva a fracassar toda aplicação em vista da verdadeira religião. Essa é a importância da ordem que seguimos quando queremos ligar duas coisas boas em si, uma à outra! A cultura verdadeiramente esclarecida consiste nessa distinção; é assim que o culto de Deus se torna em primeiro lugar um culto livre, portanto, moral. Afastar-se dele é impor ao homem, em lugar da liberdade dos filhos de Deus, o jugo de uma lei (estatutária) que, enquanto obrigação absoluta de acreditar em algo que, não podendo ser conhecido a não ser historicamente, não poderia por esse motivo convencer a todos, é para os homens conscienciosos um jugo bem mais pesado[64] do que

[64] "O jugo é suave e o fardo é leve" (Evangelho de Mateus, XI, 30), quando o dever que incumbe sobre todo homem pode ser considerado como se fosse imposto por ele mesmo e por sua própria razão e, portanto, um jugo ao qual se submete voluntariamente. Não era, contudo, senão a respeito de leis morais, enquanto mandamentos divinos, que somente o fundador da pura Igreja poderia dizer: "Meus mandamentos não são difíceis" (1.ª Epístola de João, V, 3). Essa expressão significa somente: "Não são penosos porque todos compreendem espontaneamente a necessidade de conformar-se a eles e que nada, por conseguinte, lhes é imposto", ao passo que, pelo contrário, regras, que ordenam despoticamente, que nos são impostas na verdade para nosso bem (mas não por nossa razão) e das quais não podemos captar a utilidade, são de alguma forma vexames (afrontas), às quais não nos submetemos senão à força. Entretanto, as ações em si, ordenadas por essas leis morais, são, consideradas na pureza de sua fonte, precisamente aquelas que custam mais ao homem, o qual se sobrecarregaria, de boa vontade, das afrontas mais penosas, se fosse possível dar essas em pagamento, em lugar das outras.

poderia jamais sê-lo todo o acúmulo de piedosas observâncias que lhes são impostas e às quais basta conformar-se para se adaptar a uma comunidade eclesiástica constituída, sem que se deva professar interior ou exteriormente sua fé, isto é, que seja considerada como uma organização estabelecida por Deus. De fato, isso é o que importunaria verdadeiramente a consciência.

O *sacerdócio* é, por conseguinte, a constituição de uma igreja em que reina um *culto fetichista*, que é encontrado sempre, quando não são os princípios da moralidade, mas mandamentos estatutários, regras de fé e observâncias que formam o fundamento e o essencial. Ora, existem certamente muitas formas de Igrejas onde o fetichismo é tão variado e tão mecânico que parece eliminar quase toda moralidade e, por conseguinte, também toda religião e parece tomar seu lugar, confinando desse modo com muita proximidade do paganismo; mais o mais ou o menos pouco importa nesse caso em que dignidade ou indignidade dependem da natureza do supremo princípio de obrigação. Se esse impõe uma submissão dócil a um dogma, ou seja, um culto servil, e não essa homenagem livre que deve ser prestada à lei moral *em primeiro lugar*, pouco importa que haja um número de observâncias impostas, por mais reduzido que seja. Se essas observâncias forem declaradas necessárias, é o que basta e será sempre uma crença fetichista que haverá de reger a multidão, privando-a de sua liberdade moral ao lhe impor a obediência a uma igreja (não à religião). Que a constituição dessa Igreja (a hierarquia) seja monárquica, aristocrática ou democrática, isso só diz respeito à organização. Sob todas essas formas, a constituição será e permanecerá, com efeito, sempre despótica. Quando os estatutos da fé fazem parte da lei constitucional, o *clero* que pensa realmente poder dispensar a razão e mesmo finalmente da ciência das Escrituras reina, porque, único conservador e exegeta autorizado da vontade do legislador invisível, tem autoridade para administrar de modo exclusivo o que prescreve a fé e, por conseguinte, provido desse poder não se interessa em convencer, mas somente em *ordenar*. Ora, como, fora o clero, todos os demais são *leigos* (sem excetuar o chefe da organização política), a Igreja finalmente governa o Estado, não precisamente pela força, mas por sua influência sobre as almas, e mais ainda, aproveitando-se dos recursos que esse Estado deve, por assim dizer, retirar de uma obediência absoluta, à qual uma disciplina espiritual acostumou o próprio *pensamento* do povo. Mas então, insensivelmente, o hábito da hipocrisia solapa a retidão e a fidelidade dos súditos, leva-os até à simulação nos deveres civis e produz, como todos os princípios errôneos que são adotados, precisamente o contrário daquilo que se tinha em vista.

Tudo isso é a conseqüência inevitável da transposição, na aparência, insignificante à primeira vista dos princípios da fé religiosa, única santificadora, quando se tratava de saber a qual dos dois seria cedido o primeiro lugar como condição suprema (à qual o outro está subordinado). É justo e razoável admitir que não são unicamente os "sábios segundo a carne", os sábios ou os pensadores que serão chamados a ser, desse modo, esclarecidos sobre sua verdadeira salvação, pois todo o gênero humano deve estar apto a essa fé, mas "o que é loucura aos olhos do mundo" (*1.ª Epístola aos Coríntios*, I, 26), o próprio ignorante ou o homem mais limitado em questão de conceitos deve poder ter acesso a semelhante ensinamento e a essa íntima convicção.

É verdade que uma fé histórica, sobretudo quando os conceitos que lhe são necessários para formular aquilo que traz são de todo antropológicos e adaptados à sensibilidade, parece ser precisamente dessa espécie. Não há nada mais fácil, de fato, do que compreender semelhante relato tornado sensível e totalmente simples e de narrá-lo uns aos outros ou repetir as palavras dos mistérios, nos quais não é absolutamente necessário inserir um sentido. Com que facilidade essas coisas encontram acolhida universal, sobretudo quando se assegura que são de grande interesse, e quão profunda é a raiz da fé na verdade de semelhante relato que, além do mais, se baseia num texto reconhecido há muito tempo como autêntico. É assim que uma fé desse tipo é certamente apropriada às capacidades humanas mais comuns.

Entretanto, embora a publicação de semelhante acontecimento, bem como a fé nas regras de conduta que nele se baseiam não possam ter sido transmitidas precisamente ou sobretudo por sábios ou filósofos, esses, contudo, não são excluídos do fato; e então surgem tantas dificuldades, seja com relação à verdade desses fatos, seja com referência ao sentido com o qual deve ser recebido seu relato, que a admissão de semelhante fé, sujeita a tantos debates (mesmo sinceros na intenção), como suprema condição de uma crença universal e única santificadora, é a coisa mais absurda que se possa conceber.

Ora, existe um conhecimento prático que, embora repouse unicamente na razão e não tenha nenhuma necessidade de um ensinamento histórico, interessa, contudo, a todos os homens, mesmo aos mais simples, como se estivesse literalmente gravado em seus corações; uma lei que basta citar para ser de imediato entendida por todos por sua autoridade e que introduz na consciência de todos uma obrigação *absoluta*, ou seja, a lei de moralidade; mais ainda, esse conhecimento logo conduz por si à crença em Deus ou determina, pelo menos, unicamente a esse conhecimento seu conceito como aquele de um legislador moral; conduz, portanto, a uma pura fé religiosa, não somente inteligível, mas ainda respeitada por todos no mais alto grau, e conduz a isso tão naturalmente que, querendo provar, resultaria que pode ser exigida de todos os homens, sem tê-los instruído em absoluto a esse respeito. Não é somente agir de modo prudente, portanto, começar por ela, fazendo-a seguir pela fé histórica que concorda com ela, mas é o dever também, dever de erigi-la em condição suprema, somente com a qual podemos esperar participar da salvação, apesar do que possa prometer, por outro lado, uma crença histórica qualquer; e até mesmo no ponto em que não podemos nem devemos atribuir a essa um valor de obrigação universal, a não ser de acordo com a interpretação que é conferida à pura fé religiosa (que encerra a doutrina universalmente válida); em contrapartida, aquele que possui a fé moral não parou na crença histórica, na medida em que a julga própria para vivificar sua pura intenção religiosa. E é somente desse modo que essa fé adquire um puro valor moral, porque é livre e em absoluto extorquida por ameaças de qualquer espécie (pois, nesse caso, não poderia jamais ser sincera).

Ora, como numa igreja o culto de Deus visa antes de tudo a honrar, de forma puramente moral, segundo as leis geralmente prescritas à humanidade, pode-se perguntar se é sempre a *teoria da piedade* ou também a pura *teoria da virtude*, e cada uma em particular, que devem formar o conteúdo do relato religioso. A primeira dessas expressões, a teoria da piedade, exprime melhor talvez o significado da palavra *religio* objetivamente (como é entendida atualmente).

A *piedade* compreende duas determinações da intenção moral com relação a Deus. Esse sentimento é o *temor* de Deus quando se obedece a seus mandamentos, em virtude do dever obrigatório, ou seja, por respeito à lei. Mas o *amor* de Deus designa na intenção o movimento de livre *escolha* e o contentamento ligado à lei (por dever filial). Essas duas determinações encerram ainda, além da moralidade, o conceito de um ser supra-sensível provido das propriedades necessárias para aperfeiçoar o bem supremo, previsto pela moralidade, mas que ultrapassa nosso poder. Ora, o conceito da *natureza* desse ser, se formos além da relação moral de sua idéia para nós, corremos sempre o risco de ser imaginado por nós de uma forma antropomórfica e, por conseguinte, precisamente, em detrimento muitas vezes de nossos princípios morais. Essa idéia, em decorrência, não pode subsistir em si na razão especulativa, sendo que quanto mais conhecida sua origem tanto maior será sua força, inteiramente relacionada com a determinação de nosso dever que, para ela, é seu próprio fundamento.

O que é, portanto, mais natural para a primeira instrução da juventude e mesmo para a pregação, expor a teoria moral antes daquela da piedade ou esta antes daquela (pode ser até mesmo sem fazer menção dela)? É evidente que elas se ligam necessariamente uma à outra. Mas religá-las só é possível se, desde que *não se confundam*, uma fosse concebida e exposta como fim e a outra somente como meio. Ora, a teoria da virtude tem seu fundamento em si própria (mesmo sem o conceito de Deus) e a teoria da piedade encerra o conceito de um objeto que nos representamos com relação à nossa moralidade como causa que supre nossa impotência quanto ao fim moral último. A teoria da piedade não pode, portanto, por si própria constituir o fim último do esforço moral, mas somente servir de meio para fortalecer aquilo que em si torna um homem melhor, a intenção virtuosa. Ela o faz prometendo-lhe e garantindo-lhe (enquanto é uma tendência ao bem e mesmo à santidade) a realização de sua esperança do fim último que ela é incapaz de alcançar. O conceito da virtude, ao contrário, é extraído da alma humana. O homem o possui integralmente, embora não desenvolvido, e não tem porque deduzi-lo sutilmente como o conceito da religião por meio de raciocínios. Na pureza desse conceito, no despertar na consciência de uma faculdade de que jamais teríamos suspeitado, a de poder triunfar sobre os maiores obstáculos na dignidade da humanidade que o homem deve respeitar em sua pessoa e em seu destino, e à qual tende para atingi-la, há alguma coisa que eleva a alma e nos conduz à própria divindade, adorável unicamente por causa de sua santidade e como legisladora da virtude, de tal modo que o homem, mesmo quando estiver ainda bem longe de conferir a esse conceito a força de influir sobre suas máximas, não se entretém, não obstante isso, de boa vontade porque se sente de fato enobrecido até certo ponto por essa idéia, uma vez que o conceito de um mestre do mundo que nos impõe esse dever como um mandamento está ainda bem longe dele. Com efeito, se começasse por ele, esse conceito abateria sua coragem (elemento constitutivo da virtude) e arriscaria, por outro lado, transformar sua piedade numa servil submissão aduladora de um poder que lhe impõe ordens despóticas. Essa coragem, que consiste em bastar-se a si mesmo, é fortalecida pela teoria ulterior da reconciliação que define como resolvido aquilo sobre o qual não se pode retornar e nos abre o caminho de uma vida nova, enquanto que, se essa teoria precede o inútil esforço para fazer com que aquilo que ocorreu não tenha tido lugar (a expiação), o temor relativo a sua atribuição, a representação de nossa completa impotência em fazer o bem, a apreensão de recair no mal, tiram do homem sua coragem[65] e devem forçosamente mergulhá-lo num estado em que, gemendo, permanece moralmente passivo, nada empreendendo de grande, nem de bom, mas esperando tudo de seus anseios.

No que se refere à intenção moral, tudo depende do conceito superior, ao qual são subordinados seus deveres. Quando o culto de

[65] As diferentes crenças dos povos lhe conferem também, aos poucos, um caráter que se destaca externamente nas relações sociais e que lhe é atribuído, por conseguinte, como se fosse uma propriedade geral de seu temperamento. Assim é que o judaísmo atraiu sobre si a recriminação de misantropia, por causa de sua primitiva organização que o obrigava a separar-se de todos os outros povos por meio de todas as observâncias imagináveis, em parte penais, evitando assim toda convivência com eles. O islamismo se distingue por sua altivez, porquanto vê sua fé confirmada não por milagres, mas por vitórias e a sujeição de numerosos povos, e suas práticas de devoção pertencem ao tipo corajoso. Esse fenômeno notável (da altivez que um povo ignorante, embora sensato, tem de sua fé) pode provir também da ilusão que teve o fundador por haver renovado sozinho no mundo o conceito da unidade de Deus e de sua natureza supra-sensível; nisso haveria sem dúvida um enobrecimento desse povo, liberado desse modo do culto das imagens e da anarquia politeísta, se esse fundador pudesse atribuir-se com razão o mérito. A fé dos hindus confere a seus adeptos um caráter de pusilanimidade por causas que se opõem exatamente àquelas da crença precedente. Ora, não decorre certamente da essência da fé cristã, mas sim da forma pela qual se leva a conhecê-la aos espíritos, se for possível dirigir-lhe semelhante recriminação, ao considerar aqueles que, animados defronte a ela da mais viva simpatia, mas partindo da corrupção humana e tirando a esperança de qualquer virtude, não colocam seu princípio religioso senão na devoção (termo pelo qual se entende o princípio da atitude passiva em comparação com a piedade, que se espera como uma força vinda do alto); de fato, jamais depositam sua confiança em si, procurando sempre numa constante angústia um auxílio sobrenatural e imaginam dispor, nesse desprezo a si próprios (que não é humildade), de um meio para obter o favor divino, meio cuja expressão exterior (no pietismo e na pieguice) anuncia uma maneira de pensar servil. No que se refere ao traço característico da terceira classe dos homens religiosos, que resulta de uma humildade mal-entendida, é necessário dizer que a redução do orgulho na apreciação do valor moral pessoal deve provocar, pela recriminação que constitui a santidade da lei, não o desprezo de si, mas ao contrário a resolução de nos aproximarmos sempre mais, seguindo a nobre disposição que está em nós, da conformidade a essa santidade. Ora, em lugar disso, a virtude é remetida ao paganismo, virtude que consiste na realidade na energia desse esforço, como um termo já suspeito de orgulho, e, ao contrário, é enaltecida a medíocre procura do favor. A falsa devoção (pieguice, devotio spuria) é o hábito de fazer consistir o exercício da piedade, não nos atos agradáveis a Deus (ou seja, no cumprimento de todos os deveres humanos), mas nos atos em que nos ocupamos diretamente dele, isto é, sinais de respeito; exercício que deve ser classificado entre aqueles do culto servil (opus operatum), salvo que se acrescente à superstição a ilusão entusiasta de pretensos sentimentos supra-sensíveis (celestiais).

Deus é colocado em primeiro lugar e que a ele se subordina a virtude, seu objeto é um *ídolo*, ou seja, que é concebido como um ser ao qual podemos esperar agradar, não por uma boa conduta moral no mundo, mas pela adoração e bajulação. A religião se torna então idolatria. A piedade não pode, portanto, substituir a virtude de forma a torná-la supérflua, mas é seu aperfeiçoamento, coroada pela esperança no êxito definitivo de todos os bons objetivos que nos propomos.

IV – O fio condutor da consciência em matéria de fé

Não se trata aqui da maneira pela qual se deve conduzir a consciência (pois não tem necessidade de guia e é suficiente ter um só), mas da maneira pela qual essa pode servir de guia para as decisões morais mais delicadas.

A consciência é um saber que é em si um dever. Mas como é possível conceber uma desse tipo, porquanto o saber de todas as nossas representações não parece necessário senão para um fim lógico, de uma maneira, portanto, condicional somente, e quando queremos esclarecer nossa representação, ela não pode ser, pois, um dever incondicional.

Há um principio moral que não tem necessidade de nenhuma demonstração, ou seja, "*Não se deve ousar nada que possa ser injusto* (*Quod dubitas, ne feceris*! – Plínio). *Saber*, portanto, que uma ação *que quero empreender* é justa, esse é um dever incondicional. É o entendimento que julga se, de uma maneira geral, uma ação é justa ou injusta, não a consciência. Não é tampouco necessário saber, a respeito de todas as ações possíveis, se são justas ou injustas. Mas para aquela que *eu mesmo* quero empreender, não basta somente questionar e opinar se não é injusta, é necessário que eu esteja certo disso. Essa é uma exigência que é um postulado da consciência, ao qual se opõe o *probabilismo*, ou seja, o princípio da opinião que uma ação que pudesse realmente ser boa, é o estritamente necessário para empreendê-la. Poder-se-ia igualmente definir a consciência da forma seguinte: *é a faculdade judicial moral que se julga a si mesma*. Esta definição, contudo, teria necessidade primeiramente de uma explicação dos conceitos que nela estão incluídos. A consciência não julga as ações como casos que recaem sob a lei. É a razão que o faz, enquanto subjetivamente prática (disso decorrem os *casus conscientiae* e a casuística, como uma forma de dialética da consciência). Aqui, porém, a razão se julga a si mesmo, examinando se assumiu esse julgamento nas ações com todas as precauções requeridas (para saber se são justas ou não) e cita o homem, *contra e a favor dele próprio*, como testemunha que isso foi feito ou não.

Supondo, por exemplo, um inquisidor firmemente apegado à exclusividade de sua fé estatutária até o martírio, se necessário, que tivesse de julgar um pretenso herege (por outro lado, bom cidadão) acusado de incredulidade, faço a pergunta para saber se, condenando esse cidadão à morte, pode-se dizer que julgou de acordo com sua consciência (que está, na verdade, no erro) ou se há como acusá-lo verdadeiramente de *ter faltado antes de consciência*, seja que se tenha enganado ou que tenha sido conscientemente injusto? Isso porque pode-se dizer-lhe pessoalmente em semelhante caso que jamais poderia estar totalmente certo de não agir de uma forma perfeitamente injusta. É provável, na verdade, que ele acredita firmemente que uma vontade divina, revelada de forma sobrenatural (talvez segundo o provérbio, *compellite intrare*) lhe permita, se não chega até a impô-lo como dever, destruir a assim chamada incredulidade bem como o incrédulo. Estava, porém, verdadeiramente a tal ponto convencido da verdade dessa doutrina revelada, como de seu significado, para ousar nessas condições levar à morte um homem? É certo que não é justo tirar a vida de um homem por causa de suas crenças religiosas, a menos que (para ir até o fim das concessões) uma vontade divina que pôde conhecer de uma maneira fora do usual o tenha ordenado diversamente.

Caso, porém, Deus jamais tenha expresso essa terrível vontade, quem se baseia em documentos históricos nunca está certo apoditicamente. A revelação só chegou a ele por meio dos homens e interpretada por eles, mas para ele parecia ter vindo do próprio Deus (como a ordem dada a Abraão de sacrificar seu próprio filho, bem como o cordeiro), é pelo menos possível que nisso tudo subsista algum erro, mas então com esse ato estaria arriscando praticar alguma coisa que seria injusta em seu mais elevado grau e é nisso precisamente que age sem consciência. Ora, isso ocorre com toda fé histórica ou fenomênica. De fato, é sempre *possível* que possa ocorrer algum erro. Em decorrência, é agir sem consciência ao obedecer-lhe, uma vez que a possibilidade talvez daquilo que exige ou permite é injusta, ou seja, sob o risco de atentar contra um dever do homem que é em si certo.

Há mais. Se uma ação ordenada por uma lei positiva revelada desse gênero (ou tida como tal) fosse permitida em si, é uma questão de saber se superiores ou mestres espirituais podem, em virtude de sua pretensa convicção, impor ao povo sua profissão como *artigo* de fé (sob pena de perder sua qualidade). Uma vez que essa convicção não dispõe de outros fundamentos do que provas históricas, enquanto que no julgamento desse povo (se ao menos for examinado) permanece sempre a absoluta possibilidade que algum erro tenha sido introduzido na explicação clássica que é dada a respeito. O sacerdote obrigaria o povo a confessar, pelo menos interiormente, alguma coisa como tão verdadeiro quanto sua fé em Deus, isto é, confessar de algum modo na presença de Deus aquilo que não sabe se é tal de uma forma absolutamente certa, por exemplo, admitir a fixação de um dia determinado para a realização periódica pública da piedade, como um artigo religioso ordenado diretamente por Deus, ou professar que acredita firmemente num mistério que sequer o entende. Seu superior agiria nesse caso contra sua consciência, ao impor a outros a crença numa coisa, da qual ele próprio jamais poderá estar perfeitamente convencido. Seria, portanto, de sua parte, justo refletir no que faz porque terá de responder sobre todo abuso dessa fé servil. Pode muito bem ocorrer, por conseguinte, que haja algo verdadeiro naquilo em que se acredita, mas também que haja falsidade na fé (ou mesmo simplesmente na confissão interior dessa fé), defeito que é condenável em si.

Embora, como foi assinalado anteriormente, homens que só estão em seus inícios na questão de liberdade de pensar[66], porquanto se achavam precedentemente sob o jugo servil da fé (por exemplo, os protestantes), considerando logo como enobrecidos de algum modo,

[66] Confesso que não consigo adequar-me muito bem a essa expressão que até homens sensatos usam: um certo povo (em vias de elaborar sua liberdade legal) não é maduro para a liberdade; os servos de um proprietário de terras não estão ainda maduros para a liberdade; de igual modo, os homens não estão ainda maduros para a liberdade de crer. Numa hipótese desse tipo, a liberdade jamais haverá de se realizar, pois não se pode amadurecer para a liberdade, se não tivermos sido primeiramente postos em liberdade (é necessário ser livre para poder servir-se utilmente de suas forças na liberdade). As primeiras tentativas serão sem dúvida toscas e ligadas usualmente a uma condição mais penosa e mais perigosa do que quando nos encontrássemos ainda sob ordens, mas também sob a previdência de outrem. Não amadurecemos jamais, contudo, de outro modo do que graças às tentativas pessoais (que é preciso ser livre para poder executá-las). Não faço objeção contra aqueles que detêm o poder e que adiam em muito, em muito mesmo, pressionados pelas circunstâncias, o momento de libertar os homens dessas três correntes. Mas erigir em princípio que a liberdade não vale nada de uma maneira geral para aqueles que estão sob seu domínio e que se tem o direito de afastá-los sempre dela, essa posição é um atentado contra os direitos de regalia da própria divindade que criou o homem para a liberdade. É mais cômodo evidentemente reinar no Estado, na família e na Igreja, quando se pode conduzir semelhante princípio. Mas é também mais justo?

na medida em que têm menos coisas a acreditar (coisas positivas que fazem parte das prescrições eclesiásticas), é precisamente o contrário que acontece com aqueles que não puderam ou não quiseram ainda tentar uma experiência desse tipo. De fato, este é seu princípio: É prudente crer muito do que muito pouco.

O que se faz a mais do que se deve não pode pelo menos prejudicar, como se pensa, e poderia ser até mesmo que isso seja útil. Sobre essa ilusão, que faz da desonestidade um princípio nas profissões de fé religiosas (e a isso alguém se dispõe tanto mais de boa vontade, uma vez que a religião repara toda falta e, conseqüentemente, também a desonestidade), se baseia a máxima chamada de garantia nas coisas da fé (*argumentum a tuto*): Se aquilo que professo a respeito de Deus é a verdade, alcanço o objetivo; se não o é, por outro lado não sendo em si nada de proibido, teria simplesmente acreditado numa coisa supérflua; não era, na verdade, necessário, mas não teria feito nada a não ser me impor um peso, o que não é, contudo, um crime. O perigo proveniente da deslealdade do pretexto, o *insulto contra a consciência*, ao definir perante o próprio Deus uma coisa como certa, quando se sabe, contudo, que não é de natureza a poder ser afirmado com uma confiança incondicional, tudo isso *o hipócrita o considera* como nada.

A única máxima de certeza autêntica, conciliável com a religião, é justamente a máxima contrária: Aquilo que, como meio ou condição de salvação, não posso conhecer por minha própria razão, mas somente por revelação, e que não pode ser admitido em minha profissão de fé senão graças a uma crença histórica, sem contradizer, por outro lado, os puros princípios morais, não posso seguramente acreditá-lo e afirmá-lo de modo certo, mas tampouco posso rejeitá-lo como falso. Sem nada decidir a esse respeito, contudo, conto que posso beneficiar-me daquilo que nisso pode estar incluído de útil para a salvação, contanto que não me tenha tornado indigno pela deficiência da intenção moral em minha boa conduta. Essa máxima confere uma verdadeira certeza moral com relação à consciência (e não se pode pedir mais a um homem); pelo contrário, o pretenso meio de prudência apresenta o perigo e a insegurança mais graves, evitando com astúcia as conseqüências desfavoráveis, o que pode resultar para mim minha falta de fé e, ao favorecer as duas partes, corre-se o risco de perder as boas graças de uma e de outra.

Se o autor de um símbolo, se o doutor de uma igreja, ainda mais, se todo homem, quando deve confessar a si próprio interiormente que está convencido que certos dogmas são revelações divinas, se perguntasse: Ousarias realmente, na presença daquele que sonda os corações, afirmar a verdade desses dogmas, sob pena de renunciar a tudo aquilo que te é caro e sagrado? Deveria ter da natureza humana (que, pelo menos, não é em absoluto incapaz de algum bem) uma idéia bem desfavorável para não prever que mesmo o doutor da fé mais ousado deveria, nesse caso, tremer de pavor[67]. Se não for assim, porém, como se poderia, quando se possui uma consciência escrupulosa, exigir uma profissão de fé dessa espécie que não admite nenhuma restrição e que apresenta até mesmo as afirmações em sua temeridade como um dever que é incluído no serviço divino, e aniquilar assim inteiramente a liberdade humana que é absolutamente requerida para tudo aquilo que é moral (por exemplo, a admissão de uma religião), sem mesmo deixar um lugar à boa vontade que diz: "Creio, Senhor, vem em socorro de minha incredulidade (*Evangelho de Marcos*, IX, 24)[68].

Observação Geral

O bem que o homem pode fazer para si mesmo, de acordo com as leis de liberdade, comparado com o poder de que só dispõe por meio de um auxílio sobrenatural pode ser designado *natureza com a diferença*

[67] O mesmo homem que tem a audácia de dizer "Aquele que não crê a esse ou àquele ensinamento histórico, como a uma preciosa verdade, está condenado", deveria poder dizer também: "Se aquilo que lhes relato não é verdade, quero ser condenado!" Se pudesse haver um homem suscetível de pronunciar palavras tão terríveis, aconselharia acreditar, no que lhe diz respeito, no provérbio persa de um hadji: Se alguém esteve uma vez (como peregrino) em Meca, abandona a casa em que se aloja contigo; se esteve duas vezes, retira-te da rua em que ele mora, mas se esteve três vezes, deixa a cidade ou mesmo a região em que ele está.

[68] Ó sinceridade! Ó Astréia, que foges da terra para o céu, como buscar-te lá em cima (tu, fundamento da consciência e, por conseguinte, de toda religião interior)? Posso concordar, na verdade, embora seja deplorável, que a franqueza (que consiste em dizer toda a verdade que se sabe) não se encontra na natureza humana. Mas a sinceridade (que consiste em dizer com veracidade tudo aquilo que se diz) deve poder ser exigida de cada um, e mesmo que não haja nenhuma disposição a esse respeito em nossa natureza, disposição que não se negligencia simplesmente de cultivar, a raça humana deveria ser, a seus próprios olhos, objeto do mais profundo desprezo. Mas essa propriedade da alma, que se exige, está exposta a muitas tentações e custa muitos sacrifícios; por isso exige força moral, ou seja, virtude (que é necessário adquirir); deve-se, contudo, vigiá-la e cultivá-la antes de qualquer outra qualidade, porque o pendor contrário, quando foi deixado enraizar-se, é mais difícil extirpá-lo. Que se compare agora nosso método de educação com essas indicações, notadamente com aquilo que se relaciona com a religião, ou melhor, com dogmas, onde se considera a fidelidade da memória para responder às perguntas relativas a eles, sem prestar atenção à fidelidade da profissão de fé (que nunca permite uma análise), como suficiente para fazer um crente que não compreende até mesmo aquilo que afirma solenemente, e então não nos espantaremos mais da falta de sinceridade que não produz senão pessoas hipócritas no íntimo de si mesmas.

da graça. Não é que entendamos pela primeira dessas expressões uma maneira de ser física diferente da liberdade, mas é que temos pelo menos o conhecimento das leis desse poder (a virtude) e que a razão dispõe, graças a ele, ao título de um *analogon da natureza*, de um guia visível e inteligível; ao contrário, se a graça age em nós, quando, em vista de que e em que medida, tudo isso permanece inteiramente oculto; e nesses assuntos, como para o sobrenatural em geral (ao qual se liga a moralidade como *santidade*), a razão é totalmente privada do conhecimento das leis em virtude das quais essas coisas podem ocorrer.

O conceito de uma intervenção sobrenatural em favor de nossa capacidade moral deficiente e mesmo de nossa intenção insuficientemente purificada, fraca pelo menos, para satisfazer a todos os nossos deveres, é transcendente e é uma simples idéia, da qual nenhuma espécie de experiência pode garantir-nos a realidade. Mas é muito arriscado acatá-lo como idéia unicamente sob o ponto de vista prático e dificilmente conciliável com a razão, porque aquilo que dever ser-nos imputado a título de boa conduta moral não deveria ser efetuado graças a uma influência estranha, mas unicamente pelo melhor uso possível de nossas próprias forças. Entretanto, a impossibilidade de semelhante intervenção (de modo que os dois fatores ajam lado a lado) não pode tampouco ser demonstrada, porque a própria liberdade, embora não encerre nada de sobrenatural em seu conceito, permanece, contudo, para nós, quanto à possibilidade, tão incompreensível quanto o sobrenatural que gostaríamos de acolher para suprir seu destino espontâneo, mas imperfeito.

Entretanto, como conhecemos pelo menos as leis (morais), segundo as quais a liberdade deve se determinar e que, por outro lado, não podemos ter o menor conhecimento de um auxílio sobrenatural, de onde proviria verdadeiramente certa força moral, observada em nós, nem em que caso ou em que condição se pode esperar por esse auxílio, não poderíamos, excetuando-se a pressuposição de que a graça efetuasse em nós o que a natureza não pode fazer, contanto que a tivéssemos empregado (isto é, nossas próprias forças) na medida do possível, servir-nos dessa idéia para qualquer outro uso, nem saber como nos certificar de sua cooperação (exceto o constante esforço de uma boa conduta), nem como determinar em que caso teríamos de contar com isso. Essa idéia é absolutamente transcendente e, por outro lado, é salutar manter-se a uma distância respeitosa, como se se tratasse de uma coisa sagrada, com receio de nos tornarmos, ao ter a ilusão de fazermos nós mesmos milagres ou de observá-los em nós, impróprios a toda espécie de uso da razão ou ainda deixar-nos levar pela preguiça, esperando do alto, numa quietude passiva, aquilo que deveríamos procurar em nós próprios.

Ora, os *meios* são todas as causas mediatas que o homem tem *em seu poder* para realizar, graças a eles, determinado fim, e então não resta outra coisa, para tornar-se digno do auxílio celestial (e não pode haver outra coisa), do que o esforço sério para melhorar o mais possível sua moralidade e tornar-se assim suscetível dessa perfeição digna da aprovação divina, mas que não depende do homem, pois esse auxílio divino que espera só tem como fim a bem dizer a moralidade. Ora, que o homem impuro não procure por esse lado esse auxílio, mas antes em certas instituições sensíveis (que estão em seu poder certamente, mas que por si mesmas não podem tornar melhor nenhum homem e, no entanto, aqui deveria pressupor-se que o produzissem de forma sobrenatural), é precisamente aquilo a que se poderia *a priori* esperar e, de fato, é exatamente assim. O conceito de um pretenso *meio de graça*, ainda que (como foi dito) seja em si contraditório, serve, no entanto, nesse caso, como meio para iludir, ilusão tanto geral quanto prejudicial à verdadeira religião.

O culto verdadeiro (moral) de Deus que os crentes devem prestar como súditos egressos de seu reino, mas não menos também (sob leis de liberdade) como cidadãos desse mesmo império, na verdade é, como esse, invisível, é de fato um *culto dos corações* (em espírito e verdade) e só pode consistir na intenção, na observância de todos os verdadeiros deveres como mandamentos de Deus e não em atos destinados exclusivamente a Deus. O invisível, contudo, tem necessidade de ser representado pelo homem por alguma coisa visível (sensível), mais do que ser acompanhado no interesse do fator prático e, embora intelectual, deve ser tornado suscetível de intuição de algum modo (segundo certa analogia); esse é um meio que na verdade não se poderia dispensar – mas que está muito exposto ao perigo da falsa interpretação – e destinado somente para poder definir nosso dever com o culto a Deus, meio que pode facilmente ser tomado, em decorrência de uma *ilusão* que penetra em nós, como o próprio culto divino e, por outro lado, usualmente é também designado desse modo.

Se reconduzirmos esse suposto culto de Deus a seu espírito e a seu verdadeiro significado, ou seja, uma intenção que se consagra ao reino de Deus em nós e fora de nós pode ser dividido pela própria razão em quatro deveres a cumprir, aos quais, no entanto, foram acrescentadas, como correspondentes, certas formalidades que não se ligam necessariamente a eles. Com efeito, essas foram desde a antiguidade reconhecidas como bons meios sensíveis para lhes servir de esquemas e atrair nossa atenção para o verdadeiro culto de Deus e para mantê-lo. Esses deveres se baseiam todos na finalidade de impulsionar o bem moral. 1) *Deve-se* estabelecê-lo *solidamente* em nós e despertar a intenção na alma repetidamente (é o papel da oração particular). 2) Sua *extensão externa* será assegurada por reuniões públicas, em dias consagrados para expor os dogmas e os desejos (e também intenções do mesmo gênero) e comunicá-los a todos dessa maneira (é a freqüência à igreja). 3) Sua *transmissão* à posteridade, recebendo novos membros na comunidade da fé, com o dever também de instruí-los (na religião cristã, trata-se aqui do *batismo*). 4) A *conservação dessa comunidade* pela repetição de uma formalidade pública que torna duradoura a união de seus membros num corpo moral, de acordo com o princípio da igualdade de seus direitos e da participação nos frutos do bem moral (é a comunhão).

Todo procedimento nas coisas de religião, se não for tomado numa intenção moral exclusiva e que, no entanto, é usado como um meio que *em si* torna agradável a Deus e que, com isso, satisfaz todos os nossos anseios, evidencia uma *fé fetichista* que consiste em persuadir-se que aquilo que nada pode produzir, em virtude das leis da natureza ou das leis morais da razão, por este preciso motivo haverá de produzir o objeto que desejamos e que a seguir o ligamos a essa fé com certas cerimônias. Mas onde triunfou a convicção de que o principal fator nesse caso é o bem moral, que não resultar senão do fazer, o homem sensível procura ainda, no entanto, um caminho desviado para evitar essa penosa condição, pensando que, contanto que cumpra somente a *forma exterior* (da cerimônia), Deus a aceitará em lugar da ação, o que se poderia, sem dúvida, muito bem denominar uma graça superabundante, a menos que não seja antes uma graça quimérica baseada sobre uma confiança vazia ou mesmo hipócrita. Assim é que em todas as crenças públicas, o homem criou certos usos como *meios de graça*, embora não se relacionem em todas as religiões, como na religião cristã, a conceitos práticos da razão e às intenções que lhes são conformes (é isso que ocorre na religião muçulmana com os cinco grandes mandamentos: as absolvições, a oração, o jejum, a esmola, a peregrinação a Meca; unicamente a esmola mereceria ser colocada à parte; se fosse feita com o sentimento verdadeiramente virtuoso e religioso também do dever humano, mereceria então ser considerada na verdade como um meio de graça; mas como, ao contrário, segundo essa crença, pode ser compatível até mesmo com a extorsão que despoja o outro daquilo que oferecem em sacrifício a Deus na pessoa dos pobres, não merece fazer exceção).

Com efeito, podem ocorrer três espécies de crenças *quiméricas* se ultrapassarmos, o que é possível, os limites de nossa razão com relação ao sobrenatural (que, de acordo com as leis racionais, não é um objeto do uso teórico, nem do uso prático). *Em primeiro lugar*, a crença de poder conhecer por experiência uma coisa que, no entanto, nos é impossível admitir que se produza em conformidade com as leis objetivas da experiência (*a crença nos milagres*). *Em segundo lugar*, a ilusão de que se deve acatar entre nossos conceitos racionais, como necessários a nosso bem moral, dos quais nós mesmos não podemos fazer-nos nenhuma idéia (*a crença nos mistérios*). *Em terceiro lugar*, a ilusão de poder produzir pelo emprego de simples meios naturais um efeito que é para nós um mistério: a influência de Deus sobre nossa moralidade (*a crença nos meios de graça*). Tratamos dos dois primeiros tipos sofisticados de crença nas observações gerais que se seguem às duas partes imediatamente precedentes deste texto. Só temos de falar agora dos meios de graça (diferentes dos *efeitos da graça*), ou seja, das influências morais sobrenaturais, nas quais permanecemos puramente passivos, mas cuja pretensa experiência é uma ilusão entusiasta (que brota unicamente do sentimento).

1.º A *oração*, concebida como um culto *interior formal* e, por essa razão, como um meio de graça, é uma ilusão supersticiosa (um fetichismo), pois consiste simplesmente em declarar nossos desejos a um ser que não tem nenhuma necessidade que aquele que deseja uma coisa lhe confesse sua intenção interior. Nenhum resultado, portanto, é alcançado com isso e, por conseguinte, nenhum dos deveres que nos incumbem, enquanto mandamentos de Deus, é cumprido e Deus, na realidade, não é servido. O desejo, que provém do fundo do coração, de ser agradável a Deus em toda a nossa conduta, isto é, a intenção que acompanha todas as nossas ações, de cumpri-las como se fossem realizadas pelo serviço de Deus, esse é *o espírito da oração* que, sem interrupção, pode e deve existir em nós. Mas transpor esse desejo (mesmo interiormente) em palavras e fórmulas[69] pode ter,

[69] Por esse desejo que é o espírito da oração, o homem não procura agir senão sobre ele próprio (para vivificar sua intenção por meio da idéia de Deus), mas por aquilo que exprime por palavras, portanto, de forma externa, quer agir sobre Deus. No primeiro sentido, uma oração pode ser feita com

toda lealdade, ainda que o homem não tenha a pretensão de poder afirmar a existência de Deus como inteiramente certa. Sob a segunda forma, como endereçamento, admite que esse objeto supremo está presente pessoalmente ou age pelo menos parecendo (mesmo em seu foro íntimo) estar convencido de sua presença, pensando que, mesmo se não fosse assim, isso não pode prejudicar, mas, ao contrário, atrair sobre ele favores; por conseguinte, nesse último tipo de oração (literal), a sinceridade não pode se encontrar de uma maneira tão perfeita senão no primeiro (que é o puro espírito da oração). Todos poderão julgar confirmada a verdade dessa última observação, se imaginarem um homem piedoso, de boa vontade, por outro lado limitado sob o aspecto de semelhantes conceitos religiosos purificados, que alguém surpreendesse, não quero dizer orando em voz alta, mas até mesmo somente numa atitude que o indicaria. Seria de esperar, sem que eu o diga, que o primeiro ficaria perturbado ou embaraçado, como se se encontrasse numa situação da qual deveria ter vergonha. Mas por que isso? Quando um homem é surpreendido falando em voz alta consigo mesmo, isso o torna em primeiro lugar suspeito de sofrer um leve acesso de loucura e julga-se igualmente assim (em absoluto sem razão) quando é encontrado só, numa ocupação ou numa atitude que pode ter somente aquele que tem externamente alguém diante dos olhos, o que não é, contudo, o caso em nosso exemplo. Ora, o mestre do Evangelho exprimiu de modo excelente o espírito da oração numa fórmula que torna a oração supérflua como, por conseguinte, a própria fórmula (isto é, a letra). Nela nada se encontra a não ser a resolução de ter uma boa conduta; unida à consciência de nossa fragilidade, compreende o constante desejo de ser membros dignos do reino de Deus. Não se trata, portanto, de pedir uma coisa que Deus, sem sua sabedoria, poderia igualmente recusar, mas de um desejo que, se for sério (ativo), produz ele mesmo seu objeto (tornar-se um homem agradável a Deus). Mesmo o anseio relativo ao meio de conservar nossa existência (o pão) durante um dia, não tendo expressamente em vista a continuação dessa existência, mas refletindo o efeito de uma necessidade puramente sentida de forma animal, é antes uma declaração de que a natureza exige em nós somente uma solicitação particular e refletida daquilo que o homem quer; um pedido desse tipo seria aquele que recla-masse o pão do dia seguinte, pedido excluído aqui de uma maneira suficientemente clara. Uma oração desse tipo, feita numa intenção puramente moral (vivificada unicamente pela idéia de Deus), uma vez que, como espírito moral da oração, produz espontaneamente seu objeto (ser agradável a Deus), só pode ser feita na fé, o que significa que estamos certos de que é digna de ser atendida. Ora, nada há dessa natureza, senão a moralidade em nós. De fato, mesmo se a oração só se referisse ao pão de cada dia, ninguém poderia ter certeza de que seria atendida, ou seja, que fosse tão necessariamente ligada à sabedoria divina que pra ela fosse uma obrigação garanti-la. Pode ocorrer que esteja mais de acordo com essa sabedoria fazer com que essa necessidade cause hoje a morte daquela que a usa. É também uma ilusão demente, bem como desmesurada, tentar ao mesmo tempo, orando com uma importunação arrogante, desviar a Deus, se possível, do plano estabelecido em sua sabedoria (para nossa vantagem presente). Desse modo, não podemos considerar como se pudesse ser atendida uma oração que não tivesse um objeto moral, ou seja, não podemos orar por uma coisa desse gênero na fé. Mais ainda, mesmo que o objeto seja moral, mas, no entanto possível, unicamente graças a uma influência sobrenatural (ou se nós o esperássemos desse lado somente porque não queremos fazer um esforço com esse objetivo, seja, por exemplo, para reformar nossa mentalidade, revestir um homem novo, o que chamamos de novo nascimento), é muito improvável que Deus julgue conforme a sua sabedoria suprir nossa indigência (devida a nossa própria culpa) de uma forma sobrenatural; deve-se, antes, esperar o contrário. O homem não pode até mesmo rezar para esse fim na fé. Explica-se com isso o que pode muito bem refletir uma fé que opera milagres (que seria sempre acompanhada ao mesmo tempo de uma oração interior). Como Deus não pode conceder ao homem a força necessária para agir de maneira sobrenatural (pois haveria contradição) e, como o homem, por outro lado, não pode, em decorrência dos conceitos que possui a respeito de bons fins possíveis no mundo, determinar qual seria a esse respeito o julgamento da sabedoria divina e utilizar, por conseguinte, o poder divino por meio dos anseios produzidos nele e por ele, não se poderia absolutamente conceber um dom do milagre que dependesse do homem de ter ou não ter, no sentido literal (Se tiverdes a fé, como um grão de mostarda... – Evangelho de Mateus, XVII, 20). Semelhante fé, portanto, se deve significar alguma coisa, é simplesmente a idéia da importância preponderante que a natureza moral do homem tem, se a possuísse em toda a sua perfeição agradável a Deus (que, no quanto muito, o valor de um meio para estimular essa intenção em nós; diretamente, isso não pode ter nenhuma relação com a satisfação divina e, por conseguinte, não poderia constituir um dever para cada um. Um meio, com efeito, só pode ser prescrito para aquele que *tem necessidade dele* para certos fins, mas todos estão longe de ver a necessidade desse meio (para falar nele e, mais justamente, *com ele próprio*, pretendendo falar de modo tanto mais inteligível *com Deus*). Seria muito melhor, por uma purificação e uma elevação contínuas da intenção moral, trabalhar para que unicamente o espírito da oração seja despertado em nós, de uma maneira suficiente, a fim de que sua literalidade possa finalmente desaparecer (pelo menos no que se refere a nosso uso pessoal). De fato, a letra enfraquece antes, como tudo o que é dirigido indiretamente para um certo fim, o efeito da idéia moral (que, considerada subjetivamente, se chama recolhimento). É assim que a contemplação da profunda sabedoria da criação divina nos menores objetos e de sua majestade nos grandes aspectos – o que os homens, na verdade, puderam dar-se conta desde sempre, mas cujo conhecimento se desenvolveu na época moderna da mais admirável forma – possui uma força tal que não somente leva a alma a um estado de abatimento que aniquila o homem a seus próprios olhos e que se denomina estado de *adoração*, mas que tem também com relação ao destino moral desse um poder que eleva a alma de tal modo que, diante dela, palavras, mesmo se fossem as do rei Davi em suas orações (que

---

entanto, jamais alcança), sobre todos os outros motivos de ação que Deus pode ter em sua suprema sa-bedoria. Essa fé é, portanto, uma razão para termos confiança que se estivermos ou nos tornarmos inteiramente o que devemos ser e poderíamos ser (por uma aproximação contínua), a natureza deveria obedecer a nossos desejos que, nesse caso, nunca seriam indiscretos. No que se refere à edificação visada pela freqüência à igreja, pode-se dizer da oração pública que não é, na verdade, um meio de graça, mas é no entanto uma solenidade ética, seja por meio do canto em comum do hino de fé, seja pela alocução formalmente dirigida a Deus pela boca do padre em nome de toda a comunidade e que compreende em si toda a disposição moral do homem, solenidade que, representando como que um interesse público, no qual o desejo de cada um deve ser apresentado como que unido ao anseio de todos, em vista de uma mesma finalidade (o estabelecimento do reino de Deus), pode não somente elevar a emoção até a exaltação ética (enquanto que as orações particulares, desde que não são feitas nessa idéia sublime, perdem aos poucos pelo hábito toda influência sobre o espírito), mas tem para ela um motivo ainda mais razoável que a outra oração para envolver numa alocução em forma de desejo moral que constitui o espírito da oração, sem acreditar, no entanto, nessa ocasião, na presença real do ser supremo ou num valor próprio, especial para essa figura oratória, enquanto meio de graça. De fato, há aqui uma intenção particular, que é a de colocar em movimento com mais força ainda, por meio de uma solenidade externa que representa a reunião de todos os homens no desejo comum do reino de Deus, o motivo ético de cada um, o que não pode ser feito de maneira mais conveniente do que dirigir-se a seu chefe supremo precisamente como se estivesse especialmente presente nesse local.

não conhecia todos esses milagres) deveriam perder-se como um som vazio, porque o sentimento que inspira semelhante intuição do dedo de Deus é indizível.

Como, por outro lado, os homens transformam de boa vontade tudo aquilo que só tem relação, na verdade, com seu próprio melhoramento moral, por efeito da disposição religiosa de sua alma num serviço de corte em que a humilhação e a glorificação são tanto menos sentidas porquanto se calcam quase só em palavreado, é muito mais necessário fazer notar com cuidado, mesmo para os primeiros exercícios de oração das crianças que ainda têm necessidade da literalidade, que as palavras (mesmo proferido interiormente e muito mais as tentativas para dispor o espírito a captar uma idéia de Deus que deveria aproximar-se de uma intuição) são, nesse caso, sem valor em si e que se trata somente de vivificar a intenção de comportar-se de uma maneira agradável a Deus, uma vez que as palavras não passam de um meio para a imaginação em vista desse fim. De fato, todas essas devotas manifestações de respeito apresentam o perigo de não produzir senão um culto hipócrita de Deus, em lugar de um serviço prático que não consiste simplesmente em sentimentos.

2.º *A freqüência à igreja*, concebida de *maneira geral* como *culto exterior solene* numa igreja, é não somente, se for considerado que nisso subsiste uma representação sensível da comunhão dos fiéis, um meio de *edificação muito precioso*[70] *para cada um em particular*, mas também para os fiéis de um Estado divino que deve ser representado na terra, um dever que os obriga imediatamente no interesse da totalidade. Supondo que nessa igreja não haja formalidades que possam conduzir à idolatria

[70] Se procurarmos para essa expressão um sentido que lhe convenha, só poderíamos, sem dúvida, indicar aquele pelo qual entendemos a conseqüência moral que a devoção comporta para o indivíduo. Ora, essa conseqüência não consiste na emoção (que já compreende o conceito de devoção), embora a maioria dos pretensos devotos (que, por essa razão, é também chamada carola) a façam consistir inteiramente nessa emoção. A palavra edificação deve significar, portanto, a conseqüência que resulta da devoção para a verdadeira melhoria do homem. Ora, essa só pode ter êxito se nos decidirmos sistematicamente a gravar profundamente no coração princípios sólidos, segundo conceitos bem compreendidos, inserindo neles intenções conformes à diversa importância dos deveres que lhes dizem respeito, procurando protegê-los e garanti-los contra as tentações das inclinações, formando assim um homem novo, de algum modo como construímos um templo de Deus. É fácil constatar que essa construção só pode avançar lentamente, mas é necessário pelo menos poder constatar que alguma coisa foi efetuada. Entretanto, como ocorre, os homens imaginam que estão solidamente construídos (ao escutar ou ler e cantando), mas na realidade nada está propriamente construído, não foi posta ainda a mão à obra, provavelmente porque esperam que esse edifício moral se levantará espontaneamente, como as muralhas de Tebas, graças à música dos suspiros e dos lânguidos desejos.

e perturbar assim a consciência, por exemplo, certa forma de adorar a Deus na figura de sua infinita bondade sob o nome de um homem, quanto sua representação sensível é contrária à interdição racional: "*Não farás imagens*, etc." Entretanto, querer utilizá-la em si na qualidade de *meio de graça*, como se Deus pudesse ser assim imediatamente servido e que ele tenha ligado à celebração dessa solenidade (simples representação sensível da *universalidade* da religião) *graças* particulares, essa é uma *ilusão* que concorda muito bem, é verdade, com a maneira de pensar de um bom *cidadão* num *Estado político*, como também com as conveniências exteriores. Isso, porém, não somente não tem serventia alguma para o homem sob o aspecto de sua qualidade de *cidadão* do *reino de Deus*, mas, ao contrário, altera essa qualidade e serve para dissimular, aos olhos dos outros e mesmo aos próprios, a má estrutura moral de sua intenção graças a um verniz enganoso.

3.º A *consagração* solene na comunidade da Igreja que só se realiza uma vez, ou seja, a *aceitação inicial como membro de uma igreja* (pelo *batismo*, na Igreja cristã), é uma cerimônia muito significativa que impõe àquele que deve ser consagrado, desde que possa ele mesmo professar sua fé, ou às testemunhas que se empenham em cuidar de sua instrução a respeito, uma obrigação grave que tem por finalidade uma coisa sagrada (a formação de um homem que deve tornar-se cidadão de um Estado divino). Em si mesma, contudo, essa ação realizada por outrem não tem nada de santo, nada que produza a santidade e uma predisposição à graça divina no indivíduo e, por conseguinte, não é de modo algum um *meio de graça*, apesar do excessivo apoio que na primitiva igreja grega recebia esse ato, considerado suscetível de poder perdoar de imediato todos os pecados. Com isso, essa ilusão mostrava publicamente sua afinidade com uma espécie de superstição praticamente mais que pagã.

4.º A cerimônia muitas vezes repetida de uma *renovação de uma continuação e de uma propagação dessa comunidade eclesiástica*, de acordo com as leis da igualdade (isto é, a *comunhão*), que pode, evidentemente seguindo o exemplo do fundador de uma igreja desse tipo (e também em memória dele), efetuar-se pela formalidade de uma consumação comum em torno da mesma mesa, contém em si alguma coisa de grande, alguma coisa que amplia a maneira de pensar estreita, egoísta e intolerante dos homens, sobretudo em matéria de religião, até a idéia de uma *comunidade moral* cosmopolita, e constitui um bom meio para animar numa paróquia a intenção moral do amor fraterno que nela se encontra representado. Entretanto, glorificar a Deus por ter ligado à celebração dessa solenidade graças particulares e admitir nos artigos de fé o dogma que essa solenidade, que não passa contudo de um ato eclesiástico, constitui também um meio de graça, essa é uma ilusão religiosa que não pode agir senão num sentido diretamente oposto ao próprio espírito da religião. O *sacerdócio*, por conseguinte, consistiria de uma maneira geral na autoridade que o clero se arroga sobre as almas, assumindo a aparência de ter a posse exclusiva dos meios de graça.

Todas as ilusões artificiais dessa espécie, que nos forjamos em matéria de religião, têm um fundamento comum. O homem, geralmente, se dirige, entre todos os atributos morais de Deus, isto é, a santidade, a graça e a justiça, diretamente ao segundo, para evitar a condição que teme, a de se conformar ao que exige o primeiro. É penoso ser um bom servidor (pois, sempre só se trata de deveres). Disso decorre que o homem preferiria ser um favorecido, ao qual são dadas muitas coisas, ou mesmo se faltou ao dever de uma forma demasiado grosseira, tudo pode ser novamente arranjado pela intermediação de alguma pessoa favorecida no mais elevado grau, embora o homem permaneça de igual modo o mau servidor que era. Mas para ter alguma aparência de satisfação, quanto à possibilidade de realizar esse projeto, transfere seu conceito de homem (com seus defeitos) usualmente à divindade. E, do mesmo modo que entre os melhores *príncipes de nossa espécie*, a severidade legisladora, a graça beneficente e a justiça exata não agem cada uma em separado e por si (como deveria ser), em vista do valor moral efetivo das ações do indivíduo, mas se *misturam* no espírito do chefe humano quando toma suas decisões e, por conseguinte, não resta senão procurar um desses atributos, a frágil sabedoria da vontade humana, para determinar os dois outros à indulgência, assim também o homem espera chegar ao mesmo resultado com Deus, dirigindo-se somente à sua *graça*. (Por isso, foi uma divisão importante para a religião, a desses atributos ou melhor das relações de Deus com o homem, por meio da idéia de uma personalidade tríplice, de acordo com a qual se deve por analogia conceber essa divisão para poder distinguir cada um de seus atributos em particular).

Para esse fim, o homem consagra seus cuidados a todas as formalidades imagináveis, destinadas a manifestar até que ponto *honra* os mandamentos de Deus para não ter que *observá*-los. E para que seus anseios passivos possam também servir para compensar suas transgressões, clama "Senhor, Senhor!" (*Evangelho de Mateus*, VII, 21). Isso para não ter ao menos que "cumprir a vontade do pai celeste". E desse modo, se entrega a cerimônias, simples meios em uso para vivificar intenções verdadeiramente práticas, com a idéia de que são, por si mesmas, meios de graça. Chega até mesmo a ver as crenças como que constituindo um elemento essencial da religião (o homem comum as dissemina mesmo por toda a religião) e abandona à providência infinitamente boa o cuidado de fazer dele um homem melhor, entregando-se, no que lhe diz respeito, à *devoção* (veneração passiva da lei divina), em lugar de entregar-se à *virtude* (que consiste em consagrar suas forças pessoais no cumprimento do dever que respeita). Não é, contudo, senão a virtude *unida à devoção* que pode constituir a idéia que nos fazemos por meio do termo *piedade* (ou seja, a verdadeira *intenção religiosa*).

Quando a ilusão desse pretenso favorecido do céu cresce nele até essa imaginação entusiasta de sentir efeitos particulares da graça (e mesmo até a presunção de ter pretensas *relações* familiares com Deus), a própria virtude acaba por desgostá-lo e torna-se para ele objeto de desprezo. É por isso que não há nada de espantoso quando nos queixamos abertamente que a religião contribui sempre tão pouco para tornar os homens melhores e que a luz interior ("sob o alqueire" – *Evangelho de Mateus*, V, 15) dessas pessoas sob a graça não chega a brilhar externamente também por boas obras e, na verdade (como se poderia exigir por semelhantes pretensões), de *forma bem mais insigne* do que outros homens honestos por natureza que neles acolhem simplesmente a religião para suprir, mas como princípio de realização da intenção virtuosa, cuja atividade se manifesta numa boa conduta.

O mestre do Evangelho, contudo, tem dado essas provas exteriores da experiência externa como se fossem a pedra de toque, graças à qual podemos conhecê-los por seus frutos, como cada um pode se conhecer. Mas não foi visto ainda que essas pessoas, que se consideram como extraordinariamente favorecidas (como os eleitos), ultrapassem, por pouco que seja, o homem naturalmente honesto, no qual se pode confiar nas relações sociais, nos negócios e na aflição. Constata-se muito mais que, no conjunto, a muito custo sustentariam uma comparação com ele. Isso prova muito bem que o bom caminho não conduz da remissão dos pecados à virtude, mas precisamente ao contrário, da virtude à remissão dos pecados.

Impressão e Acabamento:
Gráfica Oceano